El derecho a la imagen y el consentimiento informado

Juan Manuel Grueso Rodríguez

El derecho a la imagen y el consentimiento informado

Autor: Juan Manuel Grueso Rodríguez

ISBN: 978-628-02-2690-3

Revisión y corrección de estilo: Ana Cristina Chavez López

Diseño y diagramación: David Santacruz Perafán

Nota de diseño: El concepto visual, la diagramación y las ilustraciones digitales de esta obra fueron desarrollados por David Santacruz Perafán. Para la creación de las imágenes base de portada y aperturas de capítulo, se utilizaron herramientas de Inteligencia Artificial Generativa, las cuales fueron posteriormente intervenidas, adaptadas y finalizadas digitalmente para alinearse con la narrativa conceptual de la obra.

A quienes alguna vez tuvieron su imagen, su identidad o su historia utilizada sin permiso.

A los que creyeron que no tenían voz frente a empresas, instituciones o poderes más grandes.

A los pueblos indígenas de Colombia, cuya dignidad cultural y espiritual ha sido tantas veces desconocida.

A mis clientes, cuyo valor y confianza inspiraron cada página.

A Diana y mi familia, por su paciencia, luz y presencia en cada batalla del derecho y de la vida.

Prólogo

La imagen humana acompaña a la persona desde antes del lenguaje: es identidad, presencia, símbolo, dignidad. Y, sin embargo, ha sido una de las dimensiones más desprotegidas del derecho colombiano durante más de un siglo.

Pese a su importancia —porque la imagen proyecta identidad, dignidad, cultura, espiritualidad e, incluso, existencia social—, el país ha vivido sin una doctrina clara, sin una ley específica y sin una estructura coherente que permita comprender y proteger de manera efectiva este atributo esencial de la persona humana. Los abusos no han sido pocos.

Empresas privadas han utilizado imágenes de personas, sin informar finalidad, alcance o medios de difusión. Entidades estatales han reproducido rostros sin el consentimiento válido. Agencias publicitarias han insertado fotografías en campañas masivas, basándose en documentos globales, perpetuos e ineficaces. Y comunidades indígenas han visto cómo sus símbolos sagrados y los elementos espirituales son apropiados, comercializados y difundidos sin respeto por su valor ancestral.

La ausencia de doctrina y regulación ha permitido errores judiciales reiterados: jueces que analizan el uso de imagen desde la perspectiva de nulidad civil, o desde el prisma del derecho de autor, ignorando el régimen estatutario del *habeas data* (régimen de protección de datos personales), la naturaleza personalísima de la imagen y la exigencia constitucional del consentimiento informado. Este libro nace, precisamente para corregir esa historia.

Nace de la práctica: de litigios complejos, de casos emblemáticos, de peritajes técnicos, de análisis probatorio y, de la necesidad urgente de ordenar un campo del derecho que se ha vuelto crucial en la era digital, en la economía de la atención y en la sociedad de la imagen.

Nace también de una convicción: la imagen no es un bien comercial; no es un objeto; no es un insumo publicitario ni una pieza desechable; es una proyección viva de la persona, de su identidad, de su cultura y de su dignidad. Tratarla como un objeto utilitario ha producido daños profundos, silenciosos y, en ocasiones, irreparables.

Hoy, la economía de plataformas, la inteligencia artificial (IA), el reconocimiento facial, los algoritmos y la publicidad digital han multiplicado los riesgos. La imagen ya no viaja: se reproduce, se viraliza, se replica, se manipula y se proyecta en escalas antes impensables. Y, mientras todo esto ocurre, el titular —la persona, el ciudadano, el indígena, el niño, la mujer, el trabajador— queda relegado a un segundo plano frente al poder de empresas, Estados o plataformas globales.

Colombia necesita un lenguaje jurídico nuevo. Necesita categorías modernas, normas claras y, sobre todo, una doctrina sólida que permita proteger la imagen como lo que realmente es: un derecho fundamental personalísimo, un dato personal sensible, un atributo identitario y un elemento cultural de la mayor importancia.

Este libro propone ese camino. Si en los próximos años la Ley de Imagen que aquí se bosqueja llega a ser discutida, debatida o incluso convertida en política pública, habrá valido la pena. Si un juez evita un análisis equivocado porque leyó estas páginas, habrá valido la pena. Si una comunidad indígena encuentra aquí argumentos para defender su identidad frente a la explotación comercial o la apropiación cultural, habrá valido la pena. Y si una persona, cualquiera, logra entender que su imagen le pertenece y que puede protegerla, entonces, con eso solo, el esfuerzo está cumplido.

Juan Manuel Grueso Rodríguez
Bogotá, Colombia
2026

Contenido

Capítulo 1

Concepto, naturaleza y fundamento del derecho a la imagen en Colombia

La dignidad no tiene rostro, pero toda imagen la revela

1. Introducción

El derecho a la imagen ha adquirido una relevancia jurídica decisiva en Colombia. Lo que alguna vez fue visto como una figura accesoria dentro del derecho civil, hoy constituye un derecho fundamental autónomo, íntimamente relacionado con la dignidad humana, la autodeterminación informativa y el libre desarrollo de la personalidad. En la era digital, donde la representación visual circula con velocidad instantánea y puede ser almacenada, manipulada, republicada y explotada sin límites, la necesidad de un marco jurídico claro y estricto se vuelve inaplazable.

La imagen no es solo una apariencia o un reflejo físico; es una proyección identitaria: una forma de presencia, una manifestación visible del ser, un relato sobre quién es la persona y cómo desea aparecer ante la sociedad. La jurisprudencia colombiana ha reconocido esa dimensión desde la década de los noventa, evolucionando desde una protección centrada en la intimidad, hacia un régimen avanzado de protección de datos personales, donde la imagen se reconoce como dato personal sensible.

Este capítulo presenta los fundamentos conceptuales, constitucionales y normativos del derecho a la imagen en Colombia, articulando su naturaleza, alcance, relación con la dignidad humana y carácter dual —personalísimo y patrimonial—. Es el punto de partida para comprender las dimensiones jurídicas, filosóficas, económicas y sociales que ocuparán el resto del libro.

2. Concepto jurídico del derecho a la imagen

La Corte Constitucional, al desarrollar esta noción, profundizó en la Sentencia T-090 de 1996 sobre la carga axiológica del derecho a la imagen y su relación directa con la dignidad humana. En esa providencia afirmó que, la imagen es una emanación espiritual de la persona, una prolongación de su ser físico y moral, por lo cual resulta inseparable de su individualidad. Su apropiación injustificada o su utilización sin consentimiento constituye una forma de cosificación del sujeto y una vulneración directa de su dignidad.

La Corte añadió que la imagen no es un objeto disponible al arbitrio de terceros, sino un atributo esencial de la personalidad, que exige consentimiento previo, libre e informado. Toda persona tiene el derecho a decidir cuándo y cómo su imagen puede ser captada, fijada o difundida. No cabe, entonces, la divulgación no consentida ni el aprovechamiento comercial que ignore la voluntad del titular. La autorización debe ser expresa, específica en su finalidad y, otorgada con pleno conocimiento de sus alcances.

En esa misma sentencia, el Tribunal advirtió que la imagen no se limita al rostro o a la figura física. El derecho a la propia imagen comprende no solo la reproducción del rostro, sino cualquier rasgo exterior que permita identificar a la persona: su pose, su vestimenta característica, sus rasgos culturales distintivos, su voz, su forma de caminar, o cualquier otro elemento que permita su recognoscibilidad.

De igual manera, la Corte subrayó el carácter personalísimo y extrapatrimonial del derecho. La imagen integra el núcleo esencial de los derechos personalísimos. Su titularidad y control corresponden exclusivamente al individuo, quien puede oponerse a cualquier acto de captación, reproducción o difusión que desconozca su voluntad, aun cuando no exista perjuicio económico alguno.

Finalmente, la Corte concluyó que el consentimiento no es una formalidad, sino una garantía material de autodeterminación informativa. La autorización para el uso de la imagen es un acto que debe estar precedido de información clara, suficiente y comprensible acerca del destino, la temporalidad, los medios de difusión y la finalidad de la reproducción. En ausencia de esta información, la autorización deviene ineficaz.

Bajo esta premisa, el derecho a la imagen se entiende como la facultad que tiene toda persona para controlar la captación, reproducción, uso, circulación y explotación de su propia representación visual, sea en fotografías, videos, ilustraciones, avatares, hologramas o cualquier otro medio análogo.

Este derecho implica dos facultades esenciales:

1. Excluir: impedir que terceros capten o utilicen la imagen, sin consentimiento.
2. Autorizar: permitir ciertos usos, bajo condiciones informadas, transparentes y verificables.

La clave radica en que dicho consentimiento debe ser expreso, previo, específico, informado y revocable. Sin estas condiciones, el uso de la imagen carece de validez jurídica.

3. Fundamento constitucional: dignidad humana, identidad y autonomía

El derecho a la imagen no nace del Código Civil; su origen está en la Constitución; el artículo 1 erige la dignidad humana como fundamento del Estado, y la Corte Constitucional ha interpretado que la imagen es una manifestación concreta y visible de esa dignidad. En la Sentencia T-881 de 2002, la Corte precisó que la dignidad humana protege la autonomía personal, las condiciones de existencia y la integridad moral, tres dimensiones que se reflejan directamente en la representación visual de una persona.

3.1. Autonomía personal

Constituye el núcleo esencial del derecho a la imagen. No se trata únicamente de decidir si una fotografía puede tomarse o no, sino de ejercer un poder jurídico de autodeterminación sobre la manera como cada persona desea proyectarse públicamente. La Corte Constitucional ha explicado que la dignidad humana implica, en su primera dimensión, la facultad de 'vivir como se quiera'; es decir, la libertad para construir y dirigir el propio plan vital, lo cual incluye el control sobre la propia representación visual.

En la Sentencia T-881 de 2002, la Corte fue expresa al afirmar que la autonomía personal comprende la posibilidad de diseñar un plan de vida y determinarse según sus propios valores, creencias y convicciones; es la expresión primaria de la dignidad humana, como fundamento del Estado.

Aplicado al ámbito de la imagen, esta autonomía implica que nadie puede imponer a una persona una forma de aparecer, ser representada o exhibida, ni decidir por ella los usos, contextos, finalidades o temporalidades de su representación visual. La imagen no es un elemento accesorio; es una emanación de la personalidad y, como tal, solo su titular tiene la potestad de definir los términos de su captación, reproducción y difusión.

La jurisprudencia ha desarrollado esta idea de forma reiterada. En la Sentencia T-090 de 1996, la Corte señaló que la imagen es una manifestación física de la personalidad; su apropiación o utilización sin el debido consentimiento, cosifica al individuo, desconoce su individualidad y vulnera directamente su dignidad.

La autonomía personal, por tanto, otorga a cada individuo un derecho a decidir si permite o no la captación de su imagen, en qué condiciones autoriza su uso, para qué finalidad concreta, mediante qué medios, por cuánto tiempo y, con qué límites o restricciones.

Cualquier uso no consentido —o consentido de manera defectuosa, sin información suficiente, con desviación de finalidad o bajo error sobre el alcance del permiso— constituye una violación a esta dimensión de la dignidad humana.

De ahí que el consentimiento informado no sea una mera formalidad; es la herramienta mediante la cual la autonomía personal se hace operativa. Sin información suficiente, clara y comprensible sobre los usos y alcances de la imagen, la autonomía se anula y la autorización deviene inválida.

La Corte ha expresado claramente (T-634 de 2013) que, la libertad personal se ejerce de manera real, únicamente si el titular conoce las consecuencias jurídicas, materiales y simbólicas de su decisión. En ausencia de esa información, no hay autonomía; y, sin autonomía, el consentimiento no es válido.

Por ello, la autonomía personal en el ámbito de la imagen no es solo un principio teórico: es un límite constitucional estricto que protege la identidad, la integridad y la autodeterminación del individuo frente al poder de terceros, especialmente cuando existe una asimetría informativa o económica.

3.2. Integridad moral y honra

La imagen no solo comunica apariencia física; expresa identidad, reputación, rol social y narrativa personal. Por ello, su uso no autorizado puede afectar directamente la honra, la buena fama, la credibilidad y la integridad moral de una persona.

La Corte Constitucional ha sostenido reiteradamente que la dignidad humana también implica la protección de la 'integridad moral', entendida como el derecho a vivir sin humillaciones ni afectaciones a la esfera íntima de la personalidad (T-881/2002). En palabras del Tribunal, la dignidad humana exige que ninguna persona sea tratada como medio u objeto, sino como fin en sí mismo; ello incluye la protección de su integridad moral y de los elementos que integran su identidad.

En materia de imagen, esta protección adquiere especial relevancia. La Sentencia T-090 de 1996 —fundadora del derecho a la imagen en Colombia— señaló que la utilización no consentida de la imagen puede vulnerar la dignidad, afectar la honra del titular e, incluso, deformar públicamente su identidad, al asociarlo con actividades, mensajes o contextos que no ha autorizado.

La imagen proyecta un relato sobre la persona; un uso indebido puede modificar, distorsionar o contaminar esa narrativa social, generando efectos reputacionales adversos. Esto ocurre, por ejemplo, cuando se utiliza la imagen en contextos comerciales no autorizados, se asocia el rostro o figura con mensajes engañosos o ajenos a su identidad, se altera o manipula la fotografía para insinuar comportamientos o afiliaciones inexistentes, y se expone al titular en escenarios que afectan su prestigio o credibilidad.

De allí que el derecho a la imagen tenga una estrecha conexión con el derecho al buen nombre y a la honra (arts. 15 y 21 de la Constitución Política de Colombia [C.P.]). La Corte Suprema de Justicia [CSJ] ha sido clara en resaltar esta interdependencia. En la sentencia SC-7110 de 2017 afirmó que, la imagen, al constituir un atributo esencial de la personalidad, posee una dimensión moral que no puede ser desconocida. Su uso inconsulto puede constituir un atentado a la honra y al buen nombre, cuando altera la percepción pública del individuo.

La integridad moral no se limita, entonces, a evitar insultos u ofensas explícitas; exige impedir cualquier instrumentalización visual que degrada simbólicamente a la persona o la expone a juicios sociales injustificados.

Por ello, el derecho constitucional a la imagen también funciona como una barrera contra prácticas de explotación comercial o mediática que invisibilizan, reducen o convierten en objeto la identidad de la persona, especialmente en grupos sujetos a estereotipos o discriminaciones sistemáticas.

3.3. Condiciones materiales de existencia

La tercera dimensión de la dignidad humana identificada por la Corte como 'vivir bien', reconoce que las personas requieren condiciones materiales reales para desarrollar su proyecto de vida. Esta idea, aplicada al derecho a la imagen, significa que la representación visual puede, igualmente, tener un valor económico, un uso patrimonial y un impacto directo en la vida material de su titular.

La Corte Constitucional ha explicado que la dignidad humana supone no solo la autonomía y la integridad moral, sino también las condiciones materiales que permiten ejercer efectivamente la libertad (T-881/2002).

En el ámbito de la imagen, esto se traduce en un principio fundamental: el titular tiene derecho a beneficiarse del valor económico derivado de su propia representación visual.

La jurisprudencia reconoce que la imagen puede tener valor patrimonial en múltiples escenarios: campañas publicitarias, productos comerciales, comercialización, licencias de uso de marca personal, contenidos audiovisuales, piezas digitales y redes sociales, y franquicias, empaques y material POP[1].

Cuando una empresa obtiene utilidad económica explotando la imagen de una persona sin autorización válida, afecta no solo su autonomía, sino sus condiciones materiales de existencia, pues se apropia indebidamente de un valor que pertenece al titular. La Corte Suprema lo dijo con claridad: la explotación comercial de la imagen sin consentimiento, constituye un enriquecimiento injustificado a expensas del titular del derecho (CSJ, SC-3604/21).

Esta dimensión también cubre los casos en los cuales la imagen se usa sin informar al titular sobre el alcance global de la difusión, la duración indefinida del uso, la multiplicidad de plataformas, o la transformación posterior de los contenidos (p. ej., creación de productos derivados).

Si la persona no recibió esta información, la autorización carece de eficacia jurídica, pues la ausencia de conocimiento afecta su capacidad de evaluar las consecuencias materiales del uso de su propia identidad visual.

En síntesis, la dimensión material del derecho a la imagen protege la propiedad sobre el valor económico de la imagen, el derecho a exigir contraprestación cuando exista explotación comercial, y la prohibición de apropiación o usufructo no autorizado de la identidad visual.

Así, la imagen deja de ser una simple apariencia física, para convertirse en un activo personalísimo con relevancia económica, cuyo control le pertenece exclusivamente al titular.

---

[1] POP: derivado de sus siglas en inglés: *Point of purchase* (Punto de venta)

4. La imagen como dato personal sensible

La evolución jurisprudencial colombiana dio un salto definitivo con la sentencia SU-139 de 2021, donde la Corte Constitucional precisó que la imagen —en tanto representación visual que permite identificar o hacer identificable a una persona— constituye un dato personal sensible. Este criterio ubica a la imagen dentro del núcleo de protección reforzada del *habeas data,* regulado por la Ley 1581 de 2012 y el Decreto 1377 de 2013 y, exige que cualquier autorización de tratamiento cumpla estándares mucho más altos que los aplicables a datos ordinarios.

La Corte lo expresó de manera inequívoca: la imagen, por permitir la identificación de la persona y ser una manifestación directa de su individualidad, integra la categoría de dato sensible, cuya protección exige un consentimiento cualificado y plenamente informado, otorgado en condiciones de libertad real.

Este reconocimiento implica que la imagen no puede ser tratada como un dato neutro ni accesorio, y que cualquier autorización debe cumplir requisitos estrictos. El carácter sensible exige que el consentimiento sea reforzado; es decir, que incorpore información previa, clara y comprensible, explicada en lenguaje accesible para el titular. La finalidad debe ser específica, concreta y delimitada, sin expresiones abiertas como 'cualquier uso', 'cualquier fin', 'cualquier medio', 'para todos los propósitos', o similares. Debe haber ausencia absoluta de cláusulas genéricas, ambiguas o abiertas que permitan usos futuros no previstos. La indicación de los medios de difusión (tiendas físicas, redes sociales, videos, piezas digitales, empaques, material POP, franquicias, etc.) debe ser exacta. Los mecanismos, por su parte, deben ser claros de revocación, informados desde el momento de la autorización. El acceso debe ser inmediato a la política de tratamiento de datos personales, con indicación de cómo ejercer los derechos de consulta, actualización, supresión y reclamo. Con el equilibrio contractual se prohíbe autorizaciones obtenidas bajo desigualdad, presión, engaño, error o ausencia de información. En cuanto a las garantías, deben ser reforzadas de seguridad, confidencialidad y circulación restringida, especialmente en entornos digitales.

La Corte Constitucional ha sido enfática en señalar que el consentimiento en materia de datos sensibles debe ser previo, expreso, informado, cualificado y otorgado en condiciones materiales de libertad real; cualquier forma de consentimiento defectuoso es inválida e ineficaz (SU-139/2021).

Asimismo, la jurisprudencia ha dejado claro que las cláusulas amplias, vitalicias o ilimitadas son inconstitucionales, por desconocer el contenido esencial del *habeas data*: no es válido el otorgamiento de una autorización para el uso indefinido, amplio o ilimitado de datos sensibles. Esta forma de consentimiento constituye una renuncia prohibida al derecho fundamental (T-260/2012).

La razón de este estándar elevado es evidente: la imagen, al ser un dato sensible, afecta la autonomía, la integridad moral y la vida material del titular. Su circulación no controlada puede generar exposición pública no deseada, riesgos de suplantación, afectación a la honra, consecuencias sociales, culturales o simbólicas, apropiación comercial indebida, o transformaciones digitales que escapan al control del titular.

La Superintendencia de Industria y Comercio (2025) ha reiterado esta idea, señalando que los datos biométricos, incluyendo las representaciones visuales del rostro, requieren autorización reforzada; no pueden recolectarse ni usarse sin cumplir con los principios de finalidad, libertad, necesidad y proporcionalidad.

En consecuencia, la imagen no puede ser objeto de autorizaciones globales, vitalicias, irrevocables ni en blanco, porque ello equivaldría a una renuncia total —y por lo tanto prohibida— del derecho fundamental de *habeas data*. Cualquier cláusula contractual que intente imponer estas condiciones, es nula por inconstitucionalidad sobrevenida, al desconocer la estructura misma del consentimiento informado reforzado para datos sensibles.

5. Naturaleza personalísima del derecho a la imagen

El derecho a la imagen pertenece, sin discusión, a la categoría de los derechos personalísimos; es decir, aquellos inherentes a la condición humana, íntimamente ligados a la dignidad, la identidad y la autodeterminación y, por ende, no susceptibles de renuncia absoluta, transmisión plena ni enajenación definitiva. Su titularidad corresponde exclusivamente a la persona natural, y su ejercicio está condicionado por la salvaguarda de la autonomía personal y del proyecto de vida.

La Corte Constitucional ha señalado de manera constante que los derechos personalísimos no pueden ser objeto de disposiciones que impliquen su abandono total, puesto que la dignidad humana exige preservar el núcleo esencial de los atributos que definen la identidad del sujeto. Ningún acto jurídico puede desconocer esta condición, ni siquiera bajo apariencia de consentimiento (T-881 de 2002).

En armonía con ello, la jurisprudencia ha dejado claro que la imagen es inseparable de la individualidad y del valor intrínseco de la persona. La Sentencia T-090 de 1996 —piedra angular del derecho a la imagen en Colombia— expresó que la imagen constituye una manifestación externa de la personalidad; por ello, no puede ser objeto de libre disposición por terceros, ni puede ser enajenada de manera absoluta por su titular, pues ello equivaldría a renunciar a un atributo esencial de la condición humana.

De esta naturaleza personalísima se derivan tres consecuencias centrales:

1. Imposibilidad de cesión definitiva ('para siempre'). Los contratos o autorizaciones que pretendan otorgar un uso vitalicio, perpetuo, ilimitado o irrevocable de la imagen, violan el núcleo esencial de este derecho. La Corte ha determinado que los derechos personalísimos admiten autorizaciones temporales, revocables y específicas, pero jamás una entrega definitiva o perpetua que implique la pérdida de control (T-634 de 2013). En materia de imagen, ninguna persona puede renunciar a su control de forma total o ilimitada, entregar su representación visual para usos futuros inciertos, ceder de manera irrevocable su apariencia, o autorizar la transformación indefinida de su identidad visual. Cualquier cláusula con estas características es ineficaz, aun cuando estuviera firmada.

2. Necesidad de consentimiento informado, específico y revocable. Por su condición personalísima, la imagen solo puede ser tratada mediante autorizaciones específicas, con: indicación de la finalidad, alcance concreto, medios determinados, duración definida, y mecanismos claros de revocación. La revocabilidad es parte del contenido esencial del derecho. La Corte ha sido categórica: la autorización de uso de la imagen es un acto de disposición temporal y limitado, siempre sujeto a revocación, pues la persona conserva el poder de autodeterminación sobre su identidad (SU-139 de 2021). Esto significa que el titular puede, en cualquier momento, retirar el permiso, exigir la supresión de

contenidos, limitar medios o, frenar la explotación comercial.

3. Intransmisibilidad y control continuo. El derecho a la imagen, por definición, no se transmite. Nadie puede convertirse en 'titular' de la imagen ajena. Lo único que se transmite —y solo temporalmente— es la autorización de uso; nunca el derecho mismo. La Corte Suprema lo dejó claro en la sentencia SC-3604 de 2021: el uso de la imagen no confiere al receptor del permiso, ningún tipo de titularidad sobre ella. La autorización no implica enajenación del derecho ni permite extender los usos más allá de lo expresamente autorizado. Por eso, cualquier intento de: sub-licenciamiento no autorizado, transmisión automática del permiso, ampliación unilateral del uso, o cesión a terceros sin nuevo consentimiento, es jurídicamente inválido.

6. Dimensión patrimonial del derecho a la imagen

Además de su naturaleza personalísima, el derecho a la imagen posee una dimensión patrimonial autónoma, especialmente cuando la representación visual se utiliza con fines comerciales, publicitarios o promocionales. Esto significa que la imagen no solo proyecta identidad, sino que genera valor económico, lo cual ha sido expresamente reconocido por la jurisprudencia y la doctrina contemporánea. La CSJ, en la sentencia SC-3604 de 2021, afirmó que la imagen tiene un valor económico susceptible de cuantificación cuando es utilizada con fines comerciales; entonces, su explotación sin autorización, configura un enriquecimiento injustificado a costa del titular.

Este valor económico no es teórico; surge de elementos concretos: la credibilidad y la reputación que la persona tiene ante el público, la asociación simbólica con una marca o un mensaje publicitario, su capacidad para atraer consumidores, audiencias o compradores, la circulación en medios físicos, digitales y audiovisuales, su uso en campañas, franquicias, empaques, comercialización y material POP, y el impacto que su figura produce en la percepción del producto o servicio.

Así, la imagen se convierte en un activo económico para quien la controla, y en una fuente de ventaja competitiva para quien la explota, lo cual explica que su uso esté sometido a límites legales estrictos y a compensaciones equivalentes.

6.1. Daño patrimonial y extrapatrimonial por uso no autorizado

Cuando una empresa o un tercero utiliza la imagen de una persona sin autorización válida, se generan dos clases de perjuicios:

a) Daño patrimonial. Corresponde a la explotación económica indebida de la imagen. Incluye: el valor comercial del uso, los ingresos derivados de campañas o productos donde aparece la imagen, las ganancias obtenidas por la asociación con la figura del titular, y cualquier incremento económico relacionado con la utilización visual. Este daño se cuantifica con criterios de mercado, estudios periciales, tarifas de uso de imagen, valor publicitario y precios comparables.

b) Daño extrapatrimonial. Tiene relación con afectaciones inmateriales como: pérdida de autonomía, uso engañoso o distorsionado de la identidad, afectación reputacional o cultural, alteración de la narrativa personal, y exposición no deseada en entornos sociales o simbólicos. La Corte Suprema lo sintetizó así: el uso inconsulto de la imagen genera daño patrimonial y daño moral, aun cuando no exista afectación económica directa, porque la persona ve vulnerada su autodeterminación visual (CSJ, SC-7110 de 2017).

6.2. Enriquecimiento sin causa

El uso no autorizado de la imagen constituye una modalidad típica de enriquecimiento sin causa, porque el explotador obtiene un beneficio patrimonial, el titular sufre un empobrecimiento correlativo, y no existe causa jurídica que justifique esa transferencia de riqueza.

En estos casos, la indemnización no puede ser simbólica ni meramente moral. Debe corresponder al valor real de la explotación, incluyendo: ingresos, ahorros, posicionamiento, valor publicitario, e impacto comercial.

La doctrina internacional denomina esto *commercial appropriation of likeness*, (apropiación comercial de la imagen) y se aplica incluso si la persona no es famosa: basta con que la imagen se haya utilizado para obtener un beneficio económico indebido.

6.3. Deber de compensación equivalente

La compensación debe ser integral, proporcional al aprovechamiento, y basada en parámetros objetivos del mercado publicitario y audiovisual. La Corte Constitucional explicó este principio en la SU-139 de 2021 al señalar que, cuando el tratamiento de la imagen produce efectos económicos, la persona debe recibir una compensación que refleje su valor patrimonial, misma que solo puede ser determinada con base en criterios verificables.

Esto significa que no hay lugar a indemnizaciones meramente 'morales' cuando existe un uso comercial: la reparación debe cubrir todo el valor patrimonial generado, directa o indirectamente, por la explotación visual del titular.

7. Dimensión moral, cultural y social de la imagen

La imagen no es solamente un atributo individual; también expresa pertenencia cultural, memoria colectiva y continuidad histórica. En el caso de comunidades indígenas, afrodescendientes, campesinas y otros grupos étnicos, la representación visual adquiere un significado espiritual, simbólico y comunitario, que trasciende al sujeto y se inserta en un sistema cultural compartido.

La imagen, en estos contextos, es portadora de identidad cultural, entendida como un conjunto de signos visibles —vestimenta, adornos, líneas de linaje, símbolos rituales, roles tradicionales y expresiones propias— que comunican pertenencia, legado y cosmovisión. Su uso indebido no solo afecta al individuo retratado, sino a la comunidad entera, pues interrumpe la armonía simbólica y la dignidad colectiva.

La jurisprudencia constitucional ha sido clara en reconocer esta dimensión. La Sentencia T-778 de 2005 sostuvo que la identidad cultural es esencial para la dignidad de los pueblos indígenas, dado que garantiza la reproducción de su vida material, espiritual y simbólica. Al afectar a uno de sus miembros, repercute en toda la comunidad cuando se altera o distorsiona un elemento culturalmente significativo.

En esta lógica, la imagen de un miembro de una comunidad indígena no puede ser tratada como un dato neutro o un recurso comercial. Es una manifestación viva de su cultura, y su utilización fuera de los rituales, significados, espacios o propósitos autorizados por la comunidad puede producir: descontextualización simbólica, apropiación cultural indebida, ruptura del orden espiritual, deslegitimación del rol ancestral del retratado, o pérdida de autoridad cultural ante su propio pueblo.

La Corte Constitucional, en sentencias como T-652 de 1998, T-977 de 2012 y SU-510 de 1998, ha reiterado que la representación de un indígena no es simplemente la imagen de un individuo, sino un elemento que integra el tejido cultural, por lo que su uso exige un estándar superior de respeto; cuando la actuación de un tercero afecta un símbolo, un rol o un atributo cultural, la lesión trasciende al sujeto y compromete la dignidad colectiva del pueblo indígena.

Asimismo, la dimensión cultural del derecho a la imagen se conecta con el artículo 7 de la Constitución —que ordena proteger la diversidad étnica y cultural— y con el artículo 70 —que reconoce la cultura como fundamento de la nación—. Esto implica que los usos visuales que involucren elementos culturales protegidos deben cumplir un estándar reforzado: consulta previa cuando la imagen involucra símbolos, rituales o elementos propios del patrimonio cultural inmaterial, consentimiento informado no solo individual sino culturalmente adecuado, prohibición de asociar la imagen a significados ajenos, comerciales, engañosos o denigratorios, protección contra prácticas que cosifiquen, folcloricen o reduzcan la identidad de los pueblos.

En este sentido, la imagen funciona como un puente entre lo individual y lo colectivo, entre la persona y su comunidad, entre el rostro humano y la memoria cultural que esta encarna. Su tratamiento debe reconocer que no se trata únicamente de un dato visual, sino de un activo espiritual y simbólico cuya manipulación puede alterar la narrativa cultural de un pueblo. La Corte lo expresó magistralmente en la T-778 de 2005: la representación visual de un indígena involucra la representación de su pueblo y, en consecuencia, debe ser tratada con los mismos estándares de dignidad, respeto y protección reforzada que exigen los derechos culturales de la comunidad.

Así, la dimensión moral, cultural y social del derecho a la imagen, impide que esta sea utilizada con fines que desvirtúen su sentido ritual, manipulen su significado, distorsionen su identidad, o la inserten en narrativas publicitarias que contradigan los valores del grupo. La imagen cultural no es solo un retrato; es memoria, linaje, dignidad y cosmovisión.

8. Finalidad del derecho a la imagen

La finalidad del derecho a la imagen es preservar la soberanía visual de la persona, entendida como la facultad de decidir libremente cómo desea aparecer ante el mundo y en qué condiciones permite que su representación visual circule, se utilice o se explote. Esta finalidad tiene un anclaje directo en la dignidad humana (arts. 1 y 70 C.P.), en la autonomía personal (T-881/2002), en el *habeas data* (Ley 1581/2012) y en la identidad cultural (T-778/2005), lo que convierte este derecho en un instrumento esencial para garantizar que la persona no sea tratada como un objeto, un símbolo manipulable o una mercancía disponible para terceros.

La Corte Constitucional ha expresado que la imagen cumple una función protectora frente a la cosificación del individuo. En la Sentencia T-090 de 1996 afirmó que "la imagen es emanación directa de la personalidad; su utilización inconsulta desconoce la dignidad humana y convierte al sujeto en objeto de explotación ajena" (párr. 58). Con fundamento en esta doctrina, la finalidad del derecho a la imagen se estructura sobre cuatro ejes centrales:

1. Proteger la autodeterminación visual. El eje principal es garantizar que toda persona sea dueña de su propia representación visual. Esto implica que nadie puede captar, reproducir o difundir la imagen sin consentimiento informado; el titular define el contexto, los fines y el alcance del uso; la autorización nunca se hace en blanco, no es perpetua ni irrevocable; la persona mantiene el poder de revocar, limitar o modificar su consentimiento.

La Sentencia SU-139 de 2021 lo sintetizó así: el tratamiento de la imagen exige consentimiento cualificado y plenamente informado, pues la persona conserva en todo momento el control sobre su identidad visual.

2. Garantizar que todo uso esté alineado con la dignidad humana. La imagen no puede utilizarse para manipular la identidad, distorsionar la apariencia o el sentido cultural, asociar a la persona con mensajes engañosos o ajenos a su identidad, despojarla de su narrativa social, o degradar su reputación o integridad.

La CSJ lo dejó claro en la SC-7110 de 2017: el derecho a la imagen actúa como un límite infranqueable a usos que vulneren la honra, el buen nombre o la integridad moral del titular.

3. Evitar la apropiación económica o simbólica no autorizada. La imagen es un activo personal y patrimonial. Su finalidad protectora incluye impedir la explotación comercial indebida, la apropiación simbólica de identidades culturales, el enriquecimiento sin causa derivado de campañas o productos, y la cosificación de la identidad como mercancía.

La Corte Suprema, en sentencia SC-3604 de 2021, estableció que la imagen posee valor económico, y su aprovechamiento sin autorización, constituye un enriquecimiento injustificado que debe ser reparado integralmente.

4. Preservar la identidad cultural, espiritual y colectiva, especialmente en comunidades étnicas. En pueblos indígenas y afrodescendientes, la finalidad adquiere un carácter reforzado. La imagen protege: símbolos rituales, roles tradicionales, espiritualidad, linajes, memoria colectiva y la continuidad cultural.

La Sentencia T-778 de 2005 señaló que la imagen de un miembro de un pueblo indígena representa la identidad del colectivo. Su uso sin respeto no solo afecta la dignidad del individuo, sino la de la comunidad entera.

Por ello, la finalidad del derecho a la imagen exige impedir que representaciones culturales sean descontextualizadas, apropiadas por terceros o utilizadas en narrativas comerciales contrarias a los valores del grupo.

9. Conclusión

La imagen no es un elemento superficial del ser humano; es la forma como la persona se presenta ante el mundo, y esa presentación es parte integral de su dignidad, su identidad y su libertad. El derecho a la imagen, en su dimensión constitucional, personalísima y patrimonial, funciona como una barrera fundamental frente a la apropiación indebida, la exposición involuntaria y la explotación comercial sin información.

La jurisprudencia colombiana ha construido un sistema sólido que, en armonía con estándares europeos, reconoce a la imagen como dato personal sensible, exige consentimiento informado estricto y prohíbe cualquier forma de autorización absoluta o ilimitada. La finalidad última es clara: proteger la manera como cada ser humano decide mostrarse y representarse ante los demás.

El consentimiento informa, limita y legitima esa representación. Sin él, la imagen se convierte en un acto de poder. Con él, se convierte en un acto de libertad.

Capítulo 2

Evolución histórica, naturaleza y desarrollo del derecho a la imagen

1. Introducción

La comprensión del derecho a la imagen exige recorrer su evolución histórica y normativa. Aunque este derecho parece reciente, sus raíces son antiguas y se han transformado con los avances tecnológicos, las transformaciones sociales y las nuevas concepciones del sujeto. Desde la protección simbólica de las efigies en el derecho romano hasta la sofisticación del consentimiento informado en el siglo XXI, la imagen ha transitado de ser un privilegio de representación, a convertirse en una manifestación protegida de la dignidad humana.

Hoy, en Colombia, la imagen se sitúa en un punto de convergencia entre varias áreas: el derecho constitucional, la protección de datos personales, el derecho civil, la responsabilidad extracontractual, el derecho cultural y la economía visual. Este capítulo profundiza en ese recorrido histórico y conceptual, mostrando cómo la jurisprudencia ha construido un derecho sólido que responde a los retos contemporáneos de la digitalización, la circulación instantánea y el uso comercial masivo de la imagen.

2. Evolución histórica del derecho a la imagen

La configuración moderna del derecho a la imagen no surgió de inmediato; sus antecedentes revelan un camino progresivo de ampliación, reconocimiento y complejización.

2.1. Derecho romano: las efigies como símbolo y protección

En Roma surgió una de las primeras formas de protección jurídica de la representación personal, conocida como *ius effigiei* o derecho sobre la efigie. Aunque no correspondía exactamente a la noción moderna de derecho a la imagen, constituye un antecedente directo de la idea contemporánea de control sobre la propia representación visual.

La efigie era mucho más que un retrato: cumplía una función política, simbólica y honorífica; representaba la presencia, dignidad y memoria del individuo, especialmente en el caso de magistrados, emperadores, patricios y figuras de relevancia pública. Por ello, su reproducción era considerada un acto solemne, sujeto a reglas estrictas y cargado de significado jurídico y social.

En el Digesto y en el derecho pretorio aparecen elementos que permiten identificar tres líneas de protección:

1) La efigie como extensión del honor (honor y *existimatio*)

Para los romanos, la imagen estaba asociada al concepto de honor (honor / *existimatio*), entendido como la valoración social del individuo. Cualquier acto que afectara la efigie se interpretaba como una agresión directa a su honor, similar a una *iniuria*.

Así, reproducir, deformar, ridiculizar o destruir la efigie de una persona podía constituir una infracción grave, pues atacaba su dignidad pública y su posición dentro del orden social. Esta concepción anticipa la idea moderna de que la imagen no es un mero objeto visual, sino una proyección simbólica de la personalidad.

2) Función protectora frente a actos de desprestigio: la *iniuria per effigiem*. Diversas fuentes del Digesto describen situaciones en las que la injuria podía cometerse mediante imágenes: caricaturas ofensivas, representaciones denigrantes, figuras que atribuían vicios o comportamientos censurables, o la exhibición pública de imágenes usadas para humillar.

La *iniuria per effigiem* anticipa —con siglos— la dimensión moral del derecho contemporáneo a la imagen: el reconocimiento de que una representación visual puede destruir reputación, alterar identidad o afectar la dignidad.

3) Control sobre la reproducción: antecedente de la autodeterminación visual. Aunque en Roma no existía un 'consentimiento informado' en el sentido moderno, sí se exigía autorización o legitimidad para reproducir la efigie de personajes públicos. La reproducción sin permiso era vista como una usurpación del honor y un acto contrario a la dignidad.

Este control anticipa la noción contemporánea de que el individuo —y en algunos casos, sus descendientes o la institución que representa— es quien decide cuándo, cómo y con qué finalidad puede utilizarse su imagen.

4) La efigie como símbolo político y jurídico

En el caso de emperadores y magistrados, la efigie tenía una dimensión jurídica adicional: representaba la *auctoritas* del titular. Manipularla, alterarla o reproducirla sin legitimidad podía constituir, incluso, delitos relacionados con traición, sedición, desacato a la autoridad, o alteración del orden público.

Este carácter solemne convirtió a las efigies en un símbolo de poder y en un antecedente directo de la protección reforzada que hoy poseen las imágenes de autoridades, funcionarios y líderes sociales.

5) La transición hacia el concepto moderno de representación personal. Aunque el derecho romano no hablaba de 'derecho a la imagen' en el sentido actual, sí estableció la conexión entre imagen y dignidad, la idea de representación visual como extensión simbólica de

la persona, la protección frente a usos deshonrosos o no autorizados, y la noción de que la reproducción de la figura personal requiere causa legítima.

Estos elementos —honor, dignidad, control, autorización, injuria por imagen— son los pilares sobre los que siglos después se edificaría el derecho moderno a la imagen, especialmente los conceptos: *right of publicity* (EE. UU.), derecho a la propia imagen (Europa y Latinoamérica), y protección de datos personales sensibles (*habeas data*).

La efigie romana, en suma, fue el primer símbolo jurídico de la representación personal, y su protección temprana revela que, desde los orígenes del derecho occidental, la imagen no es un objeto neutro, sino un atributo esencial de la dignidad humana.

2.2. Edad Media y Renacimiento: la imagen como instrumento de poder

Durante la Edad Media, la imagen adquirió una dimensión estrictamente política, religiosa y jerárquica. No existía un concepto individual de 'derecho a la imagen', pero sí un régimen simbólico riguroso que controlaba quién podía ser representado y bajo qué condiciones. La imagen funcionaba como un vehículo de autoridad: solo reyes, nobles, altos clérigos y figuras con legitimidad reconocida podían ordenar retratos oficiales. Su reproducción, circulación y exhibición estaban sometidas a reglas rígidas, pues la representación visual no era un simple reflejo físico, sino un signo de poder, legitimidad y sacralidad.

Las imágenes de reyes y santos servían para afirmar el orden político y religioso, reforzar la obediencia de los súbditos y comunicar la continuidad de un linaje o una misión divina. Las figuras retratadas quedaban investidas de un carácter casi sagrado, y cualquier manipulación indebida del retrato podía considerarse herejía, desacato o injuria grave, anticipando la protección moral y simbólica que más tarde integraría el derecho moderno a la imagen.

En este período, la representación visual operaba como un instrumento de propaganda política del soberano, un mecanismo de legitimación del poder ante súbditos y rivales, un dispositivo de control social mediante iconografía religiosa, y un medio para consolidar la memoria histórica y dinástica de las casas reales.

Sin embargo, fue en el Renacimiento donde la imagen adquirió una dimensión completamente nueva. La irrupción del pensamiento humanista colocó al individuo —y no solo al rey o al santo— en el centro de la representación visual. El retrato renacentista, impulsado por artistas como Leonardo da Vinci, Rafael, Tiziano y Botticelli, transformó la imagen en un símbolo de identidad personal, capturando la singularidad, los rasgos individuales y la expresión íntima del sujeto representado.

El Renacimiento introdujo tres avances decisivos para el surgimiento del derecho moderno a la imagen:

1. La imagen como reflejo de individualidad y dignidad humana. Por primera vez, se entendió la imagen como un rasgo esencial de la persona, vinculado a su carácter, identidad singular, biografía, y proyecto vital. Esta evolución anticipa la idea de la autodeterminación visual, fundamento de la protección constitucional moderna.

2. La imagen como bien cultural y objeto de autoría. El desarrollo del arte del retrato llevó a que la representación del rostro y del cuerpo se considerara una creación intelectual, un objeto de valor económico,

y un símbolo de estatus social. Esto abrió el camino a la futura articulación entre imagen y derechos de autor, y al reconocimiento del valor patrimonial que tiene la identidad visual.

3. Surgimiento del concepto de control sobre la propia representación. A medida que proliferaban los retratos, surgió la necesidad de controlar quién podía representarlos, cómo debían ser mostrados, qué elementos simbólicos se podía incorporar, y cómo la imagen influía en la percepción pública del individuo.

Los nobles, mercaderes y figuras públicas comenzaban a exigir retratos 'fieles' o 'dignos', anticipando la noción moderna de protección frente a usos deformantes o manipulados de la imagen.

2.3. Siglo XIX: irrupción de la fotografía y crisis de control

La aparición de la fotografía a mediados del siglo XIX transformó de manera radical el concepto de imagen personal. Por primera vez en la historia, la representación visual de una persona podía capturarse con precisión, reproducirse mecánicamente, duplicarse indefinidamente y circular en espacios desconocidos para el retratado, todo sin su presencia ni control.

Este cambio tecnológico generó lo que los historiadores del derecho denominan una crisis de control sobre la identidad visual. Lo que antes era un retrato único, solemne y generalmente custodiado por el propio representado o por instituciones políticas y religiosas, se convirtió en una imagen susceptible de ser copiada en masa, comercializarse sin consentimiento, circular por mercados, periódicos y salas de exhibición, ser manipulada, recortada o usada con fines ajenos al interés del sujeto, e, incluso, asociada a productos o campañas con evidente explotación económica.

El advenimiento del daguerrotipo y posteriormente de la fotografía en papel desencadenó conflictos completamente inéditos; entre ellos, circulación de retratos sin autorización, difusión pública de imágenes íntimas, comercio clandestino de fotografías, falsificación de retratos para engaños o fraude, uso comercial no consentido por parte de estudios fotográficos, y apropiación indebida de la identidad visual con fines políticos.

Frente a estos fenómenos, surgieron las primeras demandas judiciales reclamando la protección del retrato. Destaca el famoso caso estadounidense de Warren y Brandeis (1890), quienes en su ensayo *The Right to Privacy* denunciaron la invasión a la vida privada causada por la difusión no autorizada de fotografías, y argumentaron la necesidad de reconocer un derecho a estar solo, que incluía el control sobre la propia imagen.

Europa también enfrentó tensiones similares. Francia, Alemania e Italia comenzaron a debatir, desde finales del siglo XIX, si el retratado poseía un derecho autónomo a impedir la publicación de su fotografía. La jurisprudencia francesa empezó a reconocer que la imagen era un 'atributo moral de la personalidad' y que su uso sin consentimiento podía causar un perjuicio jurídico relevante.

En síntesis, el siglo XIX inauguró la crisis de control sobre la imagen, la primera conciencia jurídica de que la reproducción visual requiere autorización, la separación entre la presencia física y la presencia simbólica, la necesidad de reconocer un derecho subjetivo sobre el retrato, y las bases conceptuales del derecho moderno a la imagen.

El impacto de la fotografía fue tan profundo, que los sistemas jurídicos no pudieron ignorar la realidad; por primera vez, la representación visual había dejado de ser un privilegio estático, para convertirse en un bien reproducible, circulante y potencialmente explotable. De esa crisis nació la urgencia de protección que más tarde daría lugar a los derechos de imagen contemporáneos.

2.4. Siglo XX: nacimiento del derecho moderno a la imagen

El siglo XX marcó el nacimiento formal del derecho moderno a la imagen como un atributo autónomo de la personalidad. La consolidación de este derecho no fue uniforme; surgió de manera paralela en Francia, Alemania, España, Italia y Estados Unidos, cada uno aportando elementos conceptuales que hoy estructuran la protección contemporánea.

- Francia: el derecho a la imagen como atributo moral de la personalidad. Francia fue pionera. Desde comienzos del siglo XX, su jurisprudencia reconoció que la imagen forma parte del derecho de la personalidad, independiente de la intimidad o del honor. Los tribunales franceses establecieron que nadie puede reproducir o publicar la imagen de otra persona sin su consentimiento expreso, incluso si la fotografía se tomó en un lugar público.

Este avance se apoyó en dos pilares:

a. Protección moral: la imagen como emanación de la dignidad

b. Protección patrimonial: la imagen como valor económico susceptible de explotación.

Francia dio así, el paso fundamental de separar el derecho a la imagen del derecho a la intimidad, tratándolo como una categoría propia y autónoma.

- Alemania: el *Allgemeines Persönlichkeitsrecht*. Alemania desarrolló una teoría sólida basada en el derecho general de la personalidad (*Allgemeines Persönlichkeitsrecht*), reconocido por el Tribunal Constitucional Federal desde 1954. Bajo esta visión, la imagen es una expresión directa de la individualidad; la persona controla su captación y difusión, y la reproducción visual requiere consentimiento específico y previo.

La jurisprudencia alemana introdujo la noción de 'autodeterminación informativa' que, décadas después se convertiría en uno de los fundamentos conceptuales del *habeas data* colombiano.

- Italia: el *diritto all'immagine*. Incorporó el derecho a la imagen en su *Codice Civile* (art. 10), estableciendo que la publicación o exposición de la imagen de una persona requiere consentimiento, y da lugar a indemnización cuando se afecta la dignidad, el decoro o la reputación. Su enfoque subraya la conexión entre imagen, honor y decoro, anticipando la dimensión moral que más tarde integraron los sistemas latinoamericanos.

- España: la Ley Orgánica 1/1982 fue una referencia clave para el mundo hispano, sobre protección civil del honor, la intimidad y la propia imagen; se convirtió en la norma más influyente en América Latina; estableció que la imagen es un derecho fundamental autónomo; cualquier captación, reproducción o publicación requiere consentimiento; incluso, las fotografías tomadas en espacios públicos están protegidas, y el uso con fines comerciales sin autorización genera responsabilidad civil. España consolidó así un modelo claro: la imagen como derecho personalísimo, irrenunciable, intransmisible y de carácter moral y patrimonial.

- Estados Unidos: el nacimiento del *right of publicity*. El desarrollo tomó un camino diferente pero complementario. Desde mediados del siglo XX, el

> derecho a la imagen evolucionó hacia el *right of publicity*, que protege la identidad, la apariencia, el nombre, la voz, la silueta y cualquier elemento que permita reconocer a una persona. Este derecho surgió a partir de la sentencia Haelan Laboratories v. Topps (1953), donde el tribunal sostuvo que toda persona tiene un valor comercial en su identidad, que pertenece únicamente al titular.

Posteriormente, casos como Zacchini v. Scripps-Howard (1977) —Corte Suprema— reforzaron la idea de que la explotación económica de la identidad sin autorización afecta directamente los derechos fundamentales del individuo. El derecho norteamericano aportó la noción contemporánea de propiedad económica sobre la imagen, fundamental para el entendimiento moderno del daño patrimonial en Colombia.

En el siglo XX surgieron los fundamentos que hoy estructuran la protección constitucional:

- Autonomía y dignidad: la persona decide cómo quiere ser representada (Francia/Alemania).
- Control sobre la difusión: incluso en lugares públicos, la imagen está protegida (España).
- Protección moral: evitar usos deshonrosos o denigrantes (Italia).
- Protección patrimonial: reconocimiento del valor económico de la identidad (Estados Unidos).

Estos pilares dieron forma al moderno derecho a la imagen en Colombia y en toda América Latina, especialmente después de la entrada en vigencia del *habeas data* y el reconocimiento de la imagen como dato personal sensible.

2.5. Siglo XXI: la imagen como dato personal sensible

El siglo XXI marcó una transformación radical en el concepto de imagen debido a tres factores decisivos: la revolución digital, la IA y la economía de plataformas. Estos avances alteraron profundamente la forma como la representación visual se produce, circula, manipula y explota, generando la necesidad de un modelo jurídico más estricto, capaz de proteger la identidad visual en entornos digitales complejos e interconectados.

2.5.1. La revolución digital: multiplicación infinita de imágenes. La expansión de internet, los teléfonos inteligentes, las redes sociales y plataformas como Facebook, Instagram, YouTube o TikTok introdujeron un escenario sin precedentes: la capacidad de capturar, compartir y viralizar imágenes de manera instantánea, ilimitada y global. La reproducción visual dejó de depender de soportes materiales; se volvió infinita, anónima, transversal y deslocalizada.

Esta masificación expuso a los individuos a riesgos antes impensables: difusión no autorizada en redes sociales, viralidad de contenidos sin control, manipulación digital y descontextualización, almacenamiento indefinido en servidores de terceros, y apropiación de la imagen para publicidad encubierta o márquetin algorítmico.

2.5.2. Inteligencia artificial y deepfake*: identidad visual en riesgo.* La aparición de tecnologías como *deepfake*, GANs[2], reconocimiento facial, biometría digital y clonación audiovisual amplificó la crisis de control sobre la representación visual. Hoy es posible reconstruir el rostro de una persona sin su presencia, insertar su imagen en escenas falsas, replicar su voz mediante modelos sintéticos, o generar versiones alteradas con fines políticos, comerciales o delictivos.

La Unión Europea identificó estos riesgos en el Reglamento General de Protección de Datos (RGPD), clasificando la imagen y los datos biométricos como datos sensibles, cuyo tratamiento exige garantías reforzadas.

---

[2] Por sus siglas en inglés: Generative Adversarial Networks (Redes Generativas Antagónicas)

2.5.3. La economía de plataformas: comercialización sistemática de la identidad. El siglo XXI también vio el surgimiento de la economía digital, donde la identidad visual se convirtió en un activo comercial masivo. Influentes, marcas, empresas de publicidad, motores de búsqueda y redes sociales utilizan la imagen para segmentación de mercados, publicidad personalizada, algoritmos de reconocimiento, perfiles de consumo, análisis de comportamiento, y monetización directa de la identidad.

Esto generó un escenario de explotación silenciosa, muchas veces invisible para el titular.

2.5.4. La Unión Europea: reconocimiento normativo del dato sensible. El RGPD clasificó expresamente los datos biométricos, incluidos los rasgos faciales y las representaciones que permiten identificar a una persona, como categoría especial de datos. Esto significa: prohibición general de tratamiento, salvo excepciones estrictas, consentimiento explícito, finalidad específica, proporcionalidad, y protección reforzada. Europa consolidó así la imagen como un dato hiperprotegido.

2.5.5. Colombia. La Corte Constitucional cierra el círculo en la SU-139 de 2021, con la cual llegó a su punto más alto en cuestión de protección, declarando que la imagen es un dato personal sensible y su tratamiento exige consentimiento cualificado, previo, expreso, informado y otorgado en condiciones materiales de libertad real.

La Corte estableció que la imagen está protegida simultáneamente por la dignidad humana (art. 1 C.P.), la autonomía personal (T-881/2002), el derecho a la personalidad (T-090/1996), y el régimen de *habeas data* (Ley 1581 de 2012 y Decreto 1377 de 2013).

Esta decisión integró definitivamente el derecho a la imagen dentro de la arquitectura del *habeas data,* lo que implica:

prohibición de cláusulas genéricas o perpetuas, obligación de especificar medios, fines y duración, revocabilidad en cualquier momento, acceso permanente a la política de datos personales, y responsabilidad reforzada en entornos digitales.

El siglo XXI redefine la imagen como un dato hiperprotegido. Hoy, la imagen es, simultáneamente, dato sensible, activo patrimonial, identidad cultural, atributo de personalidad, huella biométrica, y representación simbólica del individuo.

La finalidad del derecho en el siglo XXI es impedir que la persona sea absorbida por algoritmos, mercados y plataformas que podrían apropiarse de su identidad visual sin límites. El derecho contemporáneo no solo protege la imagen como retrato, sino como expresión viva de la identidad en la era digital.

3. Naturaleza jurídica del derecho a la imagen

El derecho a la imagen posee una estructura jurídica dual:

3.1. Dimensión personalísima

Como atributo esencial de la personalidad, la imagen forma parte del núcleo más profundo de la dignidad humana. No es un simple retrato ni un dato neutro; constituye una emanación visible de la individualidad, que expresa identidad, biografía, integridad moral, rol social y, en muchos casos, pertenencia cultural y espiritual. Por ello, su tratamiento jurídico se rige por la categoría de los derechos personalísimos, aquellos que pertenecen intrínsecamente a la persona y no pueden ser enajenados, renunciados ni apropiados por terceros.

La Corte Constitucional ha establecido desde la Sentencia T-090 de 1996 que, la imagen constituye una manifestación externa de la personalidad y, como tal, integra el núcleo esencial de los derechos personalísimos.

De esta naturaleza se derivan cuatro consecuencias jurídicas fundamentales:

1. Inherencia y vínculo inseparable con la persona. La imagen nace con el individuo, lo acompaña durante toda su existencia y permanece ligada a su identidad. No es un bien transmisible ni susceptible de apropiación definitiva por terceros. Ningún acto jurídico puede despojar al titular de su poder sobre la propia representación visual.

2. Irrenunciabilidad y prohibición de cesiones absolutas. Por tratarse de un derecho personalísimo, la imagen no admite renuncia total ni entrega perpetua, ni cesión plena o irrevocable. La persona conserva siempre la titularidad y el control. La Corte Constitucional lo reafirmó en SU-139 de 2021: toda autorización para el tratamiento de la imagen es esencialmente revocable.

En consecuencia, cláusulas como 'uso perpetuo', 'autorización irrevocable', 'cualquier finalidad', 'todos los medios posibles' o 'cesión plena' carecen de validez constitucional.

3. Autodeterminación visual: expresión de la autonomía personal

La imagen es uno de los espacios donde la autonomía —definida en T-881 de 2002 como la facultad de "vivir como quiera" (párr. 1)— se manifiesta con mayor fuerza. La persona decide si se permite o no la captación, para qué fines puede ser usada, en qué contextos, en qué medios o plataformas, por cuánto tiempo, y con qué restricciones. Esta autodeterminación impone la exigencia de un consentimiento informado reforzado, requisito indispensable para cualquier tratamiento de la imagen.

4. Protección de la integridad moral y narrativa personal

La imagen proyecta honor, reputación, identidad social y coherencia narrativa. Su uso indebido puede distorsionar la identidad del titular, afectar su buen nombre, descontextualizar su figura o instrumentalizar su presencia visual en contra de su dignidad. La Corte Suprema ha destacado que el titular conserva siempre el poder de decisión sobre su representación visual; la autorización no transfiere el derecho ni extingue su dimensión moral (CSJ, SC-7110 de 2017).

La imagen, como derecho personalísimo, es inherente e inseparable de la persona; no admite renuncia absoluta ni cesión irrevocable; exige consentimiento informado, específico y siempre revocable, y protege la integridad moral y la narrativa vital del titular. En suma, la dimensión personalísima garantiza que la identificación visual de la persona permanezca siempre bajo su dominio, impidiendo que sea reducida a objeto, mercancía o herramienta simbólica sin consentimiento plenamente informado.

3.2. Dimensión patrimonial

Aunque la imagen nace anclada en la dignidad, la autonomía y la identidad personal —dimensión personalísima—, su uso en sociedades mediáticas, digitales y de consumo ha generado una segunda capa jurídica: su dimensión patrimonial. Esta surge cuando la representación visual de una persona trasciende el ámbito íntimo o relacional y entra en circuitos económicos, publicitarios, comerciales o simbólicos, generando valor económico mensurable.

La doctrina contemporánea coincide en que la imagen se transforma en activo intangible cuando es utilizada para proyectar marcas o productos, construir narrativas publicitarias, potenciar ventas o posicionamiento, asociarse a valores culturales, estéticos, identitarios o comunitarios o, representar autenticidad, calidad, tradición o pertenencia.

En estos escenarios, la imagen deja de ser únicamente un atributo de la personalidad, y se convierte en una fuente de explotación económica, susceptible de valoración, transacción, licencia, cesión temporal o uso regulado.

La CSJ, en la sentencia SC-3604 de 2021, consolidó esta visión al expresar que la imagen tiene un valor económico susceptible de cuantificación, cuando es utilizada con fines comerciales. Esta precisión jurisprudencial resulta decisiva porque fija tres consecuencias jurídicas:

1. La imagen genera valor económico autónomo cuando se integra a una cadena comercial o publicitaria. No es necesario que exista fama previa ni que la persona sea figura pública; basta que la imagen contribuya al rendimiento económico de un tercero.

2. Su uso no autorizado produce perjuicios patrimoniales. La explotación inconsulta activa la responsabilidad civil por: lucro cesante (lo que la persona habría recibido por la autorización de uso), daño emergente (costos o afectaciones derivadas del uso indebido) y, enriquecimiento sin causa (el beneficio injustificado obtenido por el explotador).

3. La valoración económica de la imagen exige análisis pericial especializado. Su cuantificación depende de variables como: alcance mediático del uso, duración de la explotación, intensidad de la apropiación comercial, sectores donde circula (digital, físico, audiovisual, comercialización), ventas o ingresos derivados de la campaña y, equivalentes de mercado (modelos, líderes comunitarios, representantes culturales).

Así, la dimensión patrimonial no sustituye la dimensión personalísima; la complementa; protege el valor económico que la imagen genera en el tráfico jurídico y evita que terceros la instrumentalicen como mercancía, símbolo, argumento de venta o herramienta publicitaria sin contraprestación justa.

En suma, esta dimensión patrimonial asegura que la identidad visual de la persona no sea apropiada ni explotada comercialmente sin consentimiento pleno, informado y remunerado, y que cualquier ganancia derivada de su uso corresponda legítimamente a su titular.

4. La imagen como derecho fundamental en Colombia

La evolución jurisprudencial colombiana ha elevado el derecho a la imagen desde un mecanismo defensivo frente a intromisiones privadas hasta la categoría plena de derecho fundamental autónomo, íntimamente ligado a la dignidad humana, la autodeterminación informativa, la libertad personal y la integridad moral. Esta construcción se apoya en una lectura sistemática de los artículos 1: Dignidad humana, 15: Intimidad y protección de datos personales, 16: Libre desarrollo de la personalidad, 20: Libertad de información y rectificación, 21: Honra y buen nombre.

Cada disposición aporta un vector distinto: la dignidad como núcleo, la intimidad como esfera de reserva, la autodeterminación como facultad de decidir sobre sí, la libertad informativa como límite a la difusión visual y, la honra como protección contra representaciones degradantes. Con el paso de los años, la jurisprudencia integró estos elementos en un sistema coherente, estratificado y progresivo.

4.1. Primera etapa (1991–2000): la imagen como extensión de la intimidad

En esta etapa fundacional, la Corte entendió la imagen como una proyección del fuero íntimo. Dos precedentes son decisivos:

- Sentencia T-414 de 1992: la imagen como manifestación reservada del ser. En este fallo, la Corte sostuvo que la persona tiene derecho a mantener bajo reserva aquellas manifestaciones de su ser que no desea exponer públicamente. La divulgación inconsulta de elementos que permiten su identificación puede constituir una intromisión ilegítima en su intimidad.

Aunque no desarrolló el concepto de imagen como derecho autónomo, sentó la regla de oro: la identidad visual pertenece al ámbito de reserva personal.

- Sentencia T-090 de 1996: prohibición de exposición no consentida. Aquí la Corte avanzó un paso más, señalando que, ninguna persona puede ser mostrada o exhibida contra su voluntad, pues su imagen hace parte de la esfera privada que constituye un límite infranqueable para terceros.

Este pronunciamiento cristalizó un principio temprano: la imagen es un límite al accionar tanto estatal como privado.

Aunque rudimentaria, esta fase estableció los cimientos del derecho a la imagen, como: expresión de la intimidad, signo identificador del individuo, objeto de reserva y autodeterminación, y límite a la divulgación no consentida.

4.2. Segunda etapa (2000–2012): la imagen como atributo autónomo de la personalidad. Aquí la Corte se separa de la intimidad tradicional y reconoce que la imagen involucra identidad, honra, libertad personal, valor narrativo del rostro, y control sobre la proyección pública.

4.2.1. Aparición del concepto de autorización previa, clara y específica. La Corte sostuvo en múltiples decisiones que, el uso de la imagen requiere voluntad inequívoca del titular, reconstruida a partir de un consentimiento específico, no general o implícito.

4.2.2. Reconocimiento de autonomía estética y representacional. La imagen deja de ser solo lo que se muestra: pasa a ser cómo se construye, cómo se interpreta y cómo impacta la identidad. En consecuencia: no puede ser distorsionada, no puede ser descontextualizada, no puede ser instrumentalizada contra la narrativa vital del titular.

4.3. Tercera etapa (2012–2021): integración plena al régimen del *habeas data*

Con la Ley 1581 de 2012, la imagen adquiere el estatus de dato personal y, por tanto, su tratamiento exige cumplimiento de principios de finalidad, necesidad y proporcionalidad, transparencia y circulación restringida, consentimiento informado estricto, y garantías de seguridad y custodia.

4.3.1. Sentencia T-634 de 2013: la matriz del consentimiento informado visual. Este fallo constituye el gran puente doctrinal. La Corte afirmó que el consentimiento informado no es un formalismo; es el mecanismo constitucional mediante el cual la persona preserva el control sobre su identidad y su representación visual.

Y añadió que, para que la autorización sea válida, el titular debe recibir información previa, clara, concreta y comprensible sobre la finalidad, el alcance, la duración y las formas de tratamiento de su imagen.

El fallo fue contundente al advertir que, los documentos ambiguos, genéricos o no explicados carecen de validez constitucional y no habilitan tratamiento alguno.

4.3.2. Consecuencia doctrinal. Desde 2013, toda forma de uso de la imagen requiere consentimiento informado real, no simbólico, no tácito, no encubierto, y tampoco obtenido en contextos de confusión, presión o engaño.

4.4. Cuarta etapa (desde 2021): la imagen como dato sensible y derecho fundamental autónomo

La Sentencia SU-139 de 2021 marca el punto culminante al declarar que la imagen constituye un dato personal sensible, cuyo tratamiento exige consentimiento previo, expreso, informado y revocable en cualquier momento.

Y reforzó diciendo que el titular conserva la potestad permanente de decidir cómo, cuándo y para qué se captura, almacena, difunde o modifica su representación visual.

La *ratio decidendi* profundiza en cuanto que el carácter sensible de la imagen impone al responsable un deber de cuidado reforzado y excluye cualquier autorización general, oscura o no explicada.

4.4.1. Efectos estructurales de la sentencia SU-139 de 2021. La decisión: eleva la imagen al nivel más alto de protección, exige consentimiento cualificado, prohíbe la cesión irrevocable, garantiza la revocabilidad permanente y, obliga a respetar la integridad moral y narrativa del titular.

4.4.2. Consecuencia para el derecho colombiano. Desde 2021, la imagen no solo es un atributo de la personalidad, sino un derecho fundamental autónomo, con régimen reforzado y exigibilidad directa.

4.5. Síntesis evolutiva en cuadro analítico

Tabla 1

Síntesis evolutiva del derecho a la imagen en Colombia

Etapa	Tratamiento jurídico	Naturaleza	Exigencias	Jurisprudencia
1991-2000	Extensión de la intimidad	Imagen = vida privada	Prohibición de exposición no consentida	T-414/92 T-090/96

2000-2012	Atributo autónomo	Imagen = dignidad + honra	Autorización previa, clara, específica	Jurisprudencia 2000-2010
2012-2021	Dato personal (*habeas data*)	Imagen = dato personal	Consentimiento informado estricto	Ley 1581/12, D. 1377/13, T-634/13
Desde 2021	Dato sensible y derecho autónomo	Imagen = DF reforzado	Consentimiento expreso, informado, revocable	SU-139/21

5. Fundamento del consentimiento informado en la imagen

El consentimiento informado constituye el eje estructural del derecho fundamental a la imagen en el orden constitucional colombiano. No se trata de un requisito formal o de una simple manifestación de voluntad; es, ante todo, un mecanismo constitucional de autodeterminación, que asegura que cada individuo conserve el control efectivo sobre la manera como se captura su representación visual, cómo es usada, difundida o conservada.

La Corte Constitucional ha reiterado que la esencia del consentimiento informado radica en la dignidad humana, entendida como la facultad inalienable de cada persona para decidir sobre su propio destino visual, simbólico y comunicativo. En palabras del Tribunal, el consentimiento informado exige que el titular haya recibido información clara, previa y comprensible sobre la finalidad y el alcance del tratamiento (T-634 de 2013).

Este estándar, que transformó la comprensión jurídica de la imagen, se fundamenta en tres pilares constitucionales:

1. La autodeterminación informativa como núcleo del consentimiento

Desde la sentencia T-414 de 1992, la Corte estableció que la identidad y las manifestaciones del ser —incluyendo la imagen— pertenecen al ámbito de la autodeterminación personal. La facultad de decidir sobre la propia representación visual deriva directamente de la dignidad humana (art. 1), la intimidad y el *habeas data* (art. 15), el libre desarrollo de la personalidad (art. 16).

Esta tríada normativa fue consolidada en T-634 de 2013, donde la Corte sostuvo que el consentimiento no puede considerarse válido cuando el titular no comprende la información suministrada, cuando esta es insuficiente o cuando no se explica de forma previa y clara el destino del dato personal.

La comprensión efectiva —no la mera firma— es el núcleo de la validez.

2. El consentimiento informado como garantía contra la explotación simbólica y económica

Con la entrada en vigor del régimen de protección de datos personales (Ley 1581 de 2012 y Decreto 1377 de 2013), la imagen dejó de ser un mero atributo, para convertirse en un dato personal sensible, cuya circulación afecta directamente la autonomía, la integridad moral y el proyecto de vida del titular. En la sentencia SU-139 de 2021, la Corte unificó toda la doctrina previa y estableció: la imagen es un dato personal sensible, cuyo tratamiento exige consentimiento previo, expreso, informado y revocable; su explotación comercial o mediática sin este, configura una vulneración directa de la autodeterminación informativa.

Este estándar introdujo consecuencias estructurales: prohibición de cualquier forma de consentimiento tácito, nulidad de autorizaciones oscuras, ambiguas o no explicadas, validez únicamente del consentimiento informado real y comprobable.

Así, el consentimiento informado opera como barrera constitucional frente a la mercantilización sin autorización, la manipulación simbólica, el uso publicitario oculto o engañoso, la apropiación narrativa de la identidad visual.

3. Exigencias constitucionales del consentimiento informado en la imagen

De acuerdo con la Corte (T-634/13, T-1027/12, SU-139/21), un consentimiento es constitucionalmente válido, solo si satisface, de manera acumulativa, los siguientes elementos:

a. Información previa y verificable. La persona debe ser informada antes de la captura o uso, nunca después. La información debe ser comprensible, suficiente y accesible.

b. Finalidad específica y no genérica. La finalidad debe ser concreta y delimitada; por ejemplo: uso académico, publicitario, comercial, documental, institucional, periodístico, etc. Una finalidad ambigua invalida el consentimiento.

c. Alcance determinado del tratamiento. Debe informarse: dónde circulará la imagen, por cuánto tiempo, quiénes tendrán acceso, si se archivará, si se difundirá en redes, y si será parte de campañas comerciales o institucionales.

d. Ausencia absoluta de presión, error o engaño. El consentimiento obtenido mediante sorpresa, confusión, omisión informativa, manipulación cultural o aprovechamiento de vulnerabilidad es constitucionalmente ineficaz.

e. Revocabilidad permanente. El titular conserva siempre la potestad de revocar la autorización. La SU-139/21 fue contundente: la cesión irrevocable de la imagen es incompatible con la dignidad humana, dado que priva al titular de la facultad de autodeterminarse.

f. Comprensión real, no formal. Un papel firmado sin explicación suficiente, no constituye autorización. La Corte lo repite sin vacíos: lo determinante no es el documento en sí, sino la comprensión real y efectiva del titular al respecto (T-634/2013).

5.1. La dimensión constitucional del consentimiento: de la forma a la sustancia

La jurisprudencia ha abandonado definitivamente la visión procedimentalista. El consentimiento no es un trámite, ni una firma, ni un simple *check*; es una garantía sustantiva, construida sobre: transparencia, autonomía, comprensión, ausencia de engaño, y posibilidad de revocación. La Corte ha insistido con especial claridad, en que nadie puede ser obligado a soportar un tratamiento de su imagen sin que medie información veraz, clara y comprensible. El desconocimiento de este estándar vulnera la dignidad humana (SU-139/2021).

El consentimiento informado en la imagen protege la dignidad, garantiza la autodeterminación, preserva la identidad visual, impide la explotación económica sin control, evita la manipulación simbólica, blinda al titular frente a usos no previstos, y asegura que la imagen no sea instrumento, mercancía ni herramienta de apropiación por terceros.

Esto implica: lectura o explicación efectiva, comprensión real por parte del titular, finalidad específica, duración determinada, ausencia total de sorpresa, presión o engaño, revocabilidad permanente, control sobre circulación, archivo y difusión. En consecuencia, un papel firmado sin información suficiente, no constituye autorización válida, como lo ha reiterado la Corte en T-634 de 2013 y SU-139 de 2021.

6. La imagen como fenómeno social, cultural y simbólico

La imagen no solo expresa identidad individual; también narra pertenencia social, historia colectiva y ubicación simbólica dentro de una comunidad. En su dimensión más profunda, la imagen funciona como un signo que comunica no únicamente cómo es una persona, sino quién es, de dónde proviene, qué representa y qué vínculos la constituyen.

Desde la antropología visual, la imagen opera como un dispositivo narrativo que articula memoria, tradición y reconocimiento, convirtiéndose en un elemento estructural del tejido cultural. La sociología contemporánea —especialmente a partir de autores como Bourdieu, Hall y Dubois— ha demostrado que la representación visual moldea relaciones de poder, estatus y legitimidad social.

En comunidades étnicas, la representación visual adquiere un carácter colectivo y no meramente individual. La imagen de un miembro del grupo no solo identifica a la persona, sino que evoca símbolos, ritos, conocimientos ancestrales, estructuras de parentesco, espiritualidades propias y procesos de transmisión cultural. La Corte Constitucional, en la Sentencia T-778 de 2005, lo reconoció expresamente, así: la identidad cultural es inseparable de la dignidad de los pueblos indígenas; toda forma de representación visual que desconozca este vínculo puede afectar no solo al individuo, sino a toda la comunidad.

Y añadió: la fotografía o imagen de un integrante del pueblo indígena conlleva significados colectivos que obligan a considerar su dimensión cultural y espiritual.

Este reconocimiento implica que la imagen indígena no es un retrato individual, sino un símbolo comunitario, un fragmento de memoria ancestral que debe ser protegido no solo por razones jurídicas, sino por razones históricas y espirituales.

6.1. La imagen como entramado de significados sociales

La imagen articula simultáneamente: reputación, estatus, prestigio social, percepción pública, identidad comunitaria, memoria histórica, imaginarios colectivos, y valores compartidos. Cada representación visual produce efectos en el tejido social: legitima, deslegitima, honra, degrada, exalta o estigmatiza. La imagen, por tanto, es performativa: no solo muestra, sino que construye realidad social. Su uso indebido puede alterar todo ese entramado simbólico, generando rupturas identitarias, distorsiones culturales, apropiaciones indebidas, sustituciones narrativas, intervenciones coloniales en la representación del otro, o explotación económica de significados colectivos.

6.2. La imagen como territorio simbólico y espiritual en pueblos indígenas

En la cosmovisión indígena, la imagen no es una copia del cuerpo, sino un prolongamiento espiritual y sagrado de la persona. La representación visual integra la conexión con los ancestros, los rituales de protección, la transmisión del linaje, el equilibrio del territorio, la palabra mayor (ley de origen), y la continuidad espiritual del pueblo. Por eso, una imagen tomada sin autorización, no es solo un agravio jurídico; es una ruptura cosmológica, un acto que irrumpe en el orden espiritual y comunitario. La Corte lo reconoció en T-778/2005:

las prácticas de representación no pueden desvincularse de los sistemas de conocimiento, espiritualidad y simbolismo, propios de cada pueblo indígena.

6.3. Imagen, colonialidad y representación del otro

Desde los estudios decoloniales se ha demostrado que, históricamente, la imagen ha sido un instrumento de domesticación simbólica, folclorización, exotización, apropiación cultural, y mercantilización de identidades. Autores como Mignolo, Quijano y Spivak sostienen que la representación del otro —especialmente de pueblos indígenas o comunidades racializadas— tiende a inscribirse en prácticas de poder donde quien captura la imagen, define la narrativa, mientras quien es fotografiado pierde control sobre su propio significado. El derecho contemporáneo a la imagen corrige esa asimetría y restaura al titular el poder sobre su representación.

6.4. La imagen en la era digital: multiplicación simbólica y persistencia infinita

En contextos digitales, la imagen se reproduce sin límites, circula sin fronteras, perdura indefinidamente, pierde control espacial y temporal, se convierte en 'dato expandido', y construye identidades paralelas.

Ello exige un refuerzo jurídico y ético, porque una imagen capturada sin consentimiento puede transformarse en: meme, avatar, pieza de márquetin, objeto de archivo, bien comercializable, parte de algoritmos de clasificación o IA.

La imagen es un fenómeno cultural que expresa pertenencia y transmite identidad colectiva. Es un fenómeno social, porque organiza reputaciones, roles, prestigios y percepciones públicas. Es un fenómeno simbólico, porque condensa significados, valores espirituales y tradiciones. En pueblos indígenas, la imagen tiene carácter sagrado y comunitario.

En la era digital, la imagen adquiere alcance infinito, lo que incrementa la necesidad de protección jurídica.

7. Finalidad de la protección jurídica

La protección jurídica del derecho a la imagen persigue un conjunto de objetivos estructurales que trascienden la simple defensa contra usos no autorizados. Su finalidad es, en realidad, preservar la dignidad humana en su manifestación visual, impedir que la representación del individuo sea capturada, manipulada o explotada sin control, y garantizar que la persona conserve soberanía sobre su identidad exteriorizada.

En primer lugar, la protección jurídica busca evitar la cosificación del individuo. La imagen no puede ser tratada como un objeto disponible, una mercancía, un insumo publicitario o un recurso simbólico apropiable por terceros. La Corte Constitucional lo ha reiterado en múltiples decisiones señalando que, permitir la instrumentalización visual del sujeto vulnera directamente la dignidad y convierte la representación del ser humano en un bien transable sin su consentimiento.

En segundo lugar, la finalidad del sistema es impedir la explotación no consentida, tanto económica como simbólica, que surge cuando la imagen se utiliza para obtener beneficios comerciales, legitimidad institucional o prestigio social sin autorización del titular. La imagen, en su dimensión patrimonial, genera valor que no puede ser extraído por terceros sin contraprestación justa ni acuerdo previo, so pena de configurar enriquecimiento sin causa y daño patrimonial.

En tercer lugar, la protección del derecho a la imagen garantiza transparencia en los usos visuales. Esto implica que, toda persona debe saber, de manera clara y verificable, por qué se captura su imagen, para qué será utilizada, por cuánto tiempo, en qué territorios o plataformas circulará, si será archivada o divulgada, quién controlará el tratamiento y, si podrá revocar esa autorización en cualquier momento. En ausencia de transparencia, el consentimiento carece de validez constitucional y la relación entre el titular y el responsable se torna desigual.

En cuarto lugar, la protección jurídica del derecho a la imagen busca preservar la dignidad en su proyección externa. La forma como una persona es vista, condiciona su identidad pública, su reputación, su participación social y cómo es nombrada en el espacio simbólico. La Corte, en sentencias como T-634 de 2013 y SU-139 de 2021, ha destacado que la imagen constituye un componente esencial de la autonomía personal, y no puede ser reducida a un signo manipulable sin considerar las consecuencias sociales y morales que proyecta.

En quinto lugar, la finalidad del derecho a la imagen es equilibrar la relación entre individuos y empresas, especialmente en contextos donde existe asimetría de poder, conocimiento o recursos. El derecho constitucional opera como un contrapeso frente al poder visual de corporaciones, instituciones, medios de comunicación o plataformas digitales, asegurando que la representación visual del individuo no sea utilizada para fines desproporcionados o ajenos a su voluntad.

En sexto lugar, la protección jurídica pretende salvaguardar la identidad en contextos digitales, donde la imagen adquiere persistencia infinita, circulación incontrolable y capacidad de transformación permanente mediante tecnologías de edición, IA, perfiles algorítmicos o bancos de datos. En estos entornos, un uso indebido puede replicarse indefinidamente, amplificando el daño y dificultando su reparación.

En suma, la finalidad esencial del derecho a la imagen es preservar la libertad personal frente al poder visual de terceros. Este poder visual —entendido como la capacidad de capturar, definir, modificar y distribuir la representación de un ser humano— debe someterse a límites constitucionales que garanticen autodeterminación, consentimiento informado, integridad moral, identidad simbólica, y control permanente sobre la propia apariencia.

La protección jurídica del derecho a la imagen, por tanto, no responde solo a una lógica civil o patrimonial, sino a una concepción más profunda del ser humano como sujeto de dignidad, narrativa y significado, cuya representación visual está íntimamente ligada a su identidad y a su libertad.

8. Conclusión

El derecho a la imagen es un derecho complejo, histórico y transversal, que se sitúa en la intersección entre la dignidad humana, la identidad personal, la protección de datos y la responsabilidad civil. Su evolución demuestra que la representación visual nunca ha sido neutra; siempre ha implicado poder, narrativa y control. Desde las primeras aproximaciones que vinculaban la imagen con la intimidad, hasta su reconocimiento contemporáneo como dato personal sensible y derecho fundamental autónomo, el derecho colombiano ha consolidado un régimen jurídico sofisticado y acorde con los estándares internacionales más exigentes.

Este desarrollo normativo y jurisprudencial responde a un objetivo esencial: asegurar que la imagen —esa forma visible de la dignidad, ese espejo simbólico del ser humano— no sea capturada, manipulada ni explotada sin consentimiento informado. La imagen no es solo un atributo estético; es una manifestación del proyecto vital, de la identidad individual, del reconocimiento público y, en comunidades étnicas, de la memoria ancestral y del sentido colectivo. Protegerla implica garantizar que la persona conserve la soberanía sobre su propia representación, evitando la cosificación, la explotación económica no consentida, la manipulación simbólica y las distorsiones narrativas que pueden afectar su integridad moral y social.

El desarrollo histórico, constitucional y normativo aquí expuesto sirve como fundamento para los capítulos posteriores, dedicados al consentimiento informado, la responsabilidad civil, la dimensión económica de la imagen y los desafíos tecnológicos contemporáneos. La imagen, en la era digital y algorítmica, adquiere nuevas capas de complejidad: se reproduce infinitamente, circula sin fronteras, es susceptible de edición mediante IA y, en muchos casos, se convierte en un insumo para la clasificación de identidades. Frente a este escenario, el régimen jurídico debe ser no solo protector, sino anticipatorio, capaz de responder a los riesgos emergentes y de equilibrar las asimetrías de poder entre individuos, empresas, plataformas y Estados.

En definitiva, la conclusión que emerge de este capítulo es clara: el derecho a la imagen no es un derecho accesorio ni decorativo; es un pilar de la autonomía personal, un componente indispensable del *habeas data* y un instrumento de justicia simbólica. Su función no se limita a resolver disputas aisladas, sino a preservar la libertad visual del individuo frente a cualquier forma de apropiación, distorsión o explotación.

La imagen es identidad, es memoria, es dignidad. Y su protección jurídica —como se demostrará en los capítulos siguientes— constituye una de las expresiones más finas y necesarias del constitucionalismo contemporáneo.

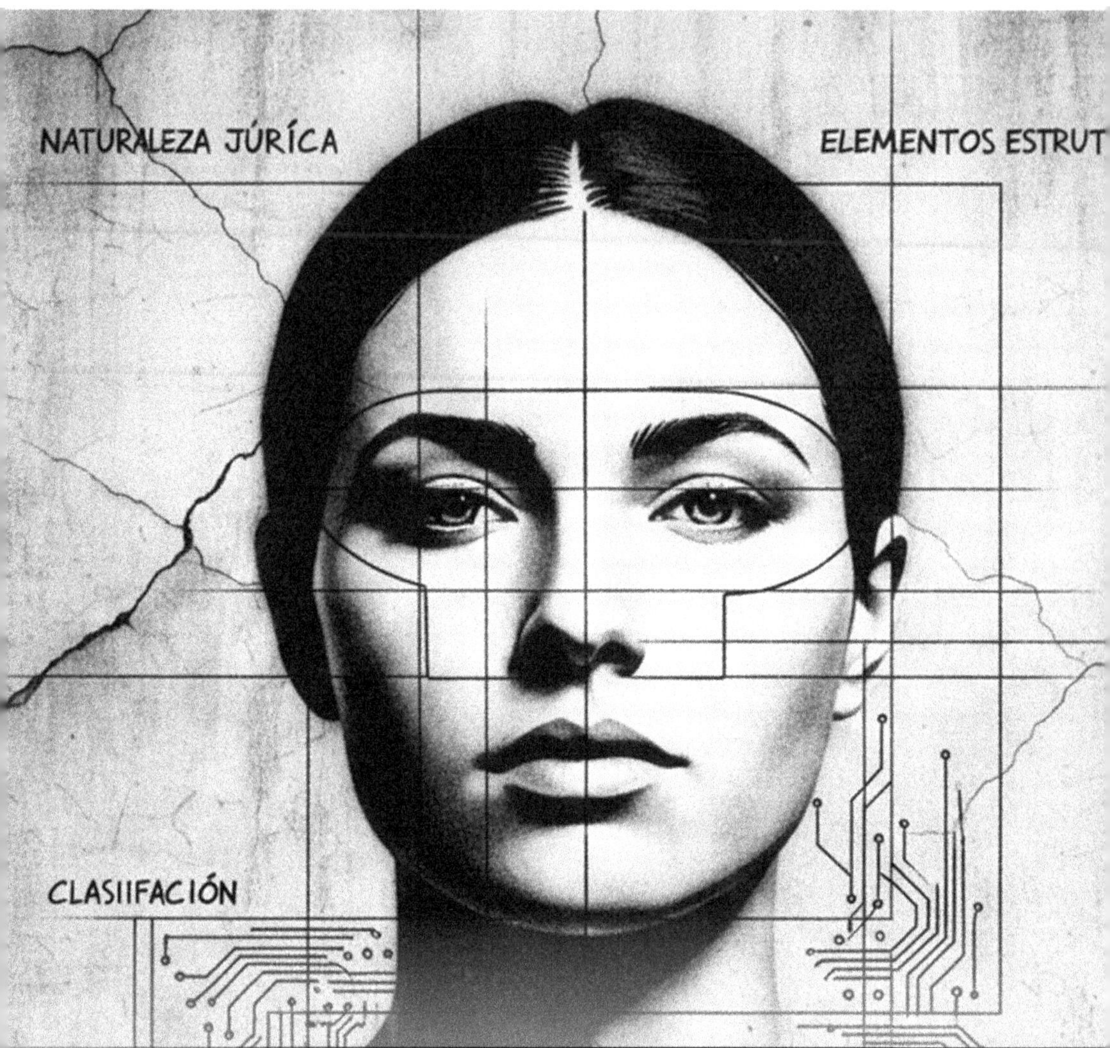

Capítulo 3

Naturaleza jurídica, clasificación y elementos estructurales del derecho a la imagen

1. Introducción

La comprensión del derecho a la imagen exige identificar su naturaleza jurídica y la estructura que lo compone. Aunque a primera vista parece un derecho intuitivo —el simple control sobre la propia representación visual— en realidad es un derecho complejo, transversal e históricamente construido, que fusiona categorías provenientes del derecho constitucional, civil, de protección de datos personales, cultural y patrimonial. No es un derecho monolítico sino un sistema jurídico compuesto, caracterizado por múltiples capas normativas que interactúan entre sí.

El análisis dogmático contemporáneo muestra que el derecho a la imagen es un derecho híbrido, en el que convergen elementos personalísimos, fundamentales, patrimoniales y de autodeterminación informativa. Esta arquitectura interna exige una aproximación sistemática para entender sus componentes, sus límites, sus obligaciones y las consecuencias jurídicas derivadas de su uso y protección.

Este capítulo explora esa arquitectura interna: la naturaleza del derecho a la imagen, sus elementos conceptuales, sus clasificaciones doctrinales y las consecuencias que derivan de su doble dimensión personalísima y patrimonial. La jurisprudencia colombiana, en diálogo permanente con estándares europeos —como el RGPD, la doctrina alemana del *Bildnissrecht,* o la jurisprudencia francesa sobre *droit à l'image*—, ha moldeado un derecho dinámico que responde tanto a las exigencias de la dignidad humana como a los desafíos de la economía digital y los entornos algorítmicos.

Esta introducción, por tanto, no se limita a presentar categorías; también muestra cómo el derecho a la imagen se ha transformado en un instrumento de equilibrio de poder entre individuos, empresas, medios, plataformas tecnológicas y estructuras institucionales. Analizar su naturaleza jurídica implica reconocer su carácter evolutivo, su función protectora y su papel estructural en el constitucionalismo contemporáneo.

2. Naturaleza jurídica del derecho a la imagen

La naturaleza jurídica del derecho a la imagen ha sido uno de los debates más ricos, variados y sofisticados dentro de la teoría de los derechos de la personalidad. A diferencia de otras facultades personalísimas más consolidadas —como la honra, el buen nombre o la intimidad—, la imagen posee una estructura híbrida, una triple dimensión esencial y una función jurídica dual, que la convierten en un derecho especialmente complejo dentro del ordenamiento colombiano.

La doctrina contemporánea coincide en que el derecho a la imagen no puede reducirse a una única categoría. Su esencia es polisémica, pues protege simultáneamente la identidad, la dignidad, la autodeterminación informativa y el valor económico derivado de la representación visual. Por ello, su naturaleza no es puramente personalísima ni exclusivamente patrimonial: es un derecho multicapa, cuya comprensión exige integrar elementos constitucionales, civiles, culturales y de protección de datos.

Con base en ello, el derecho a la imagen puede describirse como una facultad jurídica compuesta por tres dimensiones centrales, íntimamente relacionadas:

1) Derecho personalísimo

En su núcleo esencial, la imagen es un atributo de la personalidad, inseparable de la dignidad humana. Esta dimensión implica que, el titular tiene control exclusivo sobre su representación visual. La imagen expresa identidad, individualidad, presencia social y pertenencia simbólica. Su uso inconsulto afecta la integridad moral y el proyecto vital. No puede existir renuncia absoluta ni cesión definitiva, porque la facultad es inherente al ser humano. Su tutela se ejerce incluso frente a terceros privados (eficacia horizontal inmediata).

La Corte Constitucional ha insistido en que la imagen forma parte del ámbito íntimo del individuo, y constituye una manifestación directa del principio de dignidad humana (T-414/92; T-090/96; SU-056/95). Desde esta perspectiva, la imagen no se 'posee': se es.

2) Derecho fundamental autónomo

A partir de la Ley 1581 de 2012 y del desarrollo jurisprudencial en sentencias como T-634/13 y SU-139/21, la imagen adquirió un estatus superior: se convirtió en un derecho fundamental autónomo sometido a las garantías del *habeas data* y de la autodeterminación informativa. Esta dimensión implica que, la imagen es un dato personal sensible, sujeto a protección constitucional reforzada. Su tratamiento exige consentimiento previo, expreso, informado y revocable. El uso indebido genera vulneración directa de derechos fundamentales. Se activan controles estrictos frente a empresas, entidades públicas, plataformas digitales y algoritmos. La persona conserva poder permanente sobre su circulación, archivo y difusión. La SU-139 de 2021 sintetizó esta transformación al afirmar que la imagen constituye un dato personal sensible, cuyo tratamiento exige el nivel más alto de protección constitucional.

La consecuencia jurídica es clara: el derecho a la imagen no solo limita la injerencia estatal, sino que regula y restringe el poder privado, especialmente en contextos de explotación comercial o tecnológica.

3) Derecho patrimonial

Finalmente, la imagen posee una dimensión patrimonial, derivada de su valor económico en mercados publicitarios, audiovisuales, culturales o tecnológicos. Esta faceta reconoce que la imagen puede generar beneficios económicos. La explotación comercial sin autorización constituye un ilícito civil. Se pueden reclamar daños patrimoniales, lucro cesante y enriquecimiento sin causa. Existen contratos de autorización, cesión temporal, usos comerciales y derechos de imagen publicitaria semejantes a derechos de propiedad intelectual.

La cuantificación de perjuicios exige análisis técnico y pericial especializado. La Corte Suprema, en la sentencia SC-3604 de 2021, afirmó categóricamente que la imagen tiene un valor económico susceptible de cuantificación cuando es utilizada con fines comerciales. Bajo este fundamento, la imagen se integra al conjunto de activos intangibles que pueden administrarse, protegerse y valorarse.

2.1. Una naturaleza jurídica híbrida y dinámica

La coexistencia de estas dimensiones hace que el derecho a la imagen tenga una naturaleza híbrida. No puede entenderse plenamente desde una sola perspectiva, porque: protege la persona (dimensión personalísima), protege su autonomía (dimensión fundamental), y protege su patrimonio (dimensión económica).

Por ello, su régimen jurídico es dinámico, adaptable y profundamente contextual. El nivel de protección varía según la finalidad del uso (personal, comercial, institucional, digital), el entorno (físico o virtual), el sujeto (persona natural, comunidad étnica, personaje público, titular colectivo), el nivel de vulnerabilidad, y la intensidad del tratamiento.

2.2. Síntesis estructural

La naturaleza jurídica del derecho a la imagen es: Personalísima, porque protege la dignidad, identidad y autonomía vital. Fundamental, porque su tratamiento afecta datos personales sensibles. Patrimonial, porque su explotación genera valor económico. De ahí que el derecho colombiano lo conciba como un derecho complejo, transversal y evolutivo, integrado en el marco del constitucionalismo democrático, el derecho civil contemporáneo y el régimen de protección de datos personales.

3. Clasificación del derecho a la imagen

La doctrina jurídica —tanto europea como latinoamericana— ha desarrollado múltiples sistemas clasificatorios que permiten comprender la estructura compleja del derecho a la imagen. Estas clasificaciones no son meros ejercicios taxonómicos; cumplen una función interpretativa central, pues determinan los niveles de protección, los requisitos de autorización, los alcances del consentimiento, la intensidad del escrutinio constitucional y la responsabilidad derivada del uso indebido.

El derecho a la imagen, dada su naturaleza híbrida y multidimensional, no puede clasificarse a partir de una única categoría. Por ello, los estudios contemporáneos lo abordan desde cinco planos clasificatorios: (1) por su contenido; (2) por su función; (3) por su titularidad; (4) por su contexto de uso; (5) por su régimen jurídico aplicable.

Cada clasificación ilumina una faceta distinta del mismo derecho y permite articular un régimen de protección más preciso, coherente y completo.

3.1. Clasificación según su contenido: imagen personalísima vs. imagen patrimonial

Esta es la clasificación clásica, que identifica dos manifestaciones esenciales:

a) Imagen personalísima

Es la representación visual como manifestación de la dignidad y de la identidad. Sus características son: es inherente al ser humano; es irrenunciable e intransferible; exige consentimiento informado reforzado; afecta honra, reputación, identidad y narrativa vital. Su lesión genera daño moral directo. Aquí la imagen funciona como un derecho de la personalidad, protegido en su núcleo mínimo contra cualquier forma de cosificación o manipulación simbólica.

b) Imagen patrimonial o económica

Es la imagen en cuanto activo comercializable, dotado de valor económico, susceptible de explotación con fines publicitarios, comerciales o institucionales. Sus características son: Puede autorizarse o cederse temporalmente. Genera remuneración. Su uso indebido produce lucro cesante y enriquecimiento sin causa. Exige contratos claros, específicos y bilateralmente definidos. La Corte Suprema lo consolidó en SC-3604 de 2021 al afirmar que la imagen tiene un valor económico susceptible de cuantificación cuando es utilizada con fines comerciales.

3.2. Clasificación según su función: identificación – comunicación – simbolización

La imagen cumple simultáneamente tres funciones sociales y jurídicas:

a) Función identificadora

La imagen permite reconocer al individuo, diferenciarlo, ubicarlo socialmente. Su uso incorrecto produce confusiones, falsificaciones, suplantaciones o apropiaciones indebidas.

b) Función comunicativa

La imagen transmite mensajes, emociones, narrativas, roles sociales y reputación. Por ello, su manipulación puede generar daño inmaterial, afectación reputacional o perjuicio moral.

c) Función simbólica

La imagen encarna significados culturales, espirituales y colectivos, especialmente en comunidades étnicas. La T-778/2005 afirma que, la imagen de un miembro de un pueblo indígena refleja símbolos, conocimientos y estructuras culturales que pertenecen a toda la comunidad.

3.3. Clasificación según la titularidad: individual, colectiva y difusa

No toda imagen protegida pertenece únicamente a un individuo. Existen tres titularidades:

a) Imagen individual. Pertenece a una persona física identificable.

b) Imagen colectiva. Corresponde a grupos, comunidades o pueblos que comparten símbolos visuales. Ejemplos: pueblos indígenas; comunidades afrodescendientes o grupos culturales o religiosos. En estos casos, una sola fotografía puede afectar la memoria y dignidad de todo un colectivo (T-778/2005).

c) Imagen difusa. Se refiere a imágenes que representan identidades no individualizables, pero con significado social, como: multitudes, comunidades rurales, personas en espacios públicos. Aquí la protección depende de la finalidad del uso y del riesgo de identificación indirecta.

3.4. Clasificación según el contexto de uso: personal, institucional, comercial y digital

a) Uso personal o familiar. Se aplica a fotografías domésticas, retratos íntimos, videos personales. Rige un nivel máximo de protección.

b) Uso institucional o documental. Comprende registros educativos, históricos, científicos o artísticos. Exige finalidad legítima y proporcionalidad.

c) Uso comercial o publicitario. Implica explotación económica. Exige autorización expresa, específica y remunerada.

d) Uso digital y algorítmico. Incluye: redes sociales, motores de búsqueda, bases de datos biométricos, inteligencia artificial generativa, y perfiles digitales. Aquí la imagen se convierte en dato hiperexpuesto, sujeto a vigilancia reforzada por la SU-139 de 2021.

3.5. Clasificación según el régimen jurídico aplicable

a) Derecho constitucional fundamental: cuando la imagen involucra dignidad, autodeterminación, identidad o datos personales sensibles.

b) Derecho civil de responsabilidad: cuando se generan daños por uso indebido, afectación moral o perjuicios patrimoniales.

c) Derecho de protección de datos (*habeas data*): cuando la imagen es tratada como dato personal sensible. La SU-139/21 y la Ley 1581/2012 gobiernan plenamente esta clasificación.

d) Derecho comercial y de propiedad intelectual: cuando la imagen cumple función económica, publicitaria o de marca personal.

El derecho a la imagen es clasificable simultáneamente como:

Derecho personalísimo → protege dignidad e identidad.

Derecho fundamental autónomo → protege dato personal sensible.

Derecho patrimonial protege valor económico y explotación comercial.

Derecho simbólico y cultural → protege significados colectivos.

Derecho digital → protege contra difusión infinita, IA y perfiles algorítmicos.

Esta multiplicidad clasificatoria refleja su naturaleza jurídica compleja y su función transversal dentro del constitucionalismo contemporáneo.

4. Elementos estructurales del derecho a la imagen

La doctrina identifica cuatro elementos básicos que permiten comprender cuándo nace, cómo se activa y cómo se protege el derecho a la imagen dentro del ordenamiento jurídico. Cada elemento funciona como una etapa autónoma, con reglas propias, niveles de protección diferenciados y exigencias constitucionales que obligan a empresas, instituciones y particulares.

Estos cuatro elementos son:

1. El titular de la imagen
2. La captación de la imagen
3. El uso o difusión
4. El consentimiento informado

A continuación, se desarrolla cada uno con precisión técnica y profundidad jurídica.

1) El titular de la imagen

Toda persona natural es titular de su propia imagen. Este derecho NO pertenece a: empresas, instituciones, marcas, entidades administrativas, organizaciones sin ánimo de lucro, ni plataformas tecnológicas.

La razón es clara: la imagen es un atributo estrictamente humano, derivado de la dignidad (art. 1 C.P.), la identidad personal (arts. 14 y 16 C.P.) y el *habeas data* (art. 15 C.P.). Solo los seres humanos pueden ejercer consentimiento, revocar autorizaciones, controlar su identidad visual y defender su representación pública.

En comunidades étnicas, el titular puede ser: individual (la persona fotografiada), o colectivo (toda la comunidad cuando la imagen expresa símbolos culturales o saberes). La Corte Constitucional en T-778 de 2005 afirmó: la imagen de un miembro de un pueblo indígena implica significados culturales que trascienden su identidad individual y pertenecen a toda la comunidad.

Aquí la imagen no es solo retrato; es memoria ancestral, identidad espiritual y conocimiento colectivo.

2) La captación de la imagen

La captación es el momento inicial en el que se fija la representación visual. Puede ser mediante: fotografía, video, grabación, capturas digitales, escaneo biométrico, o mecanismos algorítmicos (IA, reconocimiento facial). La captación es un acto jurídicamente relevante; no es un acto neutro. Desde la T-090 de 1996, la Corte ha sostenido que la sola captación sin autorización puede constituir vulneración, aun sin difusión, teniendo en cuenta que la captación congela la presencia física del individuo, fija su identidad visual sin control del titular, permite usos posteriores no consentidos, y crea un riesgo de exposición, comercialización o manipulación.

Cuando la captación ocurre en pueblos indígenas, menores de edad, grupos en situación de subordinación, personas no alfabetizadas visualmente, comunidades rurales aisladas, la exigencia de consentimiento es reforzada (T-634/13, SU-139/21).

3) El uso o difusión

Es el momento en el que la imagen captada se proyecta hacia terceros. Aquí surge el mayor nivel de riesgo jurídico, pues la difusión afecta: reputación, honra, identidad social, memoria cultural, autonomía, o proyección pública.

El uso o difusión puede ser: personal o doméstico, institucional, periodístico, artístico, comercial/publicitario, o digital/algorítmico (redes, IA, bases de datos biométricos). La regla constitucional es absoluta: no hay difusión sin consentimiento, como ha reiterado en T-634 de 2013, al expresar que la imagen no puede ser utilizada ni divulgada sin un consentimiento claro, previo y comprensible por parte del titular.

Y en SU-139 de 2021 asevera que la imagen es un dato personal sensible; su circulación sin consentimiento es inconstitucional y genera responsabilidad inmediata.

Cuando la difusión es digital, hay persistencia infinita y el riesgo es mayor en Internet, en tanto que la imagen puede replicarse indefinidamente, no existen barreras espaciales o temporales, los algoritmos pueden etiquetar, clasificar o alterar la imagen; la desindexación no elimina copias; la IA puede reutilizar la imagen para entrenar modelos. Por ello, la difusión digital exige un estándar máximo de protección.

4) El consentimiento informado (elemento rector)

Es el pilar estructural de todo el régimen del derecho a la imagen; sin él, no puede captarse la imagen, no puede difundirse, no puede archivarse, no puede reutilizarse, y no puede explotarse económicamente.

La Corte Constitucional, en su sentencia T-634 de 2013 define el consentimiento informado como: información clara, previa y comprensible sobre la finalidad y el alcance del tratamiento, cuya comprensión efectiva por el titular debe estar probada.

Y la SU-139 de 2021 sostiene que, el consentimiento debe ser previo, expreso, informado y siempre revocable. La cesión irrevocable de la imagen es incompatible con la dignidad humana.

Elementos esenciales del consentimiento informado son: explicación previa y comprensible, finalidad específica (no genérica); duración limitada y verificable; transparencia en los usos y en los terceros que acceden; ausencia absoluta de engaño, sorpresa o presión; revocabilidad permanente y, prueba de comprensión efectiva del titular.

La sentencia T-634 de 2013 fue contundente al expresar que, un documento firmado sin la comprensión suficiente del titular, no constituye autorización válida.

5. El contenido del derecho a la imagen

El derecho a la imagen despliega, en favor del titular, un conjunto articulado de facultades que concretan su soberanía sobre la propia representación visual. Estas facultades —exclusión, control y explotación— operan como las manifestaciones prácticas del principio constitucional de autodeterminación informativa, reconocido desde SU-082 de 1995 y consolidado recientemente en SU-139 de 2021. A través de ellas, el individuo ejerce un verdadero poder jurídico frente a terceros: un poder que protege su dignidad, delimita el alcance del uso de su imagen y regula incluso su eventual aprovechamiento económico.

5.1. Facultad de exclusión

La primera manifestación del derecho a la imagen es la facultad de exclusión, entendida como el poder de impedir que terceros capten, utilicen o difundan la imagen sin autorización. No se trata únicamente de una prohibición abstracta, sino de una capacidad jurídica concreta para frenar usos indeseados en cualquier fase del tratamiento, desde la captación hasta la explotación comercial.

La Corte Constitucional ha sido enfática desde la Sentencia T-090 de 1996, al afirmar que la persona puede oponerse incluso a la simple toma de la fotografía, cuando esta no cuenta con su consentimiento. Posteriormente, la SU-139 de 2021 reforzó esta garantía, señalando que la imagen, en cuanto dato personal sensible, exige un nivel máximo de protección; ninguna captura, almacenamiento o divulgación puede realizarse sin autorización válida.

La exclusión cumple así, una función esencial: proteger la dignidad humana frente a la cosificación, la manipulación simbólica o el uso inconsulto de la identidad visual. También opera en escenarios más complejos, como la protección de imágenes de comunidades indígenas, donde la Corte —en T-778 de 2005— advirtió que la representación de un solo miembro puede afectar al grupo entero, en tanto la imagen encarna símbolos colectivos, saberes ancestrales y memoria espiritual.

De esta manera, la facultad de exclusión asegura que ninguna imagen circule contra la voluntad del titular, evitando que terceros se apropien de una proyección visual que pertenece exclusivamente a la persona.

5.2. Facultad de control

La facultad de control convierte al titular en auténtico soberano de su representación visual. Mientras la exclusión permite impedir usos no autorizados, el control permite configurar los usos autorizados, determinando con precisión el modo, el contexto, la finalidad, los medios de difusión, la duración y el alcance territorial del tratamiento de la imagen.

En este sentido, la sentencia T-634 de 2013 estableció que el consentimiento informado exige que el titular conozca y comprenda la finalidad específica y el alcance del tratamiento. No basta, por tanto, con permitir la difusión: el individuo debe mantener la capacidad de dirigirla, modularla y adaptarla a su propio proyecto vital.

El control adquiere especial relevancia en entornos digitales, donde la imagen puede replicarse indefinidamente, ser alterada mediante IA o circular en redes sin límites temporales o geográficos. La jurisprudencia ha reconocido que la persona conserva, incluso en estos escenarios, la potestad de exigir el retiro, la desindexación o la prohibición de usos futuros. La SU-139/21 expresó que el dominio sobre la imagen no se extingue con la primera autorización, sino que se mantiene de manera permanente y revocable.

Así, la facultad de control otorga al titular, una posición activa frente a la circulación de su imagen: le permite no solo reaccionar ante vulneraciones, sino dirigir la forma como su identidad visual ingresará a la esfera pública.

5.3. Facultad de explotación

Finalmente, la tercera facultad es la explotación, que reconoce la capacidad del titular para autorizar usos económicos de su imagen, siempre bajo condiciones de transparencia, proporcionalidad y contraprestación justa. Esta dimensión patrimonial se fundamenta en la creciente relevancia económica de la imagen en mercados publicitarios, institucionales, audiovisuales y digitales. La CSJ, en la sentencia SC-3604 de 2021, estableció un criterio contundente: la imagen tiene un valor económico susceptible de cuantificación, cuando es utilizada con fines comerciales.

En consecuencia, cualquier uso con finalidad lucrativa exige no solo autorización expresa, sino también, una compensación adecuada, proporcional al beneficio obtenido por el tercero. Las licencias, cesiones temporales, contratos de uso y demás instrumentos jurídicos deben especificar la duración, la finalidad, los medios autorizados, las modificaciones permitidas y el territorio de explotación.

Incluso en el ámbito económico, el derecho no se despersonaliza: la explotación no puede afectar la dignidad ni permitir manipulaciones degradantes o engañosas. La imagen no se convierte en mercancía absoluta. La SU-139/21 lo dejó claro al declarar incompatible con la Constitución, cualquier cesión irrevocable o perpetua, pues la imagen sigue siendo, ante todo, una manifestación de la persona.

En suma, la facultad de explotación otorga al titular el poder de participar en mercados visuales sin perder su autonomía. El individuo puede obtener beneficios económicos legítimos sin renunciar a su identidad, su integridad simbólica o su capacidad de revocar consentimientos.

Las facultades de exclusión, control y explotación se articulan entre sí para componer el contenido pleno del derecho a la imagen. La exclusión protege al titular frente a usos indebidos; el control le permite moldear los usos permitidos; y la explotación reconoce que la imagen, sin dejar de ser un atributo personalísimo, también puede constituir un activo económico legítimamente negociable.

Estas facultades, complementadas con la exigencia constitucional del consentimiento informado, convierten el derecho a la imagen en un verdadero instrumento de autodeterminación, cuya finalidad última es preservar la libertad individual frente al poder visual de terceros.

6. Límites del derecho a la imagen

El derecho a la imagen, pese a su naturaleza personalísima y fundamental, no es absoluto. Como todo derecho de rango constitucional, se encuentra sometido a límites estrictos que derivan de la necesidad de armonizar su ejercicio con otros bienes y derechos de la misma jerarquía. La delimitación de estos límites ha sido desarrollada tanto por la Corte Constitucional colombiana como por la Corte Europea de Derechos Humanos, especialmente en asuntos que involucran interés público, libertad de expresión, seguridad, cultura y actividades científicas o periodísticas.

En consecuencia, los principales límites al derecho a la imagen pueden agruparse en cuatro categorías:

1. La libertad de expresión e información,
2. La seguridad pública y los procesos judiciales,
3. El interés científico, cultural o artístico,
4. Las excepciones legales específicas previstas en la Ley 1581 de 2012.

A continuación, se exponen estos límites con la profundidad jurisprudencial requerida.

1) Libertad de expresión e información

El límite más desarrollado y controvertido del derecho a la imagen es la tensión con la libertad de expresión y el derecho a informar; en especial, cuando la imagen está vinculada a asuntos de interés público, escenarios políticos o hechos noticiosos. La Corte Europea de Derechos Humanos, en el emblemático caso Von Hannover v. Alemania (2004), señaló que la publicación de imágenes de personajes públicos es admisible, cuando existe un interés público real, la difusión contribuye al debate democrático, la publicación es proporcionada y respeta la dignidad del retratado. Colombia adoptó este estándar en decisiones como la T-300 de 2017, donde la Corte Constitucional sostuvo que la difusión de imágenes puede ser legítima cuando se trata de hechos relevantes para la opinión pública, vinculados a actividades oficiales o públicas, necesarios para ejercer control democrático.

Sin embargo, incluso en estos casos, el análisis de proporcionalidad exige evitar exhibiciones degradantes, impedir sensacionalismo, proteger a grupos vulnerables, suprimir imágenes innecesarias para informar, cuidar la intimidad y el mínimo vital de respeto. En síntesis, la libertad de expresión no convierte la imagen en un bien libre; solo autoriza su uso cuando sea indispensable para el interés público y bajo estándares estrictos.

2) Seguridad pública y procesos judiciales

Otro límite reconocido corresponde a la posibilidad de utilizar imágenes en contextos penales, policiales o judiciales, siempre bajo el parámetro constitucional de proporcionalidad. La Corte Constitucional ha sostenido, desde la sentencia C-336 de 2007, que la captación o reproducción de imágenes por autoridades es legítima, cuando persigue una finalidad constitucionalmente imperiosa (seguridad, investigación penal, identificación), se ajusta al principio de estricta necesidad, no afecta más de lo indispensable la dignidad del titular y, cuenta con controles judiciales efectivos.

Lo mismo se aplica a imágenes que se integran como elementos probatorios en procesos judiciales, siempre que no se trate de imágenes íntimas o sensibles sin autorización, su aporte probatorio sea real, y su difusión sea limitada al proceso.

La sentencia SU-458 de 2012 destacó que la justicia no puede convertirse en pretexto para difundir imágenes innecesarias o estigmatizantes. En consecuencia, el uso de imágenes por autoridades públicas es posible, pero está sometido al estándar más alto de finalidad y proporcionalidad.

3) Interés científico, cultural o artístico

La utilización de imágenes puede estar justificada por finalidades académicas, científicas, pedagógicas, artísticas o culturales, siempre y cuando exista un tratamiento respetuoso y contextualizado. La Corte Constitucional, en T-634 de 2013, reconoció que el uso de imágenes con estos fines opera bajo condiciones éticas, más que comerciales; debe existir una finalidad legítima (investigación, enseñanza, documentación cultural); el uso debe ser respetuoso con la dignidad del titular; no debe existir explotación económica, y debe garantizarse anonimización o minimización del daño cuando sea posible.

En producciones artísticas, la Corte Europea ha establecido que la libertad creativa tiene un peso considerable, pero nunca puede justificar: humillación, distorsión malintencionada, desprestigio ni apropiación cultural indebida. En comunidades indígenas, el estándar es todavía más reforzado, conforme con T-778/2005: la imagen no puede vulnerar el equilibrio espiritual ni los símbolos sagrados del grupo.

4) Excepciones legales específicas

Finalmente, la Ley 1581 de 2012 prevé excepciones para el tratamiento de datos, incluidas imágenes, cuando se trate de: tratamientos necesarios para una obligación legal, fines históricos, estadísticos o científicos con medidas de anonimización, registros públicos, actuaciones administrativas o judiciales legítimas, seguridad y defensa nacionales. Sin embargo, aun en estos casos, la ley establece un límite categórico: toda excepción está condicionada a que el tratamiento no afecte desproporcionadamente los derechos fundamentales. La excepción nunca elimina el deber de proporcionalidad, transparencia y respeto por la dignidad.

7. Efectos jurídicos de la vulneración del derecho a la imagen

La violación del derecho a la imagen activa tres consecuencias jurídicas principales, cada una con acciones y remedios distintos:

1) Responsabilidad constitucional

La primera consecuencia es la protección inmediata vía acción de tutela, procedente cuando la difusión no autorizada afecta la dignidad, cuando existe manipulación o explotación sin consentimiento, cuando la imagen se usa en contextos discriminatorios, o se vulnera la autodeterminación informativa.

El juez constitucional puede ordenar: retiro inmediato, desindexación, cesación de uso, abstención de nuevas publicaciones, y medidas de reparación simbólica.

2) Responsabilidad civil

Además, el uso indebido genera responsabilidad patrimonial por: daño moral, daño patrimonial, daño a la vida de relación, pérdida de oportunidad, y enriquecimiento sin causa. La sentencia SC-3604/21 consolidó la posibilidad de cuantificar económicamente la explotación comercial no consentida.

3) Invalidación del consentimiento

Toda autorización defectuosa —oscura, incompleta, no explicada, no comprendida o irrevocable— carece de validez jurídica. La Corte en T-634/13 estableció que, sin comprensión efectiva del titular, no hay consentimiento informado y, el tratamiento, en consecuencia, es inconstitucional.

Ello genera la nulidad del uso, incluso si existió firma documental.

8. Conclusión

El derecho a la imagen posee una naturaleza compleja que refleja la dignidad humana en su dimensión más visible. Su estructura, compuesta por elementos personalísimos, patrimoniales y constitucionales, permite proteger al individuo frente a la captación, difusión y explotación no autorizada. Este capítulo demuestra que la imagen no es solo un dato ni un objeto visual, sino un espacio donde convergen identidad, autonomía, memoria, cultura y economía. Por ello, su regulación exige un equilibrio delicado entre libertad y control, participación y autodeterminación, información y dignidad.

Capítulo 4

La imagen como dato personal sensible, y el consentimiento informado en Colombia

1. Introducción

El tratamiento jurídico de la imagen no puede entenderse sin su conexión directa con el *habeas data*, pues toda representación visual de una persona constituye información que la identifica o la hace identificable. La imagen, por tanto, no es un mero retrato; es un dato personal en sentido estricto, capaz de revelar identidad, rasgos físicos, atributos culturales, estados emocionales, condiciones sociales e, incluso, adscripciones comunitarias o religiosas. Cuando esa información visual genera o puede generar impactos en la dignidad, la intimidad o la identidad del sujeto, adquiere en el derecho colombiano, la categoría de dato personal sensible, dotado del más alto nivel de protección constitucional.

Este giro conceptual se consolidó en la evolución jurisprudencial colombiana que, desde sentencias pioneras como SU-082 de 1995, T-414 de 1992 y T-090 de 1996, pasó de vincular la imagen a la intimidad, a reconocerla como un ámbito autónomo de autodeterminación informativa. Sin embargo, su formulación más avanzada se encuentra en la sentencia SU-139 de 2021, hito fundamental del constitucionalismo contemporáneo, donde la Corte Constitucional declaró que la imagen —junto con la voz, el nombre, la huella y los demás rasgos físicos que permiten identificar a una persona— constituye un dato personal sensible sujeto al estándar más elevado de protección jurídica.

Esta decisión transformó de manera estructural el entendimiento del derecho a la imagen en Colombia. La Corte no solo reforzó la protección, sino que la inscribió en el marco del régimen especial de datos sensibles, previsto en la Ley 1581 de 2012 y desarrollado en el Decreto 1377 de 2013. Bajo este régimen, todo tratamiento de la imagen debe someterse a los principios constitucionales de: libertad (el tratamiento solo puede realizarse con autorización); finalidad (debe explicitarse para qué se usará la imagen); necesidad y proporcionalidad (ningún tratamiento excesivo es válido); veracidad (la imagen no puede manipularse de modo engañoso); seguridad (debe garantizarse protección técnica y jurídica) y, circulación restringida (la difusión debe ser limitada y controlada).

Con ello, la Corte elevó la imagen a un régimen jurídico reforzado, donde cualquier intervención debe cumplir simultáneamente requisitos constitucionales, legales y éticos. La imagen no puede circular libremente; debe circular bajo reglas estrictas, acompañada de garantías que eviten la explotación, la manipulación, el engaño o la apropiación simbólica.

En este escenario, el consentimiento informado se convierte en la piedra angular del derecho a la imagen. No es un requisito formal ni una simple firma; es un mecanismo constitucional de autodeterminación informativa, que otorga a la persona el poder de controlar la captura, uso, difusión, archivo y eventual explotación económica de su representación visual. La jurisprudencia —particularmente T-634 de 2013 y SU-139 de 2021— ha reiterado que sin consentimiento informado no hay tratamiento válido, y cualquier autorización defectuosa carece de eficacia jurídica.

Esta perspectiva sitúa al derecho a la imagen, en el corazón del constitucionalismo contemporáneo, como un instrumento que articula dignidad, identidad, protección de datos, participación, libertad y poder informativo frente a terceros, especialmente empresas, medios de comunicación y plataformas digitales.

2. La imagen como dato personal sensible

El régimen colombiano de protección de datos personales, consagrado en la Ley 1581 de 2012, establece que los datos sensibles son aquellos que afectan la intimidad del titular o, cuyo uso indebido puede generar discriminación. Aunque la ley no menciona expresamente a la imagen dentro de esta categoría, dejó un espacio abierto para que la jurisprudencia interpretara su alcance de acuerdo con los principios constitucionales de dignidad, intimidad y libertad informativa.

La Corte Constitucional llenó este vacío conceptual mediante una línea jurisprudencial que culminó en la sentencia SU-139 de 2021, donde afirmó de manera categórica que la imagen constituye un dato personal sensible, cuyo tratamiento requiere consentimiento previo, expreso, informado y revocable.

Este reconocimiento no es retórico ni, simplemente, clasificatorio; redefine el estatuto jurídico de la imagen y la somete al estándar más alto de garantías constitucionales. La incorporación de la imagen al ámbito de los datos sensibles produce tres efectos jurídicos decisivos:

1. Protección reforzada: todo tratamiento debe cumplir con controles estrictos de necesidad, proporcionalidad, veracidad, seguridad y circulación restringida. El margen de actuación de terceros es mínimo y debe interpretarse restrictivamente.

2. Finalidad estricta: la imagen no puede ser utilizada para fines amplios, indefinidos, sorpresivos o no

comunicados al titular. La finalidad debe ser específica, clara, comprensible y plenamente delimitada.

3. Revocabilidad permanente: el titular conserva indefinidamente la facultad de retirar su autorización. Ninguna cláusula de irrevocabilidad es válida en el tratamiento de datos sensibles, como lo han reiterado SU-139 de 2021, T-634 de 2013 y T-300 de 2017.

La doctrina ha señalado, adicionalmente, que los datos sensibles merecen esta protección superior porque su uso indebido tiene la capacidad de afectar dimensiones profundas de la persona: su identidad, su autonomía, su reputación, su dignidad y su posición dentro de su comunidad.

En consecuencia, al integrar la imagen dentro de esta categoría, el derecho colombiano no solo la protege como expresión de la personalidad, sino como núcleo duro de la autodeterminación informativa.

2.1. ¿Por qué la imagen es un dato personal sensible?

Porque revela, directa e inmediatamente, elementos esenciales de la identidad humana. A diferencia de datos neutros o meramente administrativos, la imagen expone rasgos que permiten identificar no solo a la persona, sino también, atributos íntimos, sociales, culturales y emocionales. Entre ellos: características físicas (rostro, morfología, rasgos particulares), etnia o pertenencia cultural, edad y género, condición cultural o comunitaria, orientación religiosa (cuando se desprende de símbolos o contextos), expresiones emocionales (alegría, angustia, miedo, vulnerabilidad), estado de salud en ciertos casos (cicatrices, discapacidades visibles, tratamientos médicos), ubicación geográfica (si la imagen muestra el medio), entorno social o económico.

Adicionalmente, en la sociedad contemporánea la imagen puede ser utilizada como insumo de procesos tecnológicos avanzados, tales como: perfilamiento algorítmico, segmentación comercial o política, vigilancia biométrica, control de acceso automático, modelos predictivos de comportamiento y, publicidad dirigida basada en reconocimiento facial.

Estas técnicas —muchas veces invisibles para el titular— amplifican el riesgo asociado al tratamiento de la imagen, pues permiten construir perfiles altamente sensibles sin que la persona sea consciente de ello. La jurisprudencia europea y la latinoamericana han advertido que la imagen es hoy, uno de los datos más vulnerables frente a la IA y los sistemas de reconocimiento facial, lo cual incrementa su potencial lesivo. En este sentido, la Corte Constitucional ha señalado que la imagen revela 'la forma visible de la dignidad' (SU-139 de 2021). Al exhibir identidad, corporalidad y pertenencia, la imagen puede convertirse en un instrumento de discriminación, estigmatización, control social, explotación económica, apropiación cultural, vigilancia estatal o empresarial.

Por ello, el riesgo asociado a su uso indebido es mayor que el de los datos ordinarios. La imagen, en suma, es un dato que expone al individuo, y por tanto exige un régimen reforzado de protección, control y consentimiento informado.

3. Principios aplicables al tratamiento de la imagen

El régimen colombiano de protección de datos personales, establecido por la Ley 1581 de 2012 y el Decreto 1377 de 2013, consagra un conjunto de principios rectores que rigen todo tratamiento de datos personales. En materia de imagen —por ser un dato personal sensible, según la jurisprudencia consolidada en SU-139 de 2021— estos principios adquieren una aplicación especialmente intensificada, pues actúan como barreras constitucionales destinadas a prevenir la explotación, manipulación, difusión indebida o apropiación cultural del sujeto representado.

A continuación, se desarrollan los principios más relevantes, interpretados a la luz de la doctrina y de las sentencias T-414 de 1992, T-090 de 1996, T-634 de 2013, T-300 de 2017 y SU-139 de 2021.

3.1. Principio de libertad

El tratamiento de la imagen solo es legítimo cuando existe consentimiento previo, expreso e informado del titular. Este principio se erige como garantía de autodeterminación informativa y como límite al poder de empresas, medios y plataformas digitales. La libertad implica que la captación, el almacenamiento, la circulación, la difusión y la eventual explotación económica, no pueden realizarse sin autorización válida, salvo excepciones legales de interpretación restrictiva.

La Corte ha reiterado que la ausencia de consentimiento convierte el tratamiento en ilícito, sin importar la finalidad perseguida (T-634 de 2013; SU-139 de 2021). La libertad opera, así como el pilar sobre el cual se estructura todo el derecho a la imagen.

3.2. Principio de finalidad

El tratamiento de la imagen debe estar determinado por una finalidad concreta, explícita, legítima y comprensible para el titular. Este principio se opone frontalmente a autorizaciones genéricas, amplias o abiertas del tipo 'para cualquier uso', 'sin límite de tiempo' o 'para fines institucionales', sin especificación alguna. Según la jurisprudencia, la finalidad es válida únicamente, si se comunica de forma clara, si es necesaria para el proyecto o actividad, si es coherente con el contexto de la captación y, no puede ampliarse sin una autorización nueva.

En T-300 de 2017, la Corte enfatizó que la finalidad es la primera frontera contra la explotación no consentida. La imagen no puede desviarse hacia usos inesperados o sorpresivos, pues ello vulneraría el consentimiento informado.

3.3. Principio de necesidad

Este principio exige que solo se recolecten y utilicen las imágenes estrictamente indispensables para la finalidad informada. No está permitido captar o almacenar imágenes innecesarias, redundantes, excesivas o irrelevantes. La necesidad cumple un rol de contención frente a la sobrecaptura y al almacenamiento no justificado, fenómenos frecuentes en contextos de vigilancia, publicidad digital y *big data*. La Corte ha indicado que, en datos sensibles, este principio debe aplicarse con especial rigurosidad, pues un exceso en la captación vulnera directamente la dignidad e identidad del titular (SU-139 de 2021).

3.4. Principio de veracidad e integridad

La imagen no puede ser objeto de manipulación, tergiversación, edición engañosa ni alteración que modifique la identidad, reputación o dignidad del titular. Este principio recoge la dimensión moral del derecho a la imagen y tiene origen en fallos clásicos como T-090 de 1996, donde la Corte analizó el impacto reputacional de la difusión descontextualizada de imágenes. La veracidad implica que la representación debe corresponder a la realidad observable del sujeto y que cualquier tratamiento que la distorsione constituye una violación autónoma del derecho.

La integridad, por su parte, prohíbe montajes, ediciones tendenciosas, usos satíricos degradantes, recortes malintencionados, alteraciones digitales que cambien la corporalidad del titular. En un contexto de IA y *deepfakes*[3], este principio adquiere una relevancia extraordinaria como mecanismo de defensa de la identidad personal.

3.5. Principio de seguridad

El responsable del tratamiento debe adoptar medidas técnicas, jurídicas y administrativas que garanticen que la imagen no sea accesible por terceros no autorizados, ni interceptada o reutilizada sin permiso. La seguridad comprende controles de acceso, protocolos de almacenamiento, cifrado, políticas de retención y eliminación, auditorías internas y medidas de gestión de riesgos. En SU-139 de 2021, la Corte subrayó que el incumplimiento del deber de seguridad genera responsabilidad, aun cuando no exista daño efectivo, pues la mera exposición indebida de un dato sensible constituye una afectación constitucional.

3.6. Principio de circulación restringida

La imagen no puede circular libremente ni incorporarse de manera indiscriminada en redes, bases de datos o plataformas digitales. Toda difusión debe corresponder exclusivamente, a la finalidad consentida, en los canales autorizados, bajo condiciones de tiempo, modo y lugar previamente informadas, y sin permitir accesos masivos o incontrolados. Este principio busca evitar fenómenos como la viralización no consentida, la indexación en motores de búsqueda, la apropiación comercial o la pérdida de control sobre la representación visual. La Corte ha sido enfática: en datos sensibles, la circulación debe ser excepcional, delimitada y siempre controlada por el titular.

---

[3] El término hace referencia a videos que no son reales, pero que lo parecen, debido a manipulaciones extremas llevadas a cabo con tecnología avanzada. En español, el término equivale a decir: ultrafalso.

4. El consentimiento informado: estructura, alcance y contenido

El consentimiento informado constituye el requisito constitucional indispensable para cualquier tratamiento de la imagen en Colombia. No es —como bien lo resalta la jurisprudencia— un simple acto formal, ni la firma ritual de un documento o una adhesión silenciosa a condiciones predeterminadas. Es, en cambio, un proceso complejo que articula información, comprensión, reflexión y decisión autónoma del titular, conforme con su dignidad, su libertad y su identidad personal.

Desde la perspectiva constitucional, el consentimiento informado cumple una doble función:

1. Función habilitante: autoriza legítimamente el tratamiento de la imagen.

2. Función garantista: protege al titular de la explotación, manipulación o apropiación de su representación visual.

En el ámbito de los datos personales sensibles —como lo estableció la sentencia SU-139 de 2021— el consentimiento se convierte en el núcleo duro de la autodeterminación informativa y, cualquier defecto en su obtención, acarrea la ineficacia del tratamiento.

4.1. Naturaleza constitucional del consentimiento

La Corte Constitucional ha señalado de forma reiterada que el consentimiento informado se erige como un mandato constitucional, emanado del derecho fundamental al *habeas data* (art. 15 C.P.), de la dignidad humana (art. 1 C.P.), del libre desarrollo de la personalidad (art. 16 C.P.), y del derecho a la imagen como expresión de la identidad personal. En la sentencia T-634 de 2013, la Corte explicó que el consentimiento informado exige que el titular haya recibido información clara, previa y comprensible sobre la finalidad y el alcance del tratamiento.

Este pronunciamiento, reiterado en T-300 de 2017, SU-082 de 1995, T-413 de 1992, T-090 de 1996 y consolidado definitivamente en SU-139 de 2021, implica que el consentimiento no puede ser tácito, ni implícito o global; tampoco puede ser indefinido en el tiempo, ambiguo o, imponerse por adhesión opaca; no puede obtenerse mediante sorpresa, error o engaño, y no puede presumirse por la sola presencia física del titular en un lugar.

La Corte ha sido enfática: cualquier consentimiento defectuoso, insuficiente, incompleto o ambiguo es jurídicamente inválido. Y tratándose de imágenes —que constituyen datos personales sensibles— la exigencia es aún mayor: todo vicio, por mínimo que sea, produce la ineficacia total del tratamiento. Desde el punto de vista constitucional, el consentimiento no es solo habilitación; es una condición de legitimidad, un presupuesto de existencia del tratamiento. Sin consentimiento informado, no hay acto válido ni autorización eficaz o cesión jurídicamente oponible.

4.2. Elementos estructurales del consentimiento informado

El consentimiento informado posee cuatro elementos estructurales, todos imprescindibles. La ausencia de cualquiera de ellos invalida la autorización. Estos elementos —cognitivo, volitivo, informativo y axiológico— constituyen una arquitectura que protege no solo la voluntad del titular, sino su dignidad proyectada y su capacidad real de comprender lo que está autorizando.

a) Elemento cognitivo: comprensión efectiva del acto

El titular debe comprender de manera real, plena y suficiente, qué está autorizando. No basta con leer superficialmente un texto, ni con escuchar una explicación fragmentaria. Se requiere: lenguaje claro y accesible, ausencia de tecnicismos confusos, explicación concreta de las consecuencias, y verificación de que el titular entendió lo informado.

La Corte ha advertido que la firma de un documento sin lectura, sin explicación o bajo condiciones de asimetría comunicativa no constituye consentimiento informado (T-634 de 2013; SU-139 de 2021). La comprensión es la base sobre la cual se construye la voluntad. Si no hay comprensión, no hay consentimiento.

b) Elemento volitivo: decisión libre y autónoma

El consentimiento debe ser producto de una decisión libre, sin presión, sin amenaza, sin engaño, sin manipulación psicológica, cultural o económica. La voluntad, para ser válida, debe ser autónoma, consciente, deliberada, no inducida, no condicionada, y no mediada por relaciones de poder. La Corte enfatiza que cualquier forma de dominancia —institucional, empresarial, económica o simbólica— puede anular el elemento volitivo (SU-139 de 2021).

c) Elemento informativo: contenido mínimo obligatorio

El titular debe recibir información completa y comprensible acerca de la finalidad específica, los medios de uso, canales de difusión, duración de la autorización, posibles cesiones a terceros, riesgos del tratamiento, beneficiarios del uso, posibilidad de revocar en cualquier momento, limitaciones y derechos correlativos. La información incompleta, fragmentaria, engañosa o insuficiente invalida por completo la autorización. La Corte ha sostenido que el consentimiento informado exige un verdadero proceso comunicativo, no un simple acto formal (T-634 de 2013).

d) Elemento axiológico: dignidad, identidad y proyección social

Este es el componente más profundo del consentimiento informado. El titular debe comprender el impacto de ceder su imagen en términos de: su dignidad, su identidad personal y cultural, su reputación, su proyección social, su pertenencia comunitaria. La imagen, como 'manifestación visible de la dignidad' (SU-139 de 2021), posee un valor simbólico que no puede desconocerse. Por ello, la Corte exige que el consentimiento incluya una reflexión mínima sobre el significado cultural de la imagen, el contexto en el cual será utilizada, el impacto potencial en la vida del titular, y la pérdida parcial de control visual. Si alguno de estos elementos falta, el consentimiento es inválido, y el tratamiento de la imagen carece de legitimidad constitucional.

5. Consentimiento informado en el derecho comparado

El derecho a la imagen y, en particular, el consentimiento informado como condición indispensable para su captación, uso y difusión, ha sido objeto de amplia elaboración en los sistemas jurídicos europeos y en la jurisprudencia internacional. Aunque cada ordenamiento presenta matices propios, puede afirmarse que existe un consenso transcontinental: la imagen pertenece a la esfera más íntima de la identidad personal, y cualquier intervención exige un consentimiento previo, expreso, inequívoco, específico y revocable. A continuación, se desarrollan los principales estándares en España, Francia, Alemania, la Corte Europea de Derechos Humanos y su recepción en Colombia.

5.1. España

España ha sido uno de los países pioneros en la formulación jurídica del derecho a la imagen. La Ley Orgánica 1/1982 de protección civil del honor, la intimidad y la propia imagen, exige autorización inequívoca del titular para cualquier captación o difusión de su representación visual. El Tribunal Constitucional Español ha reiterado, desde la STC 156/2001, que, la captación y difusión de la imagen requiere consentimiento indudable del titular.

Este estándar tiene varias consecuencias: el consentimiento debe ser expreso, no tácito. La autorización debe ser específica, no general. La difusión sin consentimiento configura vulneración del derecho fundamental, aun cuando no exista ánimo comercial. La revocación siempre es posible si el uso excede la finalidad originalmente autorizada.

España se convirtió así, en la referencia normativa más influyente en América Latina, especialmente para los sistemas constitucionales que incorporan el derecho a la imagen dentro de la órbita de protección de la dignidad y la intimidad.

5.2. Francia

En Francia, la protección del derecho a la imagen tiene raíces profundas en la tradición jurídica del *Code Civil* y de la jurisprudencia de la *Cour de Cassation*. Esta corte ha sostenido de manera categórica que, *chaque personne dispose d'un droit exclusif sur son image* (Toda persona dispone de un derecho exclusivo sobre su imagen).

El carácter exclusivo implica que no puede captarse ni divulgarse la imagen sin la autorización expresa del titular. La ausencia de consentimiento constituye una violación de la vida privada protegida por el artículo 9 del *Code Civil*. Incluso, en espacios públicos, la difusión requiere autorización cuando existe finalidad comercial o cuando la fotografía permite identificar a la persona de manera individualizada. Francia se caracteriza por una protección fortísima, donde la imagen se concibe como emanación directa de la personalidad y cuyo uso sin consentimiento genera responsabilidad civil inmediata.

5.3. Alemania

En Alemania, la discusión se integra al principio constitucional de autodeterminación informativa, desarrollado por el Tribunal Constitucional Federal (*Bundesverfassungsgericht*) desde el famoso fallo del 'Censo' de 1983. Bajo esta doctrina, la persona debe conservar el control sobre cualquier dato que permita identificarla. La jurisprudencia alemana ha determinado que la representación visual constituye un dato personal sometido a control individual; no puede ser captada ni difundida sin consentimiento informado; está protegida, incluso, cuando la imagen proviene de lugares públicos, se vincula directamente con la dignidad expresada en el art. 1 de la Ley Fundamental.

Para Alemania, la imagen no solo es un dato; es una manifestación del ser, cuya captura requiere autorización porque afecta la libertad general de acción (*Allgemeines Persönlichkeitsrecht*) (derechos generales de la personalidad).

5.4. Corte Europea de Derechos Humanos (CEDH)

La CEDH ha desarrollado una línea jurisprudencial decisiva en protección del derecho a la imagen dentro del marco del artículo 8 del Convenio Europeo de Derechos Humanos, que protege la vida privada. El caso paradigmático es Von Hannover v. Germany (2004 y 2012), en el cual la Corte declaró que la imagen forma parte de la vida privada; su difusión sin consentimiento constituye intromisión ilegítima. Incluso figuras públicas conservan un núcleo esencial de protección; los Estados deben garantizar mecanismos efectivos de tutela. Cuando exista interés público, la difusión debe superar un test estricto de proporcionalidad. La CEDH ha sido clara: el consentimiento no se presume; debe ser expreso y verificable.

Este estándar influye directamente en la interpretación que hoy prevalece en América Latina.

5.5. Colombia con relación a Europa

El derecho colombiano se alinea plenamente con la tradición constitucional europea. La Corte Constitucional, especialmente en SU-139 de 2021, adoptó los estándares de: consentimiento expreso y no ambiguo (España), control exclusivo sobre la propia imagen (Francia), autodeterminación informativa (Alemania), y protección reforzada de la vida privada (CEDH).

Colombia asume que la ausencia de consentimiento informado no es un defecto subsanable, sino una vulneración directa del derecho fundamental a la imagen y del *habeas data*. Asimismo, ha incorporado la regla de que: cualquier uso no previsto, cualquier ampliación de finalidad, cualquier cesión no informada, y cualquier conservación indefinida quiebra el consentimiento y vuelve ilícito el tratamiento.

En síntesis, Colombia no solo sigue el estándar europeo, sino que lo profundiza, al reconocer la imagen como dato personal sensible sujeto al más estricto régimen de protección.

6. Revocabilidad del consentimiento

La revocabilidad es uno de los pilares estructurales del régimen jurídico de la imagen en Colombia. Su función no es meramente accesoria; constituye el mecanismo que preserva el control permanente del titular sobre su representación visual, permitiendo que recupere su autonomía en cualquier momento, aun después de haber autorizado el tratamiento.

En materia de datos personales sensibles —categoría en la que se ubica la imagen, según la sentencia SU-139 de 2021— la revocabilidad reviste carácter esencial, irrenunciable y de orden público. No puede: limitarse por contrato, negociarse, cederse, extinguirse por el paso del tiempo y, tampoco, suprimirse por el hecho de que la imagen haya sido utilizada previamente.

6.1. Regla general: la revocabilidad es permanente, absoluta y prevalente

Toda autorización de imagen es revocable en cualquier momento, sin necesidad de justificar motivos y sin que ello genere sanciones o cargas económicas para el titular. Esta facultad opera incluso cuando el contrato dispone expresamente que la autorización es 'irrevocable', cuando: existe contraprestación económica, la imagen ya fue usada en campañas o piezas publicitarias, la autorización se otorgó hace muchos años o, el material ya fue difundido en plataformas digitales.

La sentencia SU-139 de 2021, decisión de unificación y referencia obligatoria en la materia, lo establece de manera categórica: la autorización en materia de datos personales es esencialmente revocable.

Este principio, heredado del derecho europeo (RGPD, art. 7.3), se fundamenta en la idea de que ninguna persona puede desprenderse definitivamente del control sobre su identidad visual, pues hacerlo equivaldría a renunciar a una parte esencial de su dignidad humana. Así, incluso si un contrato pretende calificarse como irrevocable, tales cláusulas se consideran nulas de pleno derecho por contrariar el bloque de constitucionalidad (art. 15 CP, jurisprudencia SU-139/21, T-414/92, T-090/96).

6.2. Efectos jurídicos de la revocatoria

Una vez el titular revoca su consentimiento, el explotador de la imagen incurre en una obligación inmediata de cesación y supresión. No se requiere plazo adicional, negociación, contraprestación ni acuerdo modificatorio. La revocación produce efectos automáticos; entre ellos:

1. Cesación inmediata del uso

El responsable debe detener cualquier utilización de la imagen en campañas comerciales, piezas audiovisuales, redes sociales, plataformas digitales, bases de datos de márquetin, catálogos o archivos institucionales. El uso posterior a la revocatoria constituye tratamiento ilícito.

2. Supresión de la imagen en bases de datos

El Decreto 1377 de 2013 obliga al responsable a suprimir total y efectivamente el dato, evitando que permanezca accesible para tratamiento futuro. La permanencia no autorizada constituye vulneración del derecho fundamental al *habeas data*.

3. Retiro del material publicitario

Debe retirarse cualquier pieza que contenga la imagen del titular, incluso si ya está en circulación. La jurisprudencia colombiana y europea sostiene que la permanencia de material publicitario no autorizado prolonga indefinidamente la vulneración.

4. Prohibición de difusión posterior

Se debe impedir que la imagen siga apareciendo en redes sociales institucionales, en motores de búsqueda, en repositorios digitales, en campañas repostadas o reactivadas por algoritmos. La revocatoria exige conductas proactivas y diligentes.

5. Deber de evitar reutilización futura

El responsable debe adoptar medidas razonables para impedir que terceros sigan usando la imagen revocada, incluidas solicitudes de eliminación en plataformas, gestión de desindexación, cese de cesiones previas o futuros usos derivados. Este deber se articula con el principio de circulación restringida, ampliamente desarrollado en la sentencia SU-139/21.

6.3. La revocabilidad como mecanismo de autodeterminación informativa

La revocatoria no es solo un derecho operativo; es un componente sustantivo del modelo constitucional colombiano. Su función es equilibrar el poder entre individuos vulnerables, empresas que manejan plataformas masivas de difusión, publicistas, entidades estatales, industrias culturales y mediáticas.

Gracias a la revocabilidad, el titular puede recuperar el control de su identidad visual frente a usos abusivos, inesperados, engañosos, culturalmente irrespetuosos, económicamente desproporcionados, o incompatibles con su proyecto de vida.

En esta perspectiva, la revocabilidad se integra al núcleo esencial del derecho a la imagen, como: derecho personalísimo, dato personal sensible, expresión de la dignidad humana, y mecanismo de protección frente a algoritmos, IA y viralización digital.

7. La política de tratamiento y la obligación de información

La política de tratamiento de datos personales constituye uno de los instrumentos jurídicos más importantes en el régimen colombiano de protección de datos. En materia de imagen —que es un dato personal sensible según SU-139 de 2021— la política no es un requisito administrativo ni un protocolo burocrático; es una garantía constitucional que cumple dos funciones simultáneas:

1. Asegurar que el titular conozca el marco jurídico completo del tratamiento, y

2. Materializar los principios de transparencia, libertad y autodeterminación informativa establecidos en la Ley 1581 de 2012 y el Decreto 1377 de 2013.

Desde esta perspectiva, ninguna autorización de imagen es válida si la entidad que captura o utiliza la representación visual no suministra una política de tratamiento accesible, comprensible, clara y disponible para el titular. La Corte Constitucional ha considerado este requisito como un componente estructural del consentimiento informado, al punto de que su ausencia vicia de nulidad la autorización (T-634 de 2013; SU-139 de 2021; C-748 de 2011).

7.1. El fundamento constitucional de la política de tratamiento

La obligación de presentar una política de tratamiento deriva del artículo 15 de la Constitución, que consagra el derecho de todas las personas a conocer, actualizar y rectificar las informaciones que se hayan recogido sobre ellas en bases de datos. Este mandato se articula con el principio de transparencia, el derecho a la información previa, la exigencia de finalidad específica, y el deber de seguridad y circulación restringida.

En SU-139 de 2021, la Corte recordó que la política de tratamiento cumple una función de control democrático sobre el poder informativo de empresas, instituciones y plataformas, evitando escenarios de opacidad, indefensión o indefinición contractual. El razonamiento de la Corte es claro: sin política, no hay verdadera posibilidad de consentimiento informado.

7.2. Contenido mínimo obligatorio de la política

El Decreto 1377 de 2013, art. 13, fija los elementos esenciales que toda política debe contener. Su ausencia convierte el consentimiento en inválido. La política debe incluir, como mínimo:

1. Identificación del responsable del tratamiento. Nombre, dirección, datos de contacto y canales de atención. Esto permite al titular ejercer los derechos derivados del *habeas data*.

2. Finalidades del tratamiento. Deben ser específicas, explícitas, informadas y coherentes con la autorización. Cualquier finalidad no incluida implica uso no autorizado.

3. Derechos del titular de la imagen. Entre ellos: conocer, actualizar, rectificar, revocar, solicitar supresión, y oponerse a ciertos usos.

4. La política debe explicar cómo ejercer estos derechos y en qué plazos. Medios de reclamo y mecanismos de atención, procedimientos claros, tiempos de respuesta, canales digitales y físicos.

5. Mecanismos de revocación del consentimiento. El responsable debe explicar cómo puede el titular revocar la autorización en cualquier momento, en cumplimiento del principio de revocabilidad permanente reafirmado en SU-139 de 2021.

6. Transferencias y transmisiones de datos. La política debe informar si la imagen será entregada a terceros, utilizada por agencias de publicidad, plataformas tecnológicas o empresas aliadas. La omisión de esta información invalida la autorización para la cesión.

7. Medidas de seguridad. Medidas técnicas, administrativas y jurídicas adoptadas para proteger la imagen contra accesos no autorizados, fuga de datos, indexación indebida, viralización o uso futuro no consentido.

7.3. Ausencia o insuficiencia de la política: efectos jurídicos

La Corte Constitucional ha sido contundente: cuando la política no existe, es inaccesible, es incompleta o es incomprensible, la autorización de imagen es inválida.

Esto se debe a que, sin política, no hay verdadera información previa; sin información previa no hay consentimiento informado; sin consentimiento informado no hay tratamiento legítimo; sin tratamiento legítimo, toda captación, uso o difusión de la imagen es ilícita.

En T-634 de 2013 la Corte analizó un caso de tratamiento de datos biométricos sin política clara y determinó que la ausencia de esta viciaba de nulidad todo el acto autorizante. Posteriormente, en T-300 de 2017, el tribunal reiteró que las políticas deben ser claras, visibles y comprensibles. La sentencia SU-139 de 2021 consolidó la regla: cuando se trata de datos sensibles, la exigencia de política de tratamiento se aplica con rigor reforzado; su omisión constituye violación del derecho fundamental desde el inicio del tratamiento.

7.4. Política de tratamiento como mecanismo de transparencia y equilibrio

En el derecho comparado —particularmente bajo el RGPD— la política cumple una función esencial de *accountability*, que se traduce en la necesidad de que la entidad responsable sea capaz de demostrar, en cualquier momento, que cumple con los principios de licitud, lealtad, transparencia, minimización de datos, integridad y confidencialidad.

El derecho colombiano recoge ese mismo enfoque. La política de tratamiento, en un Estado Constitucional, no es un documento formal; es un instrumento de democratización del poder informativo y un límite al uso comercial, institucional o tecnológico de la imagen humana.

8. La carga de la prueba en el tratamiento de la imagen

En el régimen constitucional colombiano de protección de datos personales —y con mayor razón tratándose de la imagen como dato personal sensible— la carga de demostrar la validez del consentimiento informado recae siempre, de manera absoluta e intransferible, en el responsable del tratamiento. Este principio ha sido reafirmado en múltiples fallos de la Corte Constitucional, entre ellos T-414 de 1992, T-634 de 2013, T-300 de 2017 y, consolidado finalmente, por SU-139 de 2021.

La razón de esta regla es estructural: el responsable del tratamiento es quien detenta el poder técnico, contractual, comunicativo y económico que permite la captación y uso de la imagen. El titular, por el contrario, suele encontrarse en una posición de inferioridad informativa. Por ello, el Estado Constitucional exige que el responsable demuestre, con pruebas claras y verificables, que el consentimiento fue: informado (qué se explicó, cómo, cuándo y con qué alcance), comprendido (evidencia de que el titular entendió lo informado), libre (sin coacción, presión, engaño o dominancia), específico (para una finalidad determinada), expreso (manifestado de manera directa e inequívoca), válido (sin vicios ni omisiones estructurales).

Esto significa que NO basta con exhibir un documento firmado. La Corte ha sostenido que la empresa debe probar que informó adecuadamente, que explicó con claridad, que verificó comprensión, que no hubo engaño ni error, que no existió asimetría abusiva en la obtención de la firma, que la autorización correspondía a la finalidad realmente ejecutada. El estándar jurisprudencial es taxativo: donde exista duda, se protege al titular (T-634 de 2013; SU-139 de 2021)

Este principio de *favor debilis* —protección constitucional reforzada a la parte débil— constituye una garantía contra la explotación visual, particularmente en contextos con desigualdad lingüística, cultural o económica.

9. Efectos jurídicos de la ausencia de consentimiento

La ausencia de consentimiento informado —o la existencia de un consentimiento defectuoso— produce efectos jurídicos inmediatos y severos, debido a que el tratamiento de la imagen sin autorización válida constituye una violación directa del derecho fundamental a la imagen y del *habeas data*. La jurisprudencia colombiana ha desarrollado este punto con contundencia:

1) La autorización es inválida y no produce efectos jurídicos

Cualquier acto de captación, almacenamiento, uso, difusión o explotación realizado sin consentimiento informado, es nulo. No genera obligaciones para el titular y no legitima al responsable. La invalidez se produce, aunque haya existido una firma, se haya pagado contraprestación, la imagen haya sido usada previamente y, aunque el contrato alegue 'cesión irrevocable' (SU-139 de 2021; T-300 de 2017).

2) Tratamiento ilícito de la imagen

El uso de la imagen sin consentimiento informado configura un tratamiento ilícito, que activa responsabilidad constitucional, responsabilidad civil (contractual o extracontractual), posibles sanciones administrativas (Superintendencia de Industria y Comercio), órdenes de cesación inmediata, medidas de reparación integral.

3) Procedencia inmediata de la acción de tutela

Cuando no existe consentimiento informado, la tutela procede sin necesidad de acreditar perjuicio irremediable. Esto se debe a que la captación o difusión no autorizada de un dato sensible afecta la dignidad, la identidad, la autodeterminación informativa, la libertad personal, el proyecto de vida del titular.

Los fallos T-634 de 2013, SU-139 de 2021 y T-300 de 2017 reiteran que la tutela es el mecanismo idóneo y preferente.

4) Responsabilidad civil agravada

La ausencia de consentimiento informado genera responsabilidad civil reforzada, debido a la categoría de la imagen como dato personal sensible. La reparación comprende: daño moral (afectación a la dignidad e identidad), daño patrimonial (explotación comercial indebida), daño a la vida de relación (afectación reputacional y social), y enriquecimiento sin causa (cuando la empresa obtiene beneficio económico sin autorización válida).

La jurisprudencia ha sostenido que este último —el enriquecimiento sin causa— es especialmente relevante en casos de explotación comercial prolongada.

5) Orden de supresión y retiro del material visual

La Corte ha impartido órdenes de eliminación definitiva de imágenes, retiro de redes sociales, cesación de campañas, suspensión de videos o material audiovisual, desindexación en motores de búsqueda (SU-139 de 2021; T-300 de 2017).

Capítulo 5

Dimensión patrimonial de la imagen, explotación económica y enriquecimiento sin causa

1. Introducción

La imagen, además de ser un derecho personalísimo y un atributo fundamental de la identidad humana, posee una dimensión patrimonial innegable. En la economía visual contemporánea —caracterizada por la hiperconectividad, la publicidad digital, la viralización en redes sociales y la expansión de modelos de negocio basados en contenidos audiovisuales— la representación visual del individuo adquiere un valor económico real, medible y transable. Ya no se trata únicamente de un aspecto moral o íntimo; la imagen se ha convertido en un activo estratégico dentro de mercados publicitarios, culturales y comerciales.

Este fenómeno ha sido reconocido por la jurisprudencia colombiana. En la sentencia SC-3604 de 2021, la CSJ afirmó que la imagen tiene un valor económico susceptible de cuantificación cuando es utilizada con fines comerciales.

Lo mismo había anticipado en SC-7110 de 2017, donde sostuvo que la explotación no autorizada de la imagen genera lucro cesante, daño emergente y enriquecimiento sin causa, dada la apropiación ilegítima del valor económico asociado a la representación visual del titular.

El derecho comparado coincide en esta visión: tanto el *Right of Publicity* norteamericano, como el *droit à l'image* francés, el derecho a la propia imagen español y el régimen alemán de autodeterminación informativa, reconocen que la imagen puede convertirse en un bien patrimonial, capaz de generar beneficios económicos, posicionamiento de marca, reputación comercial, fidelización de consumidores y diferenciación competitiva.

La razón de fondo es clara: la imagen es vehículo de valor simbólico y económico, pues permite asociar al titular con productos, narrativas, marcas, mensajes o campañas capaces de producir ganancia financiera. Por ello, cuando una empresa, institución, plataforma digital o agente publicitario utiliza la imagen sin autorización, no solo invade un ámbito personalísimo, sino que genera un perjuicio patrimonial concreto y objetivamente determinable.

No se trata —como bien señala la doctrina europea— de una simple interferencia estética, sino, de la apropiación de un recurso de alto valor comercial, cuya explotación pertenece exclusivamente al titular. De ahí que la jurisprudencia colombiana haya construido un régimen que reconoce el valor económico de la imagen, sanciona la explotación no autorizada, exige reparación integral, y activa mecanismos para evitar el enriquecimiento injustificado.

Este capítulo examina de manera rigurosa cómo y por qué la imagen adquiere valor económico, cuáles son las modalidades contemporáneas de explotación patrimonial, qué criterios jurisprudenciales existen para cuantificar el daño, cómo opera la figura del enriquecimiento sin causa cuando hay apropiación comercial indebida, y cuál es el régimen jurídico colombiano aplicable a la valoración del uso patrimonial de la representación visual. Asimismo, se explica la interacción entre el daño emergente derivado de la apropiación, el lucro cesante correspondiente a la ganancia frustrada, el daño extrapatrimonial derivado de la pérdida de control sobre la identidad pública y, el enriquecimiento sin causa que surge cuando un tercero obtiene beneficios económicos sin contraprestación ni consentimiento.

En suma, este capítulo demuestra que la dimensión patrimonial de la imagen no es un accesorio marginal, sino un pilar esencial en la arquitectura del derecho a la imagen dentro del constitucionalismo contemporáneo, indispensable para comprender los deberes de los explotadores, los derechos del titular y el alcance de la reparación integral.

2. La imagen como activo económico

La consolidación jurisprudencial del valor económico de la imagen constituye uno de los avances más significativos del derecho contemporáneo. Aunque la representación visual de una persona estuvo históricamente asociada a dimensiones simbólicas, identitarias o morales, la transformación de la economía digital —basada en contenidos, narrativas visuales, plataformas y mercados de atención— convirtió la imagen en un activo patrimonial con capacidad real de generar beneficios económicos cuantificables. En Colombia, este reconocimiento adquirió forma definitiva con la Sentencia SC-3604 de 2021 de la CSJ, que afirmó categóricamente que, si la imagen es utilizada con fines comerciales, entonces tiene un valor económico susceptible de cuantificación.

Esta afirmación no solo transformó la comprensión del derecho a la imagen, sino que delimitó con claridad el fundamento de la responsabilidad patrimonial por su explotación no autorizada. A partir de dicha regla, la fotografía, el retrato o el video, dejan de ser simples manifestaciones de la personalidad, para convertirse en verdaderos instrumentos de producción económica, integrados al funcionamiento del mercado y del sistema publicitario.

2.1. Impacto de la doctrina de la Corte Suprema en la economía visual

La doctrina jurisprudencial produjo un giro conceptual: la imagen dejó de entenderse como un símbolo personal y adquirió una función estratégica dentro de lo que la Corte ha denominado 'el ecosistema comunicacional contemporáneo'. En este entorno, la imagen cumple múltiples finalidades económicas; entre ellas: impulsar campañas publicitarias y fortalecer recordación de marca; atraer consumidores apelando a la identificación emocional con el sujeto representado; generar reputación comercial y credibilidad en mercados saturados de información; posicionar identidad corporativa, dotando a la marca de rostros o narrativas humanas que incrementan la confianza; incrementar ventas, al acrecentar el valor percibido del producto mediante la asociación con una persona; materializar estrategias de mercadeo digital, especialmente en redes sociales y plataformas audiovisuales donde el impacto visual es decisivo.

En este contexto, la imagen funciona como un recurso mercadológico y, por tanto, un bien jurídico con valor patrimonial cierto y medible. Esta categoría permite al derecho responder adecuadamente al enriquecimiento sin causa, a la explotación comercial ilícita y a los usos empresariales que vulneran el consentimiento informado.

2.2. Reconocimiento internacional del valor económico de la imagen

El entendimiento patrimonial de la imagen no es exclusivo del derecho colombiano; se alinea con estándares internacionales de larga tradición:

- España: la Ley Orgánica 1/1982 reconoce que toda captación y uso de la imagen con fines publicitarios exige autorización expresa y puede generar responsabilidad patrimonial por daños y lucro cesante.

- Francia: la jurisprudencia reconoce la existencia de *un droit* patrimonial de *l'image*, especialmente cuando su uso genera beneficios económicos.

- Alemania: la Corte Federal (BVerfG) ha protegido el valor económico de la imagen de figuras públicas, incluso después de su muerte (caso Marlene Dietrich).

- Estados Unidos: El *right of publicity* constituye una rama autónoma del derecho, centrada precisamente en la explotación económica del nombre, la voz y la imagen, con reconocimiento patrimonial robusto (casos Zacchini v. Scripps-Howard, Carson v. Here's Johnny, White v. Samsung).

- Corte Europea de Derechos Humanos: en Von Hannover v. Germany (2004 y 2012), aunque la discusión se centró en privacidad, la Corte reconoció que la imagen tiene una dimensión económica cuando es usada con fines mediáticos o comerciales.

Esta convergencia demuestra que la patrimonialidad de la imagen es una constante del constitucionalismo y de los ordenamientos modernos que reconocen en la representación visual, una pieza esencial de la economía digital.

2.3. Consecuencias jurídicas para Colombia

A partir de la sentencia SC-3604/2021, toda explotación económica de la imagen implica:

1. Necesidad de consentimiento informado: la patrimonialidad refuerza la exigencia constitucional de claridad, finalidad y revocabilidad.

2. Posibilidad de cuantificación pericial: el valor económico de la imagen puede ser medido, proyectado y estimado, como ocurre en peritajes de marcación, publicidad, márquetin digital y derecho económico.

3. Responsabilidad por enriquecimiento sin causa: cuando un tercero obtiene beneficios sin contraprestación al titular.

4. Indemnización integral por daños patrimoniales y extrapatrimoniales: lucro cesante, daño emergente, daño a la vida de relación e incluso, daño reputacional.

5. Protección reforzada en la economía digital: donde la reproducción infinita, los algoritmos y la viralización amplifican exponencialmente la explotación comercial.

3. Modalidades de explotación económica de la imagen

La explotación económica de la imagen adopta múltiples formas en la economía contemporánea. La transición hacia mercados hiperconectados y plataformas digitales ha multiplicado los escenarios donde la representación visual se convierte en activo mercadológico. Cada modalidad configura un tipo de uso que exige consentimiento informado, determina criterios específicos de valoración económica y crea responsabilidad patrimonial cuando se utiliza sin autorización.

La jurisprudencia colombiana —especialmente la CSJ en SC-3604 de 2021 y SC-3604 de 2021— ha reconocido que toda utilización con finalidad comercial, directa o indirecta, genera valor económico, incluso cuando el titular no sea una figura pública ni un influente, pues lo relevante no es la fama, sino el provecho económico que el tercero obtiene mediante la imagen ajena. A continuación, se desarrollan con profundidad, las principales modalidades de explotación económica:

3.1. Explotación publicitaria

Constituye la modalidad arquetípica de uso económico de la imagen. Comprende la utilización de la representación visual del titular en anuncios comerciales, campañas audiovisuales, afiches, vallas, material gráfico, videos institucionales y estrategias de márquetin digital. Desde la perspectiva económica, la imagen cumple funciones de:

- Atracción: genera conexión emocional con consumidores.

- Persuasión: incrementa la recordación de marca y la asociación de valores.

- Conversión: induce decisiones de compra.

La Corte Constitucional ha reconocido que la publicidad que incorpora una imagen personal, modifica la conducta de consumo y, en consecuencia, la imagen se convierte en recurso económico (T-634 de 2013; SU-139 de 2021).

En el derecho comparado, España ha desarrollado esta categoría con especial claridad: la Ley Orgánica 1/1982 exige consentimiento inequívoco cuando la imagen se usa como instrumento de publicidad, incluso si se captó en un espacio público. El uso publicitario sin autorización genera lucro cesante por la pérdida del beneficio económico del titular, daño emergente cuando se vincula la imagen a contenidos no deseados y, enriquecimiento sin causa por el provecho obtenido por el anunciante.

3.2. Explotación institucional o corporativa

En esta modalidad la imagen no se usa para vender un producto, sino para reforzar la identidad corporativa, reputación institucional, cultura organizacional, programas internos o campañas de responsabilidad social. Implica, por ejemplo, fotografías o videos de empleados o contratistas en material corporativo, inclusión de imágenes en informes, páginas web o redes institucionales, uso de la imagen para 'humanizar' la marca o transmitir valores.

El Tribunal Constitucional Español ha advertido que, incluso en estos usos no estrictamente comerciales, se requiere consentimiento expreso, pues la imagen se instrumentaliza para generar confianza, legitimidad y reputación, que son formas de valor económico indirecto.

En Colombia, la SU-139 de 2021 reiteró que todo tratamiento de imagen —incluida la difusión institucional— exige consentimiento informado, porque se trata de un dato personal sensible, independiente de la finalidad declarada por la empresa.

3.3. Explotación en productos o mercancías

Aquí la imagen del titular aparece incorporada directamente en productos físicos o digitales, tales como: empaques, etiquetas y cajas; recuerdos, camisetas, tazas y papelería; NFT, avatares digitales o productos de comercialización. Esta modalidad transforma la imagen en un componente del producto y la alinea con dinámicas de propiedad intelectual y márquetin experiencial. Su valoración económica se determina por la escala de distribución, el precio unitario del producto, la asociación de marca y el uso repetitivo o masivo de la imagen.

En países como Estados Unidos, esta modalidad se vincula con el *right of publicity*, que protege el valor económico intrínseco derivado de la explotación mercantil de la identidad personal.

3.4. Explotación turística o territorial

Frecuente en campañas regionales, promoción cultural, entidades públicas, folletos y sitios web de turismo. La imagen del titular se utiliza para representar comunidades, promover destinos, simbolizar identidades culturales, atraer visitantes o efectuar inversión turística.

La explotación territorial está estrechamente conectada con la dimensión simbólica y cultural de la imagen, especialmente cuando el titular es miembro de una comunidad étnica. La Corte Constitucional (T-778 de 2005) señaló que la imagen de una persona perteneciente a un pueblo indígena incide en la dignidad y en la identidad colectiva, lo que amplifica el daño cuando se usa sin autorización.

3.5. Explotación editorial

Incluye el uso de la imagen en revistas, portadas, publicaciones impresas o digitales, libros, entrevistas, documentales y reportajes comerciales. Aunque históricamente se vinculó con libertad de expresión, hoy se reconoce que, cuando el contenido tiene finalidad económica (documentales financiados, plataformas rentables) y la imagen cumple función de atracción o promoción, se está frente a un uso patrimonial que requiere consentimiento informado.

La Corte Europea de Derechos Humanos ha trazado criterios claros en casos como Von Hannover v. Germany (2004 y 2012): la libertad de prensa no legitima usos comerciales encubiertos ni la difusión que excede el interés público real.

3.6. Explotación en redes sociales

Es actualmente, la modalidad más lucrativa y más riesgosa. La imagen circula como contenido promocionado, material patrocinado, publicaciones asociadas a marcas, contenido viral utilizado para estrategias de *engagement* (compromiso), material transformado por algoritmos, IA o filtros. Las redes sociales monetizan la imagen mediante tráfico, visualizaciones, suscripciones, publicidad segmentada y explotación algorítmica del perfil biométrico.

La jurisprudencia reciente (SU-139 de 2021) advierte que la imagen en entornos digitales está expuesta a difusión infinita, replicabilidad, manipulación y reutilización, lo que intensifica la necesidad de un consentimiento informado estricto, específico, temporal y revocable.

Cuando una empresa, medio o influente utiliza la imagen ajena en redes para obtener visibilidad o incrementar ventas, se configura una explotación económica que, sin autorización, genera responsabilidad civil agravada, responsabilidad constitucional, eliminación del contenido y, compensación económica.

4. La explotación no autorizada y el desequilibrio económico

La utilización de la imagen de una persona sin consentimiento informado constituye una de las vulneraciones más severas tanto del derecho fundamental a la autodeterminación informativa, como del régimen patrimonial asociado a la representación visual. En efecto, cuando una empresa, medio, institución o plataforma utiliza una imagen ajena sin autorización válida, se produce una doble afectación: (i) se quebranta un derecho fundamental sensible y (ii) se genera un desequilibrio económico estructural.

4.1. El estándar constitucional: la imagen como dato sensible

La Corte Constitucional, en su sentencia T-634 de 2013, fijó por primera vez el estándar que rige el consentimiento sobre la imagen. En un pasaje crucial afirmó que el consentimiento informado exige que el titular haya recibido información clara, previa y comprensible sobre la finalidad y el alcance del tratamiento.

Esta afirmación impide considerar válido cualquier uso apoyado en autorizaciones tácitas, globales, ambiguas o carentes de explicación. La Corte reforzó esta idea años después, en la sentencia de unificación SU-139 de 2021, al declarar expresamente que la imagen constituye un dato personal sensible, cuyo tratamiento exige consentimiento previo, expreso, informado y revocable.

Con esta frase, la Corte cerró definitivamente la puerta a los modelos de explotación visual basados en consentimientos defectuosos, incompletos o impuestos por adhesión. La imagen, en consecuencia, solo puede circular en el tráfico jurídico bajo condiciones de máxima protección.

4.2. La dimensión económica: reconocimiento de valor patrimonial

La CSJ consolidó esta comprensión en la sentencia SC-3604 de 2021, con la cual estableció que la imagen tiene un valor económico susceptible de cuantificación, cuando es utilizada con fines comerciales.

Este pronunciamiento transformó la forma como Colombia entiende la imagen; dejó de ser un mero reflejo físico, para convertirse en un activo económico aprovechable, capaz de generar retornos financieros, posicionamiento de marca, *engagement* digital, fidelización de consumidores y ventaja competitiva.

4.3. El desequilibrio económico como consecuencia inevitable

Una vez reconocida la imagen como activo económico susceptible de explotación, la utilización no autorizada genera de forma automática un desequilibrio económico, dado que el titular pierde el control sobre la circulación de su dato sensible, el explotador obtiene lucro, prestigio empresarial o ventaja competitiva sin asumir costos, no existe contraprestación, se rompe la simetría de información, y se consolida una explotación patrimonial que el titular nunca aceptó.

De este modo, la explotación no autorizada constituye una forma de apropiación parasitaria, incompatible con la Constitución y con la estructura del régimen de datos personales. La jurisprudencia, al exigir consentimiento informado estricto, busca precisamente evitar que el mercado se beneficie económicamente de una representación visual que el titular no decidió ceder.

5. El enriquecimiento sin causa en la explotación de la imagen

La figura del enriquecimiento sin causa, prevista en los artículos 2303 y siguientes del Código Civil, resulta particularmente idónea para corregir el desequilibrio económico que se presenta cuando la imagen se utiliza sin autorización válida. Su finalidad es evitar que una parte obtenga un provecho económico a costa de otra, sin causa jurídica que lo justifique.

5.1. Fundamento normativo y jurisprudencial

La Corte Suprema ha reiterado en múltiples decisiones —incluida la ya citada SC-3604 de 2021— que el enriquecimiento sin causa ocasiona la obligación de restituir el provecho obtenido, incluso si no hubo mala fe.

Este estándar es esencial: la mala fe no es un requisito; basta con que el beneficio carezca de causa válida para que surja la obligación restitutoria.

5.2. Aplicación al régimen de imagen

En materia de imagen, la configuración del enriquecimiento sin causa se presenta cuando existe un enriquecimiento del explotador, que obtiene lucro, posicionamiento, reputación o ventaja competitiva. Se da un empobrecimiento correlativo del titular, quien pierde control sobre su narrativa visual y la posibilidad de monetizarla. No existe causa jurídica, porque el consentimiento no es informado; es global, genérico o indefinido, fue impuesto o, simplemente, no cumple los estándares constitucionales ya citados. Hay un vínculo causal, pues el beneficio del explotador surge directamente del uso de la imagen ajena.

5.3. Consecuencia jurídica: restitución del provecho

Al verificarse estos elementos, el ordenamiento impone al explotador la obligación de restituir el beneficio obtenido. Esta restitución cumple una doble función:

- Es compensatoria, porque reequilibra la relación afectada por la explotación indebida; y

- Preventiva, por cuanto desincentiva prácticas empresariales que instrumentalicen la imagen sin cumplir con las exigencias del consentimiento informado.

La jurisprudencia civil ha sido consistente: no puede consolidarse un beneficio económico derivado de la vulneración de un derecho fundamental. La restitución no es una sanción, sino la consecuencia natural del principio constitucional de que nadie puede enriquecerse injustamente a expensas de otro.

6. Daño patrimonial derivado del uso de la imagen

La explotación no autorizada de la imagen no solo vulnera un derecho fundamental sensible —tal como lo reconocieron la Corte Constitucional en T-634 de 2013 y SU-139 de 2021, y la Corte Suprema en SC-3604 de 2021— sino que genera afectaciones patrimoniales objetivamente cuantificables. En este sentido, la Corte Suprema ha recordado que la imagen, al poseer valor económico, permite que su uso indebido produzca perjuicios reales, medibles y jurídicamente exigibles, especialmente cuando existe beneficio comercial para el explotador.

La jurisprudencia colombiana ha reconocido que el daño patrimonial puede adoptar diversas formas, todas ellas derivadas del hecho esencial: el titular nunca consintió que su representación visual entrara al tráfico económico. Por lo tanto, las categorías indemnizables se estructuran conforme con los principios generales del derecho de daños y con la naturaleza patrimonial del derecho a la imagen.

6.1. Lucro cesante

Corresponde a lo que el titular habría podido ganar si la explotación hubiese sido autorizada y remunerada de conformidad con el mercado. En materia de imagen, esta categoría se activa cuando la empresa obtiene una ventaja económica, la imagen es empleada para fines comerciales, publicitarios o institucionales, y el titular queda privado del ingreso que legítimamente habría percibido.

La Corte Suprema, al valorar el impacto económico de la imagen en SC-3604 de 2021, reiteró que la imagen tiene un valor económico susceptible de cuantificación, cuando es utilizada con fines comerciales.

Por ello, cualquier uso comercial no autorizado constituye una privación directa del ingreso que el titular habría exigido como contraprestación natural de su imagen.

Ejemplo aplicado:

Una campaña publicitaria que utiliza la fotografía de una persona sin autorización, habría requerido el pago de honorarios equivalentes al valor de mercado por autorización de derechos de imagen. Ese valor —normalmente acreditado a través de peritajes económicos— constituye lucro cesante puro.

6.2. Daño emergente

Comprende los gastos en los que incurre el titular, como consecuencia directa de la explotación indebida; entre ellos: retiro de publicidad o piezas digitales, acciones judiciales para detener la explotación, restauración reputacional o correctivos de imagen, gestiones administrativas ante plataformas, gastos derivados de la necesidad de reestablecer el control sobre su identidad visual.

La Corte Constitucional, en SU-139 de 2021 resaltó que el uso indebido de un dato sensible como la imagen, obliga al titular a adoptar medidas para proteger su identidad e integridad, lo que implica costos económicos reales, cuya reparación es procedente.

6.3. Pérdida de oportunidad

Surge cuando el uso no autorizado de la imagen impide que el titular participe en campañas, contratos o colaboraciones legítimas. Se configura cuando la empresa utiliza la imagen del titular para un fin comercial; esa utilización hace que terceros consideren que la persona ya está asociada a una marca o a un mensaje publicitario; ello limita o excluye la posibilidad de que el titular celebre negocios propios en el mismo periodo.

Ejemplo clásico:

Si una marca utiliza sin permiso la imagen de alguien en una campaña institucional, esa persona puede ser descartada de otras campañas por entenderse que ya está 'vinculada' con otra empresa. Esa pérdida de contratación futura constituye pérdida de oportunidad indemnizable.

6.4. Beneficio económico obtenido por el tercero (daño patrimonial inverso)

La categoría más relevante en casos de explotación de imagen es el beneficio económico obtenido por el explotador, el cual debe ser restituido al titular conforme con la teoría del enriquecimiento sin causa. Esta categoría incluye: incrementos en ventas, aumento del posicionamiento comercial, fortalecimiento de valores de marca, tráfico digital, alcance publicitario, *engagement* en redes sociales, fidelización de consumidores, cualquier retorno financiero atribuible al uso de la imagen.

La Corte Suprema ha sido categórica: el enriquecimiento sin causa genera la obligación de restituir el provecho obtenido, incluso si no hubo mala fe (líneas reiteradas y aplicadas en SC-3604 de 2021).

En otras palabras: no importa si la empresa actuó con o sin intención; lo relevante es que el beneficio económico carece de causa jurídica válida, pues el consentimiento informado no existió o no cumplió los estándares constitucionales. Así, la restitución del provecho constituye una medida correctiva del desequilibrio económico, y una medida preventiva frente a prácticas empresariales que buscan monetizar la imagen sin asumir los costos jurídicos del consentimiento.

7. Daño extrapatrimonial derivado del uso no autorizado de la imagen

El uso no autorizado de la imagen genera una afectación que desborda lo puramente económico. Su impacto compromete dimensiones espirituales, identitarias, sociales y relacionales que constituyen el núcleo más profundo de la personalidad y de la dignidad humana. Este tipo de afectación es reconocido por el derecho colombiano como daño extrapatrimonial, categoría que adquiere especial relevancia cuando la representación visual se utiliza sin consentimiento informado en contextos comerciales, institucionales o digitales.

La estructura contemporánea del daño extrapatrimonial se consolidó con la Sentencia de Unificación del Consejo de Estado del 28 de agosto de 2013 (exp. 25022), providencia que reorganizó de manera definitiva la clasificación del perjuicio inmaterial en tres grandes categorías: Perjuicio moral, Daño a bienes o derechos constitucionales y convencionales, y Daño a la salud. En dicha sentencia, la Sala Plena afirmó expresamente que, el perjuicio inmaterial no se agota en el dolor subjetivo. Comprende también la lesión de bienes, derechos o intereses jurídicamente reconocidos, incluso cuando la víctima no experimente un sufrimiento anímico apreciable. El daño a bienes o derechos constitucionales se configura por la sola afectación del derecho, sin necesidad de demostrar congoja moral.

Aplicado al derecho a la imagen, este marco implica que la explotación visual no consentida genera dos formas de daño extrapatrimonial plenamente indemnizables:

1. Perjuicio moral. Surge cuando el uso no autorizado de la imagen ocasiona afectación espiritual o emocional. Este puede manifestarse en sentimientos de humillación, vergüenza, angustia, pérdida de control sobre la propia identidad visual o estigmatización social. La magnitud del perjuicio no depende del provecho económico obtenido por el explotador, sino de la intensidad del impacto en la esfera íntima del titular, conforme lo señaló el Consejo de Estado en la misma sentencia de unificación.

2. Daño a bienes constitucionales: dignidad, identidad, intimidad e imagen. Esta categoría es especialmente relevante, porque en la explotación no autorizada de la imagen, lo lesionado no es únicamente el ánimo de la persona, sino el derecho mismo, con independencia de la existencia o ausencia de dolor subjetivo. Cuando una empresa, institución o medio usa la imagen sin autorización, se vulnera la dignidad, se distorsiona la identidad personal o cultural, se afecta la intimidad, se compromete la autodeterminación informativa, y se altera la proyección social del titular. La Corte Constitucional ha reforzado esta visión al declarar que la imagen constituye un dato personal sensible, cuyo

tratamiento exige consentimiento previo, expreso, informado y revocable (SU-139 de 2021).

El uso no consentido de un dato sensible constituye, por definición, una afectación grave a un bien constitucional, plenamente indemnizable bajo la categoría de daño extrapatrimonial.

7.1. Daño a la vida de relación

La CSJ complementó este sistema reconociendo como categoría autónoma, el daño a la vida de relación, definido como la alteración negativa, seria y comprobable de las condiciones sociales, familiares o comunitarias del afectado. En decisiones como SC16690-2016 y SC2107-2018, la Sala de Casación Civil afirmó que, el daño a la vida de relación comprende la afectación de los vínculos, roles y actividades sociales del individuo, incluso cuando no exista un sufrimiento emocional intenso.

La explotación no autorizada de la imagen —sobre todo en contextos masivos, institucionales o culturales— puede modificar la inserción del titular en su comunidad, deteriorar su percepción social, alterar su rol profesional o espiritual e, incluso, producir estigmatización. Es un daño relacional puro, distinto del perjuicio moral y del daño a bienes constitucionales.

7.2. Inexistencia de límites indemnizatorios en sede civil

Un punto esencial para comprender la reparación del daño extrapatrimonial en materia de imagen es que los topes indemnizatorios utilizados por el Consejo de Estado NO aplican a la jurisdicción civil. Los rangos de 50 a 200 salarios mínimos mensuales son criterios internos de unificación del contencioso administrativo, destinados a la responsabilidad extracontractual del Estado, no a la responsabilidad civil entre particulares. La CSJ ha sido enfática: la jurisdicción civil no está sujeta a los rangos indemnizatorios del contencioso administrativo. La reparación integral impone resarcir el daño en su verdadera magnitud, sin tarifas preestablecidas. (CSJ, Sala de Casación Civil, SC16690-2016; SC2107-2018).

Esto significa que, cuando la explotación de la imagen es masiva, prolongada, lucrativa, culturalmente significativa o gravemente atentatoria de la dignidad, las indemnizaciones pueden superar ampliamente los 200 SMLMV.

En la jurisdicción civil no existe tope máximo, porque rige el principio de reparación integral, que exige que el daño sea compensado en toda su extensión, sin restricciones tarifarias.

Esta arquitectura permite una reparación verdaderamente integral, acorde con la doble naturaleza —personalísima y patrimonial— del derecho a la imagen, y asegura que la explotación visual no consentida reciba una respuesta jurídica amplia, digna y proporcional a la magnitud del daño sufrido.

8. La valoración económica de la imagen: criterios modernos

La valoración económica de la imagen constituye uno de los avances más significativos del derecho contemporáneo, pues refleja el tránsito desde una comprensión meramente moral o simbólica hacia el reconocimiento de la imagen como activo económico estratégicamente explotado en el mercado. Este desarrollo —coherente con lo afirmado por la CSJ en su sentencia SC-3604 de 2021, según la cual la imagen tiene un valor económico susceptible de cuantificación cuando se utiliza con fines comerciales— exige que los operadores jurídicos adopten metodologías de análisis más precisas, interdisciplinarias y acordes con los estándares internacionales.

La valoración ya no se limita a 'tasar una fotografía',

sino que incorpora variables propias de la marcación, la ingeniería publicitaria, el mercadeo digital, la analítica de datos y la economía del comportamiento. Por ello, los criterios modernos consideran elementos tales como: alcance de la difusión, repetición e intensidad del uso, duración de la explotación, asociación con la marca, nivel de posicionamiento alcanzado, contexto y narrativa del mensaje, naturaleza del mercado objetivo, ingresos generados directa o indirectamente, métricas de impacto digital, *engagement* y viralidad, incremento reputacional del explotador, y beneficios competitivos obtenidos.

Estos criterios reflejan que la imagen es hoy un vector comercial, un dispositivo de captación de consumidores y un elemento de diferenciación empresarial.

8.1. Enfoques contemporáneos de valoración

La doctrina comparada —en especial los sistemas estadounidense, alemán, español y francés— y la jurisprudencia colombiana permiten identificar tres modelos de valoración económica, que no operan de manera excluyente, sino complementaria, y que expresan distintas dimensiones del perjuicio patrimonial.

a) Modelo 1: Valor de mercado (*Fair Market Value*)

Busca determinar cuánto habría cobrado el titular por autorizar, en condiciones normales, el uso específico que la empresa realizó sin permiso. Este modelo corresponde a una lógica contractual hipotética y atiende a tarifas comerciales de uso de imagen, costos de campañas, alcance del medio, duración, territorios y niveles de exposición.

Es el método más tradicional en la publicidad global, y armoniza con el estándar fijado por la Corte Suprema cuando reconoce que la imagen tiene 'valor económico' (SC-3604 de 2021).

b) Modelo 2: Restitución por enriquecimiento sin causa

Deriva del principio civil según el cual nadie puede enriquecerse injustamente a expensas de otro. La Corte Suprema ha sido enfática en señalar que el enriquecimiento sin causa genera la obligación de restituir el provecho obtenido, incluso si no hubo mala fe (CSJ, SC16690-2016, reiterada en SC2107-2018 y SC-3604 de 2021).

Bajo este modelo, la indemnización no se calcula por lo que el titular perdió, sino por lo que ganó el infractor, incluyendo aumento de ventas, posicionamiento de marca, robustecimiento reputacional, *engagement* digital, crecimiento de comunidades, aumento de valor corporativo y, monetización indirecta o diferida. Este enfoque puede generar indemnizaciones considerablemente mayores, pues captura el impacto real de la explotación comercial.

c) Modelo 3: Valor reputacional, simbólico y cultural

Este modelo valora el capital simbólico del titular; es decir, el conjunto de atributos identitarios, culturales, comunitarios, espirituales o reputacionales que se proyectan a través de su imagen. Tiene fundamento directo en la jurisprudencia:

- Corte Constitucional, SU-139 de 2021: reconoce la imagen como dato personal sensible, expresión de dignidad e identidad.

- Corte Suprema (SC-3604 de 2021): reconoce la dualidad personalísima–patrimonial de la imagen.

- Doctrina europea (Francia, Alemania, España): reconoce que la imagen también proyecta un valor no puramente económico sino simbólico.

Este modelo es indispensable, cuando el titular pertenece a comunidades étnicas, existe significado espiritual o cultural, la imagen proyecta un rol social relevante, el uso no autorizado afecta su identidad o su narrativa pública o, se produce daño a la vida de relación.

8.2. Integración metodológica

Los tres modelos no son excluyentes; por el contrario, generan un marco integrado de valoración, según el principio constitucional de reparación integral (art. 16 Ley 446 de 1998). Así:

- El valor de mercado captura lo que el titular habría recibido.

- El enriquecimiento sin causa captura lo que el explotador obtuvo.

- El modelo reputacional captura la afectación al capital simbólico del titular.

Esta convergencia evita indemnizaciones meramente simbólicas y garantiza que la valoración económica responda a la magnitud real del daño, especialmente en un entorno digital donde el impacto puede ser global e inmediato.

8.3. Peritajes modernos: del 'precio de la foto' a la analítica de impacto

Hoy en día, los peritos emplean herramientas avanzadas: análisis de marcación, métricas de publicidad digital, tasas de conversión, modelos econométricos, análisis de sentimiento digital, comparaciones con tarifas de mercado, estudios de retorno sobre inversión [ROI], y modelación del 'valor de influencia'.

Este enfoque, respaldado por la evolución jurisprudencial, confirma que la imagen es un activo económico complejo, cuya valoración exige interdisciplinariedad, métricas y técnica.

9. El rol del consentimiento informado en la explotación económica

La explotación patrimonial de la imagen se encuentra sometida al requisito constitucional del consentimiento informado, sin el cual no existe habilitación jurídica válida para usos comerciales, institucionales o mercadológicos. A diferencia de una autorización ordinaria, el consentimiento informado exige un proceso previo de información clara, específica y comprensible, mediante el cual el titular conoce qué se hará con su imagen, para qué se utilizará, quién la usará, durante cuánto tiempo, en qué territorios, qué modificaciones se permitirán, qué contraprestación recibirá y cómo podrá revocar en cualquier momento la autorización.

Esta exigencia no surge de una consideración meramente formal; constituye un requisito de validez constitucional, derivado del principio de autodeterminación informativa consagrado en la jurisprudencia de la Corte Constitucional. Desde T-634 de 2013, la Corte dejó sentado que el consentimiento informado exige que el titular haya recibido información clara, previa y comprensible sobre la finalidad y el alcance del tratamiento.

En el ámbito patrimonial, esto significa que una autorización genérica de 'uso de imagen' carece de eficacia jurídica, pues no define los elementos esenciales que permiten valorar la dimensión económica del acto ni protegen la libertad contractual del titular. Lo mismo ocurre con las autorizaciones indefinidas, ambiguas, tácitas, forzadas o que omiten la remuneración; todas son ineficaces para permitir explotación comercial, porque contravienen los artículos 15 y 16 de la Constitución, la Ley 1581 de 2012 y su Decreto Reglamentario 1377 de 2013.

La jurisprudencia más reciente —especialmente SU-139 de 2021— elevó aún más el estándar al reconocer que la imagen es un dato personal sensible, lo que activa el nivel más alto de protección jurídica. De esta premisa se deriva que, cualquier explotación económica exige consentimiento expreso, informado, específico y revocable, pues, la autorización en materia de datos personales es esencialmente revocable.

Por tanto, la explotación económica solo es lícita cuando el consentimiento:

- Reconoce explícitamente el propósito comercial del uso (campañas, piezas publicitarias, productos, plataformas digitales, comercialización, etc.).

- Especifica la remuneración, distinguiendo entre honorarios, regalías, tarifas por tiempo de exposición, cesiones temporales o venta de derechos derivados.

- Delimita el alcance, incluyendo los medios de difusión, formatos, versiones digitales, redes sociales, adaptaciones y usos derivados.

- Determina la duración, evitando autorizaciones permanentes o indefinidas que vulneren la libertad económica y la dignidad del titular.

- Establece mecanismos de revocación, que deben ser reales, accesibles y efectivos.

- Define los beneficiarios de la autorización, dado que, la cesión a terceros sin información previa, produce nulidad.

Además, la Corte ha reiterado que en materia de explotación económica no existe consentimiento presunto, pues ello implicaría despojar al titular de un activo patrimonial susceptible de valoración y negociación. La autorización debe traducir una decisión autónoma, no una simple firma ni una aceptación producida por error, silencio, desconocimiento o desequilibrio informativo.

En consecuencia, cualquier explotación económica realizada con base en autorizaciones genéricas, adhesivas, en blanco o sin explicación previa, constituye tratamiento ilegítimo, genera responsabilidad constitucional y civil, y activa la doctrina del enriquecimiento sin causa, en virtud de la cual el explotador debe restituir el beneficio obtenido, independientemente de la buena o mala fe.

Finalmente, la exigencia de consentimiento informado fortalece el mercado creativo y publicitario, al establecer reglas claras frente a la valoración económica del uso de la imagen; solo con información completa y remuneración negociada es posible garantizar una relación contractual simétrica y respetuosa de la dignidad humana.

10. La explotación comercial en comunidades étnicas

En poblaciones indígenas, afrocolombianas y raizales, la imagen tiene un valor colectivo. La Corte (T-778 de 2005) ha sostenido que, la imagen puede representar símbolos culturales, su uso debe respetar cosmovisiones, la explotación no autorizada afecta a toda la comunidad, y el daño no es solo patrimonial; es cultural, espiritual y colectivo.

11. Conclusión

La imagen, cuando es utilizada en contextos publicitarios, institucionales o comerciales, se convierte en un verdadero activo económico. Su explotación genera valor, impacto y retorno financiero para quien la utiliza; por ello, la ausencia de consentimiento informado produce un enriquecimiento injustificado que el ordenamiento jurídico debe corregir. En consecuencia, el derecho a la imagen no puede entenderse únicamente desde la óptica de la dignidad humana, sino también desde la estructura económica de la sociedad contemporánea, donde la representación visual se ha vuelto herramienta estratégica.

La protección de esta dimensión patrimonial es indispensable para equilibrar relaciones asimétricas y garantizar que ningún individuo vea su rostro, cuerpo o identidad visual convertido en recurso comercial sin autorización válida.

Capítulo 6

El daño por uso indebido de la imagen: dimensiones, naturaleza y reparación

1. Introducción

El uso no autorizado de la imagen, no vulnera únicamente un derecho fundamental, sino que puede generar daños en múltiples dimensiones: moral, relacional, patrimonial, cultural y simbólica. En la era de la economía visual, donde la circulación y explotación de imágenes tiene un impacto exponencial, el daño ya no es un fenómeno abstracto o intangible; es real, medible y jurídicamente relevante.

Este capítulo desarrolla las categorías de daño reconocidas por la doctrina y la jurisprudencia colombiana, así como sus criterios de valoración y reparación. La imagen, al ser un dato sensible con valor identitario y económico, puede causar afectaciones profundas cuando se usa sin consentimiento informado. La reparación debe ser integral, proporcional y acorde con los principios de dignidad humana.

2. El daño moral por vulneración del derecho a la imagen

2.1. Concepto general

El daño moral derivado del uso no autorizado de la imagen no puede concebirse como un mero malestar emocional. Por el contrario, se configura como una lesión estructural del equilibrio identitario, pues la imagen no es un elemento accesorio del individuo, sino un componente esencial de su personalidad jurídica. Esta concepción ha sido reiterada por la Corte Constitucional, que afirma de manera constante que la imagen es expresión inmediata de la dignidad humana y, por ende, su apropiación no consentida constituye una vulneración directa de la autonomía personal (T-090 de 1996, T-634 de 2013, T-407A de 2018).

Lo que el derecho reconoce es que la imagen funciona como una proyección del 'yo', un puente entre identidad interna y reconocimiento social. Cuando su uso se produce sin consentimiento informado, esa proyección es arrancada de su titular y sometida a un contexto ajeno, generando un daño que excede la esfera de los sentimientos, afectando el núcleo mismo de la autodeterminación. Por ello, la Corte Constitucional ha destacado que la autodeterminación informativa —especialmente tratándose de datos sensibles como la imagen— es condición necesaria para la dignidad en sociedades tecnológicas donde la reproducción visual es ilimitada (SU-139 de 2021).

La doctrina comparada converge en este punto. En España, el Tribunal Supremo ha sostenido que la imagen integra el 'círculo más íntimo de la personalidad' y que su utilización inconsentida causa un daño moral *ipso facto*, independientemente de si existió provecho económico o perjuicio patrimonial (STS 14/02/1997). En Francia, la *Cour de Cassation* considera el derecho a la imagen como un aspecto de *la vie privée*, cuya violación genera un daño moral reparable 'de pleno derecho'. Y en Alemania, la protección de la imagen deriva del *Allgemeines Persönlichkeitsrecht*, donde la afectación del honor y la identidad visual se entiende como lesión directa al estatus de la persona como sujeto de dignidad (BGH, Caroline von Monaco, 2004, como se cita en Santos-Vijande, 2004).

Así, en cualquier sistema jurídico contemporáneo, el daño moral por uso indebido de la imagen se concibe como una consecuencia inmediata de la lesión al dominio del individuo sobre su identidad visual. No se trata de acreditar sufrimientos clínicos, sino de reconocer que la imagen forma parte del patrimonio espiritual del sujeto y que su expropiación simbólica genera un agravio cuya existencia fluye naturalmente de los hechos.

2.2. Naturaleza del daño moral en la imagen

La naturaleza del daño moral en este ámbito posee características singulares que justifican una protección reforzada. En primer lugar, se trata de un daño personalísimo, pues recae directamente sobre un atributo inherente a la persona: su identidad visual. La apropiación ilegítima de dicha identidad —sea mediante reproducción, difusión o manipulación— produce una afectación directa del vínculo que la persona mantiene con su propia representación. Esta comprensión se alinea con lo expresado por la Corte Constitucional, para quien la imagen es un dato sensible cuyo tratamiento sin consentimiento informado constituye una vulneración autónoma (Sent. T-063 de 2022).

En segundo lugar, la naturaleza narrativa del daño resulta fundamental. La identidad de cada individuo se construye mediante un relato vital, y la imagen integra ese relato. Cuando un tercero altera su uso, manipula su contexto o la instrumentaliza en función de intereses ajenos, trastoca el proyecto de vida del titular. Este fenómeno ha sido reconocido también en el derecho comparado: el Tribunal Europeo de Derechos Humanos ha sostenido que la imagen forma parte del derecho a la vida privada (art. 8 del CEDH), precisamente porque contribuye a la construcción del yo social (caso Von Hannover vs. Alemania, 2004).

En tercer lugar, la intensidad del daño moral aumenta en función de la difusión, especialmente en contextos digitales. La CSJ ha advertido que la replicabilidad tecnológica multiplica la exposición y agrava la afectación, pues la persona pierde control real sobre dónde se encuentra su imagen, quién la observa y con qué significado es asociada. La Sala de Casación Civil ha precisado que la fuerza probatoria del documento electrónico depende de la preservación íntegra de su estructura técnica, incluidos metadatos, versiones originales y ausencia de alteraciones, criterio reiterado, entre otras, en la sentencia SC-3604 de 2021. Esta expansión incontrolada convierte el daño en un fenómeno continuo y acumulativo.

Finalmente, la naturaleza del daño es relacional y social. La imagen existe para la mirada del otro; por ello, su uso indebido afecta la reputación, la credibilidad y el lugar del individuo en la comunidad. En Europa continental se habla del *Ehrenschutz* (protección del honor) o del *réputation sociale,* conceptos que refuerzan la idea de que el daño moral por imagen no es solipsista: es un daño que se despliega en la esfera pública.

2.3. Formas de manifestación del daño moral

El daño moral se manifiesta en diversas dimensiones que, aunque analíticamente diferenciables, suelen concurrir de manera simultánea.

a. La humillación como ruptura de la dignidad

La humillación nace del hecho de verse convertido en un objeto visual sin consentimiento. La Corte Constitucional ha sostenido que cuando se instrumentaliza la imagen, la persona sufre una disminución injustificada de su dignidad y de su autonomía (Sentencia T-881 de 2002, sobre dignidad). En España, el uso inconsentido ha sido considerado una 'intromisión ilegítima en la esfera moral', que produce vulneración de valor intrínseco.

b. La angustia derivada de la pérdida de control

La autodeterminación informativa exige control permanente sobre el uso de la propia imagen. Cuando este control se pierde, surge un sentimiento de vulnerabilidad intensificado por la naturaleza viral de la difusión contemporánea. El Tribunal Europeo de Derechos Humanos [TEDH] ha reconocido que la incertidumbre sobre el destino de la imagen incrementa la angustia y agrava el daño.

c. La distorsión del reconocimiento social

El daño moral también adopta forma relacional: la persona es percibida socialmente a través de una imagen que no le pertenece o que ha sido descontextualizada. Esta distorsión afecta la reputación y el desarrollo de vínculos. La Corte Suprema ha entendido este tipo de afectación, como un daño autónomo que modifica el curso normal de la vida cotidiana (doctrina sobre 'daño a la vida de relación').

d. El desarraigo identitario en contextos culturales

Cuando la imagen tiene dimensión cultural o espiritual, su uso indebido produce un daño moral cualificado. El derecho comparado habla en estos casos de 'daño cultural' (Francia, Canadá) o de lesión al *cultural identity right*. La afectación rebasa el plano individual y compromete la pertenencia y el significado simbólico de la persona.

e. La instrumentalización del ser humano como objeto

La experiencia más intensa del daño moral aparece cuando la persona se ve reducida a un medio para un fin ajeno. Esta objetualización, contraria a la cláusula de dignidad humana, ha sido reiteradamente censurada por tribunales europeos y latinoamericanos: convertir a alguien en instrumento visual sin su autorización, no solo viola su autonomía, sino que atenta contra su condición de sujeto de derechos.

En conclusión, el daño moral derivado de la vulneración del derecho a la imagen no es un fenómeno unidimensional, sino el resultado de la intersección entre identidad, dignidad, autodeterminación y reconocimiento social. La experiencia humana, la doctrina contemporánea y la jurisprudencia comparada confluyen en una misma premisa: quien pierde el control sobre su propia imagen sufre inevitablemente una herida moral, porque la imagen es el soporte visible de la dignidad.

3. Daño a la vida de relación

La CSJ ha reconocido el daño a la vida de relación, como una categoría autónoma cuya esencia radica en la afectación que sufre la persona en su esfera social. En Sentencia STC-16743 de 2019, la Sala de Casación Civil precisó que: la lesión que trasciende al ámbito de las relaciones del individuo, alterando su interacción social, su reputación y la forma como es percibido por su comunidad, constituye daño a la vida de relación.

Esta formulación coincide plenamente con el entendimiento doctrinal de que el uso de la imagen no autorizada altera la percepción del titular en su entorno, afecta los vínculos comunitarios y distorsiona la credibilidad social del individuo. La Corte Constitucional también ha contribuido a precisar este alcance; en la Sentencia T-550 de 2003, sostuvo que, la vulneración de un derecho personalísimo que proyecta efectos en la esfera pública, tiene incidencia directa en las relaciones interpersonales del sujeto y configura un daño relacional jurídicamente relevante.

En consecuencia, este daño no se agota en la dimensión íntima del titular, sino que se despliega en el tejido comunitario donde su imagen circula. Esta ampliación conceptual ha sido reiterada en la Sentencia T-212 de 2012, cuando el tribunal enfatizó que el quebrantamiento del derecho a la imagen afecta la forma como la persona se inserta en la sociedad, perturba sus vínculos y altera la percepción externa sobre su identidad.

Con ello, la jurisprudencia robustece esta idea: que la imagen es un vector de reconocimiento social, y cuando un tercero la manipula, la descontextualiza o la instrumentaliza sin autorización, transforma también la forma como la comunidad reconoce y valora al titular.

3.1. Particular importancia en imágenes estereotipadas

Cuando la imagen se utiliza de modo tal que refuerza estereotipos o se asocia a narrativas ajenas, el daño a la vida de relación adquiere una intensidad mayor. La Corte Constitucional ha advertido de forma expresa en la Sentencia T-317 de 2018 visiones sociales discriminatorias que afectan la dignidad, la identidad y las relaciones comunitarias del titular.

En este punto, el tribunal señaló que las representaciones visuales basadas en estereotipos dañan la identidad relacional del sujeto, pues imponen una narrativa que no le pertenece y lo sitúan ante la sociedad en una posición que desconoce su propia autodeterminación.

Estas decisiones reflejan que, cuando la imagen se emplea para asociar al titular con rasgos humillantes, narrativas degradantes o roles sociales predefinidos, el daño excede el plano individual y adquiere una dimensión estructural, porque introduce en la comunidad una percepción distorsionada del sujeto.

La Corte Suprema ha coincidido con este entendimiento. En Sentencia SC-1095 de 2013, expresó que, el uso de signos que inducen a percepciones sociales erróneas afecta la dignidad y las relaciones del individuo, por cuanto modifica injustificadamente la apreciación que terceras personas tienen sobre él.

Estos desarrollos colombianos encajan con la tendencia internacional. El Tribunal Europeo de Derechos Humanos, en Aksu vs. Turquía (2012, como se cita en Gajardo, 2014), sostuvo que las imágenes que reproducen estereotipos pueden reforzar prejuicios estructurales y tienen un impacto especialmente nocivo en el reconocimiento social del individuo.

Y en Von Hannover vs. Alemania (2004), el TEDH enfatizó que las imágenes que proyectan un significado contrario a la identidad del sujeto afectan la vida privada en su dimensión social, pues condicionan la forma como la persona es vista e interpretada en el espacio público.

En línea con lo anterior, la doctrina alemana sobre el *Allgemeines Persönlichkeitsrecht* ha sostenido que la representación estereotipada constituye una forma de instrumentalización incompatible con la dignidad humana (BGH, 'Caroline von Monaco', 2004, como se cita en Santos-Vijande, 2004). Así, cuando la imagen se usa para reforzar estereotipos, imponer significados que no corresponden al titular o situarlo en posiciones humillantes o degradantes, el daño a la vida de relación se intensifica. No solo se altera la manera en que se reconoce a la persona en su comunidad, sino que se erosiona su cohesión social, su credibilidad y su posibilidad de construir vínculos basados en su auténtica identidad.

4. Daño patrimonial derivado del uso no autorizado

El daño patrimonial constituye la proyección económica directa del uso indebido de la imagen. A diferencia del daño moral —que recae sobre la esfera íntima—, el daño patrimonial se expresa en pérdidas concretas, medibles y cuantificables, o en ganancias que el titular dejó de percibir o que el infractor obtuvo ilegítimamente gracias a la explotación ajena de la imagen.

La CSJ ha reconocido reiteradamente la necesidad de reparar

integralmente tanto el detrimento sufrido como el provecho ilícito obtenido. En Sentencia SC-3604 de 2021, el tribunal explicó que la indemnización no solo debe cubrir lo perdido, sino también, reconocer aquello que razonablemente habría ingresado al patrimonio del afectado, de no haber ocurrido la vulneración.

Este criterio se ajusta al entendimiento contemporáneo del daño patrimonial en materia de imagen, donde la explotación visual genera valor económico directo y medible.

4.1. Lucro cesante

Es el ingreso que el titular habría podido obtener si su imagen hubiese sido utilizada bajo autorización legítima. Incluye: tarifas comerciales aplicables a celebridades o personas con exposición pública, honorarios profesionales, oportunidades publicitarias no aprovechadas, contratos frustrados y el valor asociado a la explotación comercial que el mercado habría reconocido. Marín (2025) precisa que, el lucro cesante comprende no solo las ganancias ciertas interrumpidas, sino también las que, de acuerdo con el curso normal de los acontecimientos, habrían ingresado al patrimonio del afectado.

Este estándar encaja plenamente con los escenarios en los cuales la imagen —como activo económico con valor en el mercado publicitario— es utilizada por un tercero sin autorización: cada aparición indebida sustituye, desplaza o elimina el espacio comercial que el titular podría haber negociado, generando así una pérdida patrimonial objetiva.

En el derecho comparado, la regla es idéntica. En Estados Unidos, el *right of publicity* permite reclamar las ganancias que el titular habría obtenido, de haberse celebrado un contrato legítimo (Zacchini v. Scripps-Howard Broadcasting Co., 433 U.S. 562 (1977)). En España, el art. 9.3 de la Ley Orgánica 1/1982 ordena indemnizar el perjuicio patrimonial sufrido, incluyendo ingresos dejados de percibir.

4.2. Daño emergente

Incluye los gastos que el titular debe asumir para corregir el uso indebido, eliminar contenido, ejecutar acciones judiciales, contratar asesorías técnicas, implementar campañas para restablecer reputación o realizar gestiones para recuperar el control de su imagen. Este rubro se fundamenta en la regla general en cuanto a que, el daño emergente comprende todos los desembolsos razonables y necesarios destinados a mitigar, corregir o eliminar los efectos inmediatos del hecho antijurídico.

La naturaleza correctiva del daño emergente es especialmente importante en entornos digitales. La replicabilidad de los contenidos visuales —multiplicados en plataformas, redes y motores de búsqueda— obliga al titular a invertir en labores de eliminación, monitoreo, rectificación y gestión reputacional. Todos estos gastos tienen causa directa en el uso indebido de la imagen y deben ser restituidos integralmente.

En Francia, la jurisprudencia de la *Cour de Cassation* ha reconocido la procedencia del reembolso de los gastos destinados a suprimir fotografías no consentidas y a reparar la 'distorsión de la identidad social' del afectado (Cass. Civ. 1ère, 14/12/2006). Esto reafirma que el daño emergente en materia de imagen trasciende el ámbito local; es una categoría universal del derecho de daños.

4.3. Beneficio económico del explotador

La jurisprudencia exige la restitución del provecho obtenido de forma ilegítima. Esto se conoce como 'daño por enriquecimiento del infractor' y es plenamente compatible con el sistema colombiano de responsabilidad civil, por cuanto, cuando el agente obtiene un beneficio económico derivado del hecho antijurídico, este debe ser restituido, pues mantenerlo implicaría permitir un enriquecimiento contrario al orden jurídico.

En materia de imagen, este provecho puede incluir ventas adicionales de productos o servicios, incremento del alcance publicitario, mejora del posicionamiento de marca, aumento de tráfico digital, mayor *engagement* en redes sociales, conversiones comerciales obtenidas debido a la imagen, y expansión del valor intangible asociado a la marcación.

En Estados Unidos, la restitución del beneficio del infractor es un componente central del *right of publicity*. En Hart v. Electronic Arts, Inc. (717 F.3d 141 (3rd Cir. 2013)), la Corte de Apelaciones sostuvo que el uso no autorizado de la imagen genera responsabilidad por la totalidad de las ganancias atribuibles a la explotación.

En Alemania, el BGH (*Bundesgerichtshof*) reconoce desde hace décadas la restitución del provecho económico obtenido por violaciones al derecho de la personalidad, especialmente cuando la imagen se usa con fines publicitarios (BGH, 1 ZR 49/97).

Todo esto converge en una misma idea: quien explota la imagen de otro sin autorización, debe devolver el valor económico generado, no solo por razones de equidad, sino porque, de lo contrario, se perpetuaría un incentivo perverso hacia el uso ilícito de identidades ajenas.

5. El enriquecimiento sin causa en materia de imagen

La categoría del enriquecimiento sin causa adquiere un rol determinante en la protección patrimonial de la imagen. Cuando un tercero obtiene beneficios derivados de la explotación no consentida de la identidad visual, se rompe el equilibrio patrimonial entre las partes. El derecho impone entonces, la obligación de restituir aquello que ingresó al patrimonio del infractor sin justificación legal.

5.1. Naturaleza y requisitos

El enriquecimiento sin causa se configura cuando concurren tres elementos:

- Un incremento patrimonial del explotador, directo o indirecto.

- Un correlativo empobrecimiento del titular de la imagen, sea por lucro cesante, daño emergente o pérdida de oportunidades.

- La ausencia de causa jurídica que legitime dicho desplazamiento patrimonial.

Hay un principio que sintetiza lo anterior: nadie puede enriquecerse injustamente a expensas de otro; si un patrimonio se incrementa sin causa legítima, debe restituirse lo recibido.

A nivel comparado, el principio es idéntico. En España, el art. 1895 del Código Civil regula la restitución cuando se recibe lo que no era debido. Y en Francia, la teoría del *enrichissement sans cause* ha evolucionado hasta consolidarse como fuente autónoma de obligaciones.

En materia de imagen, este principio adquiere una importancia singular: el uso visual genera valor económico, incluso cuando el titular no tiene postura de celebridad, pues la imagen, por sí misma, es un activo comercializable que puede atraer audiencia, consumo, recordación y tráfico social.

5.2. Enriquecimiento y desequilibrio relacional

La explotación sin autorización genera un desequilibrio económico estructural:

- El explotador gana.
- El titular pierde control.
- No hay contraprestación.
- No hay consentimiento válido.

Esto refleja lo que la Corte Suprema ha denominado como desplazamientos patrimoniales injustificados que se originan en la actuación antijurídica de un tercero y que, por carecer de causa legítima, deben ser restituidos.

La ausencia de autorización y de contraprestación convierte cualquier ganancia del explotador en un enriquecimiento sin causa, prohibido tanto por el derecho civil clásico como por la jurisprudencia moderna en materia de derechos de la personalidad. La Corte Constitucional, en Sentencia T-260 de 2019, reiteró esta idea desde la perspectiva de la dignidad humana: nadie puede apropiarse de los atributos personalísimos de otro para obtener ventajas económicas o simbólicas, sin una autorización previa, expresa e informada.

Y, como principio general, el derecho no puede permitir que una persona se beneficie del cuerpo o rostro de otro sin autorización informada. Este mismo criterio existe en el derecho comparado:

- En España, el art. 9.3 de la LO 1/1982 ordena la restitución del lucro obtenido mediante la explotación indebida de la imagen.

- En Alemania, el BGH ha sostenido que las ganancias derivadas del uso no autorizado del *Bildnisrecht* deben devolverse íntegramente (BGH 1 ZR 49/97).

- En Estados Unidos, el *right of publicity* reconoce acciones restitutorias completas por provecho ilícito (caso Zacchini, 433 U.S. 562 (1977)).

6. El daño cultural y simbólico

6.1. Afectación a identidades colectivas

En comunidades indígenas, afrodescendientes y raizales, la imagen de un miembro no se agota en la individualidad: representa una memoria, una cosmovisión y un universo simbólico colectivo. La explotación no consentida vulnera la identidad cultural, los valores espirituales, la representación ritual y la historia del grupo. La Corte Constitucional ha sido enfática en reconocer esta dimensión colectiva. En Sentencia T-778 de 2005 afirmó que la identidad cultural no es un atributo individual aislado, sino un componente esencial de la dignidad del grupo, que se manifiesta en símbolos, prácticas y representaciones.

Y agregó que la protección de estos elementos no se justifica solo por su valor histórico o espiritual, sino porque la vulneración simbólica afecta el núcleo de la existencia colectiva y pone en riesgo la continuidad cultural.

La jurisprudencia interamericana también ha insistido en esta idea. La Corte IDH, en casos como Comunidad Yakye Axa vs. Paraguay (2005) y Saramaka vs. Surinam (2007), ha explicado que la identidad visual y simbólica de los pueblos no puede ser utilizada sin su consentimiento, pues ello implica una forma de despojo cultural.

Por tanto, cuando un tercero usa la imagen de un miembro de estas comunidades sin autorización, no solo vulnera un derecho individual; reproduce relaciones históricas de subordinación, afecta la memoria social y lesiona el universo simbólico que sostiene la cohesión del grupo.

6.2. Manipulación de símbolos

El daño simbólico ocurre cuando la imagen se usa de manera manipulada, tergiversada, descontextualizada o incompatible con la cultura del titular. Este tipo de daño tiene un impacto profundo y difícil de cuantificar, pero jurídicamente exigible, porque afecta el núcleo intangible de la identidad. La Corte Constitucional, en Sentencia T-500 de 2016, señaló que, los símbolos culturales, espirituales y rituales gozan de una protección reforzada. Su manipulación indebida constituye una forma de violencia cultural.

Y en Sentencia T-129 de 2011, el tribunal enfatizó que la representación visual que despoja al símbolo de su contexto cultural afecta la dignidad tanto de la persona como de la comunidad que la reconoce como propia.

En el plano comparado:

- En Canadá, la Corte Suprema ha reconocido en Delgamuukw v. British Columbia (1997), la protección de expresiones visuales asociadas a identidades colectivas.

- En Nueva Zelanda, los tribunales maoríes han declarado que la manipulación de símbolos tradicionales genera 'daño espiritual reparable'.

- En Australia, los casos sobre arte aborigen manipulado han derivado en indemnizaciones por 'sufrimiento cultural' (Milpurrurru v. Indofurn Pty Ltd, 1994).

Esta rama del daño simbólico demuestra que la imagen no es solamente representación física; es portadora de sentido; un signo cultural que solo tiene legitimidad dentro de un universo compartido. Su explotación indebida rompe ese universo.

7. La afectación prolongada: difusión masiva y permanencia digital

La naturaleza digital del entorno actual hace que una imagen pueda circular indefinidamente, replicarse miles de veces, permanecer en plataformas durante años y continuar causando daño, incluso después de cesar la conducta. La reparación debe ser proporcional a la permanencia temporal y al impacto acumulado. La Corte Suprema advirtió que, en contextos digitales, la permanencia del daño no depende del autor, sino del ecosistema de reproducción, lo que convierte el perjuicio en continuado y acumulativo.

Asimismo, la Corte Constitucional, en Sentencia T-043 de 2020, sostuvo que la viralidad transforma un daño instantáneo en un daño persistente; su reparación debe considerar la expansión temporal, el alcance y la pérdida de control.

El TEDH llegó a la misma conclusión en el caso Reklos y Davourlis vs. Grecia (2009), al afirmar que las imágenes digitales multiplican la posibilidad de reproducción y escapan al control del titular, agravando la lesión inicial.

Por ello, el daño prolongado no es, simplemente, un daño repetido; es una forma cualificada de afectación que exige criterios de reparación reforzada, incluyendo medidas de eliminación, rectificación, desindexación, monitoreo y garantías de no repetición.

8. Criterios jurisprudenciales para la valoración del daño

La jurisprudencia colombiana ha establecido criterios claros para la valoración integral del daño en materia de imagen, consolidando un marco que articula tanto las dimensiones personalísimas como las patrimoniales y simbólicas. Estos criterios no solo se derivan de la protección del derecho fundamental a la imagen, sino del principio de reparación integral, que exige restablecer la dignidad y el equilibrio relacional afectado por el uso indebido.

8.1. Corte Suprema de Justicia

La CSJ reconoce el daño moral autónomo, la vida de relación, el enriquecimiento sin causa, y el valor económico de la imagen, y ha sido determinante en consolidar estas categorías. En Sentencia STC-16743 de 2019, la Sala de Casación Civil afirmó: la vulneración de un derecho personalísimo, como la imagen, produce un daño moral autónomo cuya existencia fluye de los hechos y cuya reparación no requiere prueba tasada.

Respecto al daño a la vida de relación, en Sentencia SC-3604 de 2021, sostuvo que el daño relacional se configura cuando la conducta afecta la inserción de la persona en su entorno social, proyectando una imagen distorsionada que perturba su reputación y vínculos comunitarios.

En cuanto al enriquecimiento sin causa, la Corte indicó que nadie puede beneficiarse patrimonialmente del aprovechamiento de un atributo ajeno y menos, cuando se trata de un derecho de la personalidad.

Finalmente, sobre el valor económico de la imagen, la Corte ha reiterado que la explotación no autorizada exige considerar el mercado real de la imagen y la ganancia atribuible al uso ilícito.

8.2. Corte Constitucional

La Corte Constitucional establece: reparación integral, proporcionalidad, obligación de cesar la vulneración, prioridad del consentimiento informado. La Corte ha desarrollado un marco robusto para la protección de la imagen como dato personal sensible. En Sentencia T-634 de 2013 señaló que el consentimiento informado es un requisito habilitante para cualquier forma de uso o tratamiento de la imagen; su ausencia convierte la explotación en ilegítima y exige medidas inmediatas de cesación.

Sobre la reparación integral, en Sentencia T-090 de 1996 sostuvo que la reparación debe restablecer, en la mayor medida posible, el equilibrio personal, social y patrimonial afectado por la vulneración del derecho a la imagen.

En cuanto a la proporcionalidad, la Corte afirmó en T-260 de 2012: toda reparación debe ser proporcional a la intensidad del daño y a la permanencia de sus efectos, especialmente en contextos digitales donde el perjuicio se proyecta en el tiempo.

Y sobre la obligación de cesar la vulneración, en T-043 de 2020 declaró que, ante la difusión no autorizada de la imagen, la cesación es inmediata y no admite demoras, pues el daño continúa mientras la imagen permanezca accesible.

8.3. Consejo de Estado

El Consejo de Estado en casos de imágenes usadas por entidades públicas, ha ordenado el retiro inmediato, compensación económica, y reconocimiento de vulneración del buen nombre. Este tribunal ha sido consistente en reconocer que el uso indebido de la imagen por parte del Estado exige medidas de restauración reforzada. Expresó que, el Estado debe garantizar que la imagen de los ciudadanos no sea utilizada sin autorización; si ello ocurre, procede el retiro inmediato del material, la indemnización por el perjuicio y el restablecimiento del buen nombre.

Y precisó que, la reparación por uso indebido de la imagen debe considerar tanto la dimensión moral como la patrimonial, así como el impacto que la difusión pública tuvo en la percepción social del afectado.

Finalmente, el Consejo de Estado ha reiterado que la administración no puede beneficiarse del cuerpo o rostro de particulares, sin consentimiento, pues ello viola los principios de dignidad, confianza legítima y responsabilidad patrimonial del Estado.

9. Reparación integral del daño

La reparación debe comprender: restitución, cese del uso, eliminación de contenido digital, retiro de material publicitario, indemnización por daño moral, daño patrimonial, vida de relación, compensación colectiva (cuando aplique), reconocimiento cultural, medidas simbólicas, garantías de no repetición, capacitación institucional, ajuste de prácticas internas y restauración del equilibrio relacional.

10. Conclusión

El daño derivado del uso no autorizado de la imagen es una categoría compleja que combina elementos morales, económicos, relacionales y simbólicos. En la sociedad contemporánea, la imagen se ha convertido en un vehículo poderoso de comunicación, identidad y mercado. Por ello, su uso indebido genera impactos profundos que deben ser reparados de manera integral, con fundamento en principios constitucionales y criterios jurisprudenciales consolidados.

En efecto, la Corte Constitucional ha reiterado que la imagen constituye un atributo esencial de la personalidad y un dato sensible cuyo tratamiento exige autorización previa, expresa e informada. En Sentencia T-634 de 2013 señaló que el uso inconsentido de la imagen vulnera la dignidad humana y afecta la autodeterminación informativa, lo que exige medidas de cesación y reparación integral.

Igualmente, la CSJ ha reconocido que la afectación a la imagen produce daño moral autónomo, altera la vida de relación y puede generar enriquecimiento sin causa, cuya restitución es exigible. En STC-16743 de 2019 afirmó: la explotación no autorizada de atributos personalísimos proyecta una imagen distorsionada del individuo ante la sociedad y produce daños irreparables en todas sus dimensiones.

El Consejo de Estado, por su parte, ha sostenido que las entidades públicas no pueden utilizar la imagen de particulares sin consentimiento, ordenando retiro inmediato del material, indemnización y reconocimiento de la vulneración. Estas decisiones consolidan un sistema en el que la dignidad, la autonomía, la libertad informativa y la identidad cultural operan como columnas vertebrales del régimen de protección de la imagen.

Desde una perspectiva comparada, esta conclusión coincide con las líneas desarrolladas por el Tribunal Europeo de Derechos Humanos que, en Reklos y Davourlis vs. Grecia (2009) afirmó que la imagen pertenece al núcleo inviolable de la personalidad; su uso sin consentimiento afecta la vida privada en todas sus dimensiones. También armoniza con la tradición alemana del *Allgemeines Persönlichkeitsrecht* que considera que la explotación no consentida del rostro constituye una lesión a la dignidad, y exige reparación.

En este marco, el derecho colombiano reconoce que la imagen pertenece al ser humano en su dimensión más visible y vulnerable. La explotación no consentida, además de ilícita, produce un desequilibrio que la responsabilidad civil y constitucional deben corregir, no solo en interés del titular, sino en protección del orden jurídico y de la dignidad humana. No se trata únicamente de compensar el daño sufrido, sino de restablecer el equilibrio ético y social afectado por la apropiación indebida de un atributo que es inseparable del ser.

En suma, la protección de la imagen responde a una premisa inquebrantable: la identidad visual no puede ser objeto de apropiación sin consentimiento, y toda lesión a su integridad exige reparación plena, proporcional y efectiva. Esta regla se eleva como garantía fundamental en una época en que las imágenes circulan infinita y aceleradamente, y en la que preservar el control sobre el propio rostro se convierte en condición necesaria para la libertad y la dignidad en el mundo digital.

Capítulo 7

Responsabilidad civil, abuso del derecho y dimensión penal en la vulneración de la imagen

1. Introducción

El derecho a la imagen no es solo una facultad de control sobre la representación visual del individuo; es un derecho fundamental cuya vulneración genera responsabilidad jurídica. Esta responsabilidad puede ser constitucional, civil o, en determinados casos, incluso penal. La protección de la imagen tiene como finalidad, evitar la apropiación ilegítima del rostro, la identidad y la dignidad de las personas.

Por ello, la ausencia de consentimiento informado —piedra angular del régimen de *habeas data*— convierte cualquier uso de la imagen en un acto ilícito que desencadena consecuencias jurídicas claras y exigibles. La Corte Constitucional lo ha señalado de manera expresa en la Sentencia T-634 de 2013 al afirmar que la utilización de la imagen sin el consentimiento informado, constituye una vulneración autónoma del derecho fundamental, que activa obligaciones inmediatas de cesación, reparación e indemnización.

En un entorno donde la explotación visual se ha convertido en el motor de industrias enteras, la responsabilidad civil adquiere un papel central: debe corregir desequilibrios, compensar daños y prevenir la repetición de conductas que instrumentalicen al ser humano como vehículo comercial, publicitario o simbólico sin su autorización válida. Esta finalidad protectora ha sido reiterada por la CSJ, quien en Sentencia STC-16743 de 2019 sostuvo que, la explotación no consentida de atributos personalísimos ocasiona un detrimento jurídico que compromete la responsabilidad civil, pues despoja al individuo del control sobre su propia identidad y proyecta una imagen distorsionada ante la sociedad.

Asimismo, en materia constitucional, la Corte ha precisado que la imagen posee una dimensión intrínsecamente ligada a la dignidad humana. En Sentencia T-090 de 1996 indicó que la imagen hace parte del núcleo esencial de la personalidad, y su uso requiere autorización previa, expresa e inequívoca del titular.

Esta línea jurisprudencial converge con el derecho comparado. El TEDH, en Reklos y Davourlis vs. Grecia (2009), afirmó que la imagen hace parte del ámbito más íntimo de la vida privada, y que su captura o uso sin autorización compromete la responsabilidad estatal y privada. De igual manera, la jurisprudencia alemana sobre el *Allgemeines Persönlichkeitsrecht* considera que el uso no consentido del rostro es una forma de lesión a la dignidad humana (BGH, 1 ZR 49/97). Y en Estados Unidos, la Corte Suprema estableció en Zacchini v. Scripps-Howard Broadcasting Co. (433 U.S. 562 (1977)) que la explotación visual sin permiso genera responsabilidad civil integral bajo el *right of publicity*.

En suma, la responsabilidad jurídica por vulneración de la imagen opera como un sistema de contención frente a prácticas que, aun sin violencia física, constituyen formas de despojo simbólico, apropiación económica y afectación emocional. El derecho a la imagen es, en última instancia, una garantía de autodeterminación, dignidad y libertad.

2. La responsabilidad civil por vulneración del derecho a la imagen

La responsabilidad civil surge cuando una conducta causa daño y existe un nexo causal que la vincula con la conducta ilícita. En el caso del derecho a la imagen, el elemento ilícito se configura por el uso no autorizado, la ausencia de consentimiento informado o la explotación indebida. Este marco se alinea con el régimen general de responsabilidad consagrado en el Código Civil y con la jurisprudencia constitucional y civil que ha reconocido que la imagen es un derecho fundamental cuyo uso requiere autorización válida. En Sentencia STC-16743 de 2019 la Corte Suprema estableció que la utilización inconsentida de atributos personalísimos configura antijuridicidad y, da lugar a responsabilidad civil integral.

Del mismo modo, la Corte Constitucional afirmó en T-634 de 2013, que la imagen no puede ser tratada, reproducida ni difundida sin consentimiento informado; su uso indebido activa la responsabilidad jurídica, aun sin demostración de culpa.

2.1. Naturaleza extracontractual de la responsabilidad

Por regla general, la responsabilidad por vulneración de la imagen es extracontractual, pues la utilización sin consentimiento no deriva de un acuerdo válido. Ello activa el régimen general de los artículos 2341 y siguientes del Código Civil, que exige: conducta, daño, nexo causal, e imputación subjetiva u objetiva.

La Corte Suprema ha reiterado que la protección de los derechos personalísimos se inscribe en la responsabilidad extracontractual, incluso cuando existe discusión sobre un vínculo previo. En SC-3604 de 2021 sostuvo que los derechos de la personalidad son protegidos mediante el régimen general de responsabilidad extracontractual, aun cuando exista algún acuerdo previo que resulte nulo o ineficaz.

Sin embargo, cuando existe un contrato de imagen defectuoso, nulo o inválido, la responsabilidad puede tener componentes contractuales y extracontractuales simultáneamente. Esto se ajusta al criterio jurisprudencial de la Corte Constitucional que, en T-260 de 2019 señala que cuando el consentimiento carece de validez jurídica, la responsabilidad se estructura tanto por violación del contrato como por la afectación autónoma del derecho fundamental.

2.2. Imputación subjetiva: culpa y dolo

El uso indebido de la imagen puede generar responsabilidad por:

- Culpa, cuando el agente obra con negligencia, descuido o impericia, especialmente al no verificar la validez del consentimiento

- Dolo, cuando existe intención directa de explotar la imagen para obtener beneficio injustificado o causar daño.

Sobre la culpa, Barreiro (1981) explicó que la negligencia en el cumplimiento del deber de verificación constituye culpa suficiente para estructurar la responsabilidad civil.

En cuanto al dolo, la Corte agregó en SC-1095 de 2013 que, el aprovechamiento deliberado de la identidad ajena para obtener lucro, constituye una conducta dolosa que agrava la responsabilidad. Igualmente, ha sostenido que la vulneración de los derechos personalísimos, aunque no requiera dolo, agrava la responsabilidad del agente. En T-407a de 2018 afirmó que la explotación inconsentida de la imagen es una conducta especialmente reprochable por el impacto que puede generar en la dignidad humana.

En España, la STS 14/02/1997 reconoce responsabilidad, incluso por culpa leve. En Alemania, el BGH sostiene que la explotación dolosa de la imagen activa indemnizaciones superiores (BGH 1 ZR 49/97). Y en Estados Unidos, el *right of publicity* permite daños punitivos en casos de dolo (Zacchini, 433 U.S. 562 (1977)).

2.3. Responsabilidad objetiva por actividad riesgosa

Cuando una empresa desarrolla actividades que implican manejo masivo de bases de datos, publicidad digital, campañas masivas o difusión en redes, la responsabilidad puede aproximarse al régimen objetivo por riesgo creado. La jurisprudencia ha entendido que las empresas con poder tecnológico o económico tienen un deber reforzado de diligencia. En Sentencia C-1235 de 2005, la Corte Constitucional declaró que quien desarrolla actividades que multiplican el alcance del daño, debe responder, incluso sin culpa, cuando el riesgo es inherente a la actividad.

Asimismo, afirmó en T-043 de 2020 que, la ausencia de consentimiento informado en escenarios de alta difusión digital, genera responsabilidad objetiva por la creación de un riesgo significativo para la autodeterminación informativa.

Este tipo de responsabilidad se fundamenta en un principio elemental: quien crea el riesgo debe asumir las consecuencias de su materialización, especialmente cuando explota tecnologías que amplifican el impacto del daño.

En Alemania, la responsabilidad objetiva se admite cuando la actividad tecnológica genera riesgos especiales para los derechos personalísimos (*Gefährdungshaftung*). En Francia, la jurisprudencia sobre plataformas digitales impone responsabilidad objetiva en casos de difusión masiva de contenidos ilícitos. En Estados Unidos, la doctrina reconoce responsabilidad cuasi objetiva para empresas que manejan *big data* o publicidad automatizada, cuando su conducta afecta derechos personalísimos (Hart v. Electronic Arts, 717 F.3d 141 (2013)).

En suma, la responsabilidad objetiva por actividad riesgosa se activa cuando el agente, por su posición de mercado o capacidad tecnológica, crea un escenario donde el daño a la imagen es previsible, multiplicado y difícil de controlar. La ausencia de consentimiento informado en estos contextos genera responsabilidad, incluso sin culpa.

3. Abuso del derecho en el uso de la imagen

El abuso del derecho en materia de imagen se presenta cuando una facultad aparentemente legítima se ejerce con fines distintos a los permitidos por el ordenamiento jurídico o, se extiende más allá de su finalidad. Aunque existe una autorización inicial o un margen de acción conferido por el titular, el derecho se convierte en ilícito cuando es desbordado o deformado en su propósito. En este ámbito, el abuso no surge únicamente del exceso material —usar la imagen en un contexto no consentido— sino también del desvío de finalidad, la manipulación simbólica, la ampliación temporal no autorizada, la presión para obtener usos adicionales o la ocultación de intereses comerciales bajo apariencias neutras o institucionales.

El orden constitucional colombiano es contundente al respecto. El artículo 95 de la Constitución impone el deber de ejercer los derechos de manera responsable y, por extensión, prohíbe toda forma de ejercicio abusivo que afecte la dignidad ajena. La Corte Constitucional ha reiterado este principio en múltiples decisiones, recordando que el abuso se materializa no solo en la violación expresa de un derecho, sino en la desnaturalización de su sentido. En Sentencia T-260 de 2019, el tribunal precisó que el ejercicio de un derecho deviene abusivo, cuando se aparta de la finalidad constitucional que lo legitima y se traduce en un menoscabo a la dignidad o a la autodeterminación de otra persona.

Esto significa que, aun en escenarios donde existe una autorización previa, el derecho puede transformarse en abuso si el uso de la imagen contradice aquello que dio vida al consentimiento inicial. La Corte Suprema, siguiendo la misma línea, ha afirmado que el abuso del derecho se configura cuando la conducta del agente sobrepasa manifiestamente los límites de su ejercicio legítimo y causa un detrimento injustificado al titular (SC-1095 de 2013). Esta desviación puede presentarse de modo sutil —por ejemplo, extendiendo la finalidad de una autorización limitada— o de manera abiertamente dolosa, mediante la manipulación de la imagen para obtener un beneficio sin justa causa, como lo destacó la misma Corte en STC-16743 de 2019.

En materia de imagen, este fenómeno reviste especial gravedad. La imagen es un atributo identitario profundamente ligado a la dignidad humana; por eso, cualquier uso que distorsione, prolongue o manipule indebidamente la autorización otorgada vulnera no solo la voluntad del titular, sino la forma en que este se proyecta ante la sociedad. Un uso inicialmente permitido puede transformarse en ilegítimo —y por tanto en abuso— cuando altera el contexto, la finalidad o la temporalidad bajo las cuales fue consentido. Así ocurre, por ejemplo, cuando se amplían usos no pactados, cuando se utiliza la imagen para fines comerciales encubiertos o cuando se prolonga su exhibición más allá del plazo razonable o convenido.

La Corte Constitucional lo sintetizó con especial claridad en la Sentencia T-881 de 2002, al advertir que ningún derecho habilita al titular para despojar a otra persona del control sobre su dignidad, su identidad o su representación visual.

Por ello, el abuso del derecho en el uso de la imagen no es una categoría periférica; constituye un límite estructural que protege el espacio mínimo de autonomía y dignidad que cada persona tiene sobre su rostro, su identidad y su representación social. Donde el consentimiento se desfigura, donde la finalidad se altera o donde la facultad se utiliza para imponer condiciones injustas al titular, el derecho deja de ser un escudo y se convierte en un instrumento de dominación. Es allí donde opera la prohibición del abuso: como una barrera ética y jurídica que impide transformar la imagen —ese reflejo esencial de la personalidad— en un recurso maleable sujeto al interés unilateral del explotador.

4. Responsabilidad de empresas, plataformas y entidades públicas

En el ecosistema contemporáneo, la imagen circula a través de actores con poderes muy distintos: empresas privadas, plataformas digitales y entidades estatales. Cada uno ejerce funciones que pueden amplificar o mitigar el riesgo de vulneración del derecho a la imagen. De ahí que, la responsabilidad jurídica debe leerse a partir de la posición de poder que ocupa cada actor y de los deberes especiales de cuidado que surgen de esa posición.

4.1. Empresas privadas

Las empresas responden por uso publicitario no autorizado, campañas institucionales sin consentimiento, transferencia no consentida, falta de políticas de datos, fallas en seguridad digital y cualquier tratamiento ilegítimo de la imagen. En todos estos escenarios, la carga de la prueba recae sobre la empresa: si no puede demostrar consentimiento informado, responde civilmente. La Corte Suprema lo ha precisado en términos contundentes. En SC-3604 de 2021, afirmó que quien se beneficia del uso de la imagen ajena, tiene el deber de acreditar la autorización expresa y válida; su ausencia configura ilicitud y activa responsabilidad civil.

Lo mismo reiteró en STC-16743 de 2019, cuando explicó que las empresas que utilizan atributos personalísimos tienen un deber de verificación reforzado, dada la posición de ventaja tecnológica, económica y comunicacional en la que se encuentran.

En consecuencia, la empresa que explota campañas, materiales audiovisuales, publicidad interna o externa, entornos digitales o programas institucionales debe garantizar que toda imagen utilizada cuente con una base jurídica habilitante. Cuando no puede demostrarla, incurre en responsabilidad por el daño moral, patrimonial, relacional y simbólico causado al titular.

4.2. Plataformas digitales y redes sociales

Las plataformas son responsables por permitir circulación no autorizada, ausencia de mecanismos de reporte, negligencia en remover contenido ilícito u omisión en evitar que terceros manipulen o exploten la imagen. En estos escenarios, la responsabilidad no surge de un acto directo de explotación, sino de la administración del riesgo tecnológico. La Corte Constitucional, en T-043 de 2020, sostuvo que las plataformas tecnológicas adquieren deberes especiales de prevención cuando su operación facilita la difusión de contenido que vulnera derechos fundamentales.

Y en T-260 de 2019 reiteró que la falta de mecanismos efectivos para retirar contenido no autorizado compromete la responsabilidad de quien administra el entorno digital. Esto significa que la responsabilidad de la plataforma depende de su capacidad de respuesta, de sus mecanismos de monitoreo, de su arquitectura de reporte, y de la diligencia con la que atiende solicitudes del titular de la imagen. La negligencia tecnológica es, en este campo, jurídica.

4.3. Entidades estatales

El Estado tiene una responsabilidad reforzada; no solo porque su actuación debe ser ejemplar, sino porque la utilización de la imagen por una entidad pública proyecta un mensaje institucional que amplifica el impacto de la afectación. Por esa razón, el Consejo de Estado ha sido claro en exigir medidas inmediatas y completas cuando la administración vulnera el derecho a la imagen. En la sentencia SC-4204 del 22 de septiembre de 2021, el tribunal ordenó retirar inmediatamente el material visual, indemnizar los perjuicios y reconocer expresamente la vulneración del buen nombre y la imagen del afectado. Y precisó que la administración no puede servirse de la imagen de particulares sin autorización válida. De hacerlo, incurre en responsabilidad patrimonial plena.

La responsabilidad estatal incluye retiro inmediato, compensación económica, disculpas públicas cuando corresponda, reparación simbólica y garantías de no repetición mediante ajustes institucionales. La razón es simple: el Estado no puede ser agente de desinformación visual ni de apropiación de identidades sin consentimiento.

5. Dimensión penal en vulneración del derecho a la imagen

Aunque Colombia no tiene un delito autónomo denominado 'uso indebido de la imagen', la protección penal de la identidad visual se articula a través de un conjunto de tipos penales que sancionan conductas relacionadas con la captación, manipulación, montaje, tratamiento o difusión no autorizada. La imagen, entendida como dato personal sensible, recibe una doble tutela: primero, desde el régimen general del *habeas data*; y segundo, desde el derecho penal como última ratio para proteger la dignidad, la honra, la privacidad y la indemnidad sexual.

La Corte Constitucional ha insistido en que la imagen, como extensión de la identidad, puede verse afectada penalmente cuando su uso no autorizado trasciende la órbita civil y causa un daño grave e irreversible. En Sentencia T-634 de 2013, afirmó que la apropiación visual del rostro o del cuerpo de una persona sin autorización, puede adquirir relevancia penal cuando afecta su autodeterminación, su honra o su integridad moral.

Esto ha permitido que la jurisprudencia reconozca que la manipulación digital, la suplantación y la difusión de imágenes íntimas sin consentimiento, constituyen formas contemporáneas de violencia y daño personal que merecen reproche penal. En esa misma línea, la Corte en T-140 de 2021 subrayó que la difusión no consentida de contenido visual de carácter íntimo constituye una forma de violencia basada en género y, activa mecanismos de protección penal y constitucional.

Con base en este marco general, varias conductas derivadas del uso indebido de la imagen pueden configurar delitos conexos.

5.1. Violación de datos personales (art. 269F del Código Penal)

El artículo 269F penaliza obtener, usar o divulgar datos personales sin autorización. La imagen —como dato biométrico y sensible— está plenamente incluida en esta protección. La Corte Suprema ha reiterado que el tratamiento no autorizado de información visual constituye una modalidad de violación de datos personales cuando afecta la autonomía del titular. La Ley 1273 de 2009 sostiene que, el acceso y utilización no autorizada de información biométrica o visual integra el tipo de violación de datos personales, cuando se emplea para fines no consentidos.

La protección penal es particularmente estricta cuando el uso indebido de la imagen genera perfiles falsos, manipulaciones o inserciones en contextos que el titular jamás habría autorizado.

5.2. Suplantación, manipulación o montaje (*deepfakes*)

La suplantación o alteración digital de la imagen puede configurar falsedad, injuria por vías de hecho, acceso abusivo a sistema informático, violación de datos personales y afectación a la honra. En el ámbito de los *deepfakes*, donde el rostro se injerta digitalmente en cuerpos o escenarios ficticios, la conducta puede desbordar la esfera civil y adquirir gravedad penal. La Corte Constitucional ha advertido que la manipulación digital de imágenes afecta directamente la autodeterminación personal. En T-043 de 2020 expresó que la alteración digital que distorsiona la identidad visual del titular sin autorización, constituye una agresión a su honra y es una forma de suplantación lesiva que demanda intervención penal o administrativa.

Cuando la manipulación se usa para obtener beneficios económicos, causar daño reputacional, inducir error o crear narrativas falsas puede configurar falsedad personal o injuria agravada.

5.3. Pornografía no consentida o difusión de contenido íntimo

Los delitos sexuales y los delitos contra la intimidad tienen especial relevancia cuando la imagen es utilizada para exponer el cuerpo o la intimidad del titular sin su autorización. La difusión de contenido íntimo sin consentimiento —incluidos los llamados *packs*, filtraciones, grabaciones no consentidas, *revenge porn* o *deepfakes* sexuales— puede configurar delitos como: pornografía con personas reales (art. 218A), violación de datos personales con fines sexuales, acoso sexual, injuria por vías de hecho con contenido sexual. La Corte Constitucional, en T-140 de 2021, fue enfática: la difusión no consentida de imágenes íntimas constituye una grave vulneración a la dignidad humana y puede activar responsabilidad penal, aun cuando el contenido haya sido inicialmente compartido en un contexto privado.

Lo determinante no es el origen del contenido, sino la falta de autorización para su difusión.

5.4. Uso de menores en contenido visual

El Código Penal protege estrictamente la imagen de niños, niñas y adolescentes. Cualquier captación, reproducción, almacenamiento, montaje o difusión no autorizada de imágenes de menores puede activar delitos de: pornografía infantil (art. 218), utilización o facilitación de menores para delitos informáticos, corrupción de menores, violación de datos personales agravada, y estímulo a la explotación sexual. En Sentencia T-478 de 2015, la Corte Constitucional reiteró que la imagen del menor goza de una protección reforzada; cualquier uso no autorizado que comprometa su dignidad o intimidad activa mecanismos urgentes de intervención penal.

No es necesario que la imagen tenga contenido sexual para que exista reproche penal; basta con que la captación o difusión sin autorización afecte la integridad o seguridad del niño.

6. Responsabilidad compartida y solidaridad

Cuando intervienen varias entidades en la captación, procesamiento o explotación de la imagen, la responsabilidad no se fragmenta; se integra. La ley y la jurisprudencia han reconocido que, en este tipo de escenarios, el daño no surge de una sola acción aislada, sino de la cadena completa de actuaciones que permite que la imagen salga del control del titular y termine siendo difundida, manipulada o explotada sin autorización. Por ello, la responsabilidad puede adoptar formas solidarias, conjuntas o subsidiarias, dependiendo del rol de cada agente y del grado de participación en el hecho generador del daño.

En la práctica, estos supuestos aparecen con especial frecuencia en entornos comerciales y publicitarios: un fotógrafo captura la imagen; una agencia la procesa o la almacena; una empresa la difunde; una marca la explota económicamente. Ninguna de estas etapas —captación, edición, almacenamiento, publicación o explotación comercial— es neutral desde el punto de vista jurídico. Todas comportan deberes reforzados de diligencia, verificación y garantía de consentimiento informado. Si una de ellas falla, la cadena completa se rompe, y todas las entidades involucradas responden frente al titular.

La Corte Suprema ha sido clara al afirmar que, en materia de derechos personalísimos, la solidaridad procede cuando varias personas contribuyen, directa o indirectamente, a la vulneración. En Sentencia T-158 de 2018, la Sala Civil sostuvo que cuando el daño se produce por la concurrencia de varias conductas que, en conjunto, afectan la dignidad o los derechos personalísimos, la responsabilidad solidaria es la regla, no la excepción.

Y en STC-16743 de 2019 reiteró que la participación de varios agentes en la divulgación o tratamiento indebido de la imagen hace surgir responsabilidad conjunta, pues todos contribuyen a la afectación y todos se benefician del resultado.

Este criterio responde a la naturaleza misma del derecho a la imagen: un derecho cuya vulneración rara vez ocurre en un solo acto aislado, sino en una secuencia concatenada de intervenciones técnicas, comerciales o comunicativas. El Consejo de Estado ha llegado a conclusiones similares cuando analiza la participación de entidades privadas y públicas en procesos de difusión no autorizada. En la sentencia C-250 de 2011 expone que la responsabilidad no se diluye por la intervención de múltiples actores; por el contrario, se refuerza, pues la afectación se produce por la suma de actuaciones que permitieron la divulgación no autorizada.

Esto significa que la coordinación entre agentes no disminuye su responsabilidad; la amplifica. Cada uno responde por su rol en la cadena y, al mismo tiempo, por el efecto conjunto. En suma, cuando intervienen múltiples actores —el fotógrafo que captura, la agencia que procesa, la empresa que difunde y la marca que explota— todos son responsables frente al titular. La solidaridad opera como garantía de protección efectiva: evita que la víctima se vea obligada a perseguir a cada eslabón de la cadena y reconoce que el daño es uno solo, aunque sus causas sean múltiples. Donde hay intervención plural, hay responsabilidad plural.

7. Reparación integral en responsabilidad civil

La reparación integral constituye la culminación natural del sistema de protección del derecho a la imagen. No se trata únicamente de compensar un daño, sino de restaurar la esfera personal, patrimonial, relacional y simbólica que fue comprometida por el uso indebido de la identidad visual. La Corte Constitucional ha insistido en que la reparación debe reconstruir, en la mayor medida posible, el equilibrio roto. En la Sentencia T-260 de 2012 sostiene que la reparación integral no se limita a indemnizar; implica restablecer, corregir, reconocer y garantizar que la vulneración no vuelva a ocurrir.

Bajo esta perspectiva, la reparación comprende diversos componentes que, actuando en conjunto, buscan devolver al titular el control sobre su imagen y la dignidad asociada a su representación visual.

7.1. Restitución

La restitución exige el cese inmediato del uso de la imagen y la eliminación de todo contenido en el que esta se haya utilizado sin autorización: fotografías, videos, campañas digitales, material publicitario, archivos en redes, plataformas o repositorios. Es un mecanismo esencial, pues el daño asociado a la imagen no cesa mientras la difusión continúa activa.

La Corte Constitucional, en sentencia C-344 de 2017 ordenó la eliminación total del material visual no autorizado y recalcó que la restitución es una condición necesaria para la reparación del derecho afectado. La restitución no solo protege al titular, sino que detiene la propagación del daño en entornos digitales donde la replicación es prácticamente ilimitada.

7.2. Indemnización

La indemnización comprende los perjuicios morales, patrimoniales y la vida de relación. La Corte Suprema ha reconocido que el uso no autorizado de la imagen genera un daño moral autónomo, dada la afectación a la dignidad y a la autodeterminación personal. En STC-16743 de 2019, la Sala Civil sostuvo que el daño moral derivado de la utilización inconsentida de la imagen es inherente a la afectación del derecho personalísimo y debe ser reparado en su integridad.

En el ámbito patrimonial, la indemnización incluye el lucro cesante —lo que el titular habría podido obtener si su imagen hubiese sido contratada legítimamente— y el daño emergente relacionado con acciones de corrección, litigios, retiro de campañas o gastos asociados. Finalmente, el daño a la vida de relación reconoce la alteración de la percepción social del titular, su credibilidad, su reputación y sus vínculos comunitarios.

7.3. Satisfacción

Las medidas de satisfacción cumplen una función simbólica y restauradora: buscan reconocer públicamente el daño, ofrecer disculpas, rehabilitar la imagen del titular y restituirle su lugar social. Estas medidas se emplean especialmente cuando la vulneración ha tenido un componente reputacional o cultural. La Corte Constitucional, en T-881 de 2002 afirmó que, la reparación exige reconocimiento expreso del daño, pues la dignidad afectada no se restaura únicamente con compensaciones económicas.

Por ello, las disculpas públicas, las aclaraciones institucionales, las notas rectificadoras y otros gestos de reconocimiento forman parte esencial del componente restaurativo de la reparación.

7.4. Garantías de no repetición

Constituyen el pilar preventivo de la reparación; incluyen ajustes de políticas internas, elaboración de protocolos, adopción de prácticas responsables de manejo de datos e imagen, capacitación de personal y fortalecimiento de mecanismos de control y supervisión. El Consejo de Estado ha ordenado estas medidas cuando la vulneración proviene de entidades públicas o actores con posiciones de poder comunicacional. De Zubiría (2019), sostiene que la reparación integral debe incorporar medidas estructurales que aseguren que la conducta ilícita no se repita:

> Aunque por lo general la forma más convencional de restituir consiste en indemnizar, el concepto de reparación integral en el marco de la justicia transicional significa la plena restitución del derecho; es el restablecimiento de la situación anterior a la violación del derecho y la reparación de las consecuencias del daño, de forma indemnizatoria y simbólica. (p. 2)

Así, la reparación no mira únicamente hacia atrás —al daño ya causado— sino también hacia el futuro, garantizando que el titular no vuelva a ser instrumentalizado o expuesto sin su consentimiento informado.

La reparación es un componente fundamental de la protección del derecho a la imagen. No solo compensa, sino que dignifica; no solo devuelve lo perdido, sino que afirma la centralidad de la persona frente al mercado, las tecnologías y las instituciones. Donde la imagen ha sido vulnerada, la reparación integral restituye la autonomía y reequilibra la relación entre el individuo y quienes manejan su identidad visual.

8. Conclusión

La responsabilidad jurídica derivada del uso indebido de la imagen es compleja y multicapa. Involucra normas constitucionales, civiles, penales y administrativas que operan de manera complementaria para salvaguardar un atributo esencial de la persona. Cuando se explota la imagen sin consentimiento informado, no solo se vulnera un derecho fundamental, sino que se crea un desequilibrio ético y jurídico que debe corregirse mediante responsabilidad civil e, incluso, penal. En ese sentido, la imagen —como expresión visible de la dignidad— no puede convertirse en vehículo de lucro, manipulación o daño sin legitimación.

La jurisprudencia ha reiterado que la protección de la imagen se basa en la dignidad humana, la autodeterminación personal y el control sobre la propia identidad. Por ello, la responsabilidad no solo repara al titular, sino que protege la integridad del orden jurídico y la seguridad de la sociedad frente a un poder visual cada vez más invasivo, capaz de replicarse, manipularse y difundirse a velocidades inéditas. Allí donde la imagen se instrumentaliza sin autorización, el derecho interviene para restaurar el equilibrio roto y reafirmar que la persona no puede ser reducida a un objeto de explotación, circulación o negociación.

El uso indebido de la imagen revela así, tensiones entre autonomía y mercado, privacidad y tecnología, dignidad e intereses económicos. La respuesta jurídica —multidimensional por naturaleza— asume estas tensiones no solo para sancionar la vulneración, sino para delimitar un marco que garantice que la identidad visual siga siendo un espacio de libertad y no una herramienta de dominación. La conclusión es clara: allí donde la imagen se desvincula del consentimiento, el derecho debe actuar para reconducirla a su lugar legítimo, preservando la dignidad humana como núcleo inquebrantable del sistema jurídico.

Capítulo 8

Imagen, tecnología digital e inteligencia artificial: desafíos contemporáneos del derecho a la imagen

1. Introducción

El avance tecnológico ha transformado radicalmente la forma de captar, almacenar, manipular y difundir la imagen de las personas. En la sociedad contemporánea, la representación visual dejó de estar limitada a fotografías estáticas o videos tradicionales, y se expandió a nuevos formatos: algoritmos de reconocimiento facial, inteligencia artificial generativa, *deepfakes*, realidad aumentada, vigilancia digital, metaversos, plataformas sociales y bases de datos biométricas. La imagen dejó de ser un simple registro visual, para convertirse en un dato estructural capaz de alimentar sistemas de predicción, perfiles automatizados, motores de decisión y arquitecturas digitales que operan en tiempo real.

Estos nuevos escenarios multiplican las posibilidades de explotación de la imagen, pero también intensifican los riesgos para la autonomía, la dignidad y la identidad del individuo. La Corte Constitucional lo anticipó en Sentencia T-043 de 2020, al advertir que el tratamiento automatizado de datos biométricos constituye uno de los mayores desafíos para la autodeterminación informativa y exige controles estrictos cuando compromete la identidad visual.

Del mismo modo, en Sentencia C-748 de 2011, el tribunal subrayó que la información personal en formato digital —incluida la imagen— se integra al núcleo esencial de la dignidad humana y requiere, en consecuencia, garantías reforzadas frente a tecnologías que pueden replicarla indefinidamente o manipularla sin huella visible.

La irrupción de la inteligencia artificial generativa ha llevado esta preocupación a un nuevo nivel. Por primera vez, es posible crear imágenes hiperrealistas de personas que nunca posaron, nunca autorizaron y nunca imaginaron tales representaciones, desde retratos falsos hasta videos sintéticos donde la persona aparece actuando o hablando sin haberlo hecho. La frontera entre lo auténtico y lo fabricado se vuelve difusa. La manipulación identitaria, antes excepcional, hoy es una operación trivial.

Los *deepfakes* —síntesis visuales generadas por IA que imitan voces, gestos y rasgos físicos— constituyen un punto de ruptura. Como lo señaló la Corte Constitucional en T-140 de 2021, al analizar la difusión de imágenes manipuladas, la deformación digital de la identidad visual tiene la capacidad de vulnerar simultáneamente la honra, la intimidad y la autodeterminación personal, produciendo daños que trascienden la esfera individual y afectan la confianza social.

El derecho a la imagen se enfrenta así, a un entorno donde la tecnología no solo reproduce, sino que crea, altera y difunde identidades visuales con una velocidad que supera la capacidad de control del titular. La vigilancia masiva, los sistemas de reconocimiento facial en espacios públicos, la indexación biométrica, las plataformas de almacenamiento global y los mundos virtuales, amplifican la exposición del individuo sin que este tenga conocimiento previo ni mecanismos claros de defensa.

En este contexto, el derecho debe responder a desafíos completamente nuevos: cómo garantizar el consentimiento informado frente a tecnologías que no existían cuando se otorgó la autorización; cómo asegurar la autenticidad en un ecosistema donde la falsificación es indistinguible; cómo preservar la dignidad cuando la identidad visual puede ser manipulada sin límite; cómo evitar que las bases de datos biométricas se conviertan en herramientas de control social.

El derecho a la imagen, históricamente concebido como un atributo personalísimo vinculado a la representación visual del rostro, hoy se redefine como un derecho expansivo que debe proteger también la identidad digital, la proyección virtual y la integridad algorítmica del individuo. La tecnología no ha debilitado la importancia de este derecho; la ha intensificado. Donde antes bastaba controlar la cámara, hoy se debe controlar el código; donde antes el riesgo era la reproducción física, hoy lo es la replicación infinita. La protección de la imagen, en la era de la IA, ya no es solo una cuestión jurídica; es una cuestión civilizatoria.

2. La imagen en redes sociales: viralidad, pérdida de control y explotación silenciosa

Las redes sociales se convirtieron en el escenario más dinámico y riesgoso para la imagen. El usuario comparte una fotografía esperando un uso limitado, pero la plataforma, su algoritmo y los terceros que acceden al contenido amplifican ese uso más allá de lo previsto. La imagen deja de ser un acto personal, para convertirse en un nodo dentro de un ecosistema digital que opera sin fronteras, sin temporalidad definida y sin mecanismos efectivos de control. La Corte Constitucional, en Sentencia T-043 de 2020, alertó que, el carácter expansivo, replicable y permanente de las redes sociales hace que la imagen publicada adquiera una vida propia, muchas veces independiente de la voluntad del titular.

Esto significa que la simple publicación en redes no equivale a renunciar al derecho de imagen; el control sigue existiendo, aunque se haga más difícil sostenerlo frente al poder de la tecnología digital.

2.1. Viralidad e imposibilidad de control

Una vez publicada en redes, la imagen puede replicarse miles de veces, descargarse, reenviarse, circular globalmente, permanecer indefinidamente en servidores y aparecer en contextos no deseados. La plataforma y sus usuarios la multiplican con una rapidez que excede cualquier expectativa razonable del titular. La viralidad produce una pérdida estructural de control. La Corte Constitucional lo expresó con claridad en T-260 de 2012, al señalar que, la difusión masiva y no controlada en redes, crea un riesgo reforzado para la intimidad, la honra y la autodeterminación informativa.

El fenómeno viral no solo expone al individuo; lo fragmenta, lo convierte en material replicable y lo inserta en narrativas que no controla.

2.2. Explotación comercial por algoritmos y plataformas

Aunque parezca inofensivo, cada imagen compartida alimenta sistemas de segmentación publicitaria, elaboración de perfiles, predicciones de comportamiento, análisis biométrico y reconocimiento facial. La plataforma obtiene beneficios económicos, incluso si el titular no autorizó explícitamente ese uso.

La Ley 1273 de 2009 enfatizó que la obtención de provecho a partir de datos personales sin autorización configura un ilícito que activa responsabilidad. La imagen, tratada mediante algoritmos, se convierte en un recurso económico: permite mejorar precisión publicitaria, entrenar modelos de IA y fortalecer mecanismos de vigilancia digital.

Este aprovechamiento silencioso es especialmente problemático porque el usuario no ve, no sabe y no puede auditar qué se hace con su imagen. La explotación ocurre 'entre bastidores', en procesos automáticos que el titular jamás autorizó ni imaginó.

2.3. Responsabilidad de las plataformas

Las plataformas deben permitir solicitudes claras de eliminación, implementar protocolos de reporte, bloquear redistribución ilícita, evitar tratamiento excesivo o discriminatorio y, garantizar condiciones de transparencia. La ausencia de estas medidas compromete su responsabilidad. En T-043 de 2020, la Corte Constitucional estableció: las plataformas que permiten la circulación de contenido vulneratorio y no adoptan mecanismos efectivos para su retiro, incurren en responsabilidad por omisión.

Y en T-140 de 2021 reiteró que la falta de protocolos adecuados expone al titular a un daño continuo y expansivo, especialmente cuando la imagen es usada para acoso, suplantación, manipulación digital o difusión no consentida.

Por ello, la responsabilidad de las plataformas no depende solo de lo que publican sus usuarios, sino de la estructura misma del sistema que administran: sus algoritmos, sus reglas de visibilidad, sus mecanismos de moderación, su capacidad para mitigar la viralidad y sus políticas de preservación o eliminación de datos.

3. Reconocimiento facial y biometría: la nueva frontera del dato sensible

La imagen ya no es solo una fotografía; se ha convertido en una fuente de datos biométricos, lo cual multiplica exponencialmente su sensibilidad. El rostro humano, antes percibido como un elemento estático de identidad visual, ahora alimenta sistemas capaces de identificar, rastrear, clasificar y predecir comportamientos. En este entorno, el derecho a la imagen se fusiona con el derecho a la protección de datos personales, en especial con el tratamiento reforzado de los datos biométricos, reconocidos por la Corte Constitucional como una categoría de máxima protección. En Sentencia

C-748 de 2011, la Corte subrayó que: los datos biométricos permiten identificar de manera unívoca y permanente a la persona, lo que exige un nivel superior de garantías frente a su recolección, almacenamiento y circulación.

El rostro, por tanto, dejó de ser un atributo meramente físico, y pasó a ser un vector de información sensible cuyo tratamiento no solo afecta la identidad, sino la libertad, la autonomía y la autodeterminación informativa.

3.1. Qué es la biometría visual

Consiste en obtener y procesar vectores faciales, patrones morfométricos, distancias entre rasgos, mapas de calor, huellas digitales visuales y otros parámetros estructurales del rostro. Estos datos no solo identifican a la persona, sino que permiten rastrearla en tiempo real, reconstruir patrones de movimiento, asociarla a bases de datos de terceros y alimentar sistemas predictivos.

Esta información, una vez capturada, puede ser reutilizada indefinidamente sin conocimiento del titular. Por eso, la biometría visual constituye una de las áreas más sensibles del derecho contemporáneo: la persona no puede desprenderse de su rostro, y sin embargo el rostro se convierte en un identificador perpetuo, revisable y explotable. La Corte Constitucional reiteró en T-043 de 2020 que el tratamiento de datos faciales constituye un riesgo profundo para la autonomía personal, cuando se realiza sin consentimiento informado y bajo esquemas de recopilación masiva.

3.2. El riesgo de vigilancia masiva

Las cámaras de vigilancia, los drones, los sistemas de seguridad privada, las plataformas urbanas de monitoreo y los algoritmos de análisis comportamental pueden captar patrones biométricos sin autorización. Esta práctica constituye una amenaza directa a la autodeterminación informativa, pues la persona no controla ni sabe qué información se recoge, cómo se analiza o con quién se comparte. En Sentencia T-020 de 2014, la Corte Constitucional precisó que el uso de tecnologías que recolectan información personal sin conocimiento del titular, crea un estado de vigilancia permanente incompatible con la libertad individual y con "el núcleo esencial del derecho a la intimidad" (párr. 51) y, en consecuencia, a la privacidad.

La vigilancia biométrica amplifica este riesgo: convierte cada desplazamiento del individuo en un dato rastreable y cada aparición pública, en un registro susceptible de ser procesado algorítmicamente. El peligro no es solo la captación, sino la capacidad de estos sistemas para perfilar, clasificar, excluir o estigmatizar personas, sin que ellas lo sepan.

3.3. Prohibiciones y límites

La Corte Constitucional ha reiterado que la recolección de datos biométricos exige consentimiento reforzado. No es lícito recolectarlos sin finalidad clara, sin informar riesgos, para almacenamiento masivo ni para tratamiento discriminatorio o desproporcionado. En Sentencia T-030 de 2017 sostuvo que, los datos biométricos solo pueden ser tratados bajo estrictos criterios de necesidad, proporcionalidad, finalidad explícita y consentimiento informado, dada su capacidad de afectar estructuralmente la libertad personal.

Asimismo, en T-043 de 2020, el tribunal declaró que la captura de datos faciales sin información suficiente, constituye una vulneración grave al *habeas data* y a la imagen personal. Estos límites no son simples formalidades: son barreras constitucionales destinadas a evitar que la imagen —convertida en dato biométrico— se transforme en instrumento de vigilancia, control social o discriminación algorítmica.

4. Inteligencia artificial generativa y manipulación digital (*deepfakes*)

La IA ha introducido uno de los mayores riesgos para el derecho a la imagen: la capacidad de crear, modificar o falsificar rostros y cuerpos humanos con un nivel de realismo sin precedentes. Por primera vez en la historia, la imagen humana puede ser reconstruida sin participación del titular, insertando a la persona en contextos inexistentes, simulando comportamientos que nunca ocurrieron o fabricando expresiones y gestos que jamás fueron emitidos. Esta transformación desestabiliza los cimientos mismos del derecho a la imagen, pues convierte la identidad visual en material moldeable y manipulable.

La Corte Constitucional advirtió en Sentencia T-140 de 2021 que la manipulación digital no consentida constituye una forma grave de alteración de la identidad, capaz de lesionar simultáneamente la honra, la intimidad y la integridad moral.

Los *deepfakes*, por su naturaleza sintética, intensifican este riesgo y plantean desafíos inéditos en materia de dignidad, autenticidad y control sobre la propia imagen.

4.1. Qué son los *deepfakes*

Son videos, imágenes o audios generados o manipulados por IA para simular apariciones, movimientos, discursos, conductas o expresiones que nunca ocurrieron. Lo distintivo no es solo su falsedad, sino su capacidad de adquirir apariencia de verdad. Estos contenidos se producen a partir de modelos algorítmicos entrenados con fotografías o videos del titular, lo que implica que la persona puede ser representada realizando actos que jamás realizó. La Corte ha reconocido que la reproducción digital que suplanta o distorsiona la identidad visual constituye un atentado directo contra la autodeterminación informativa (T-043 de 2020).

4.2. Riesgos jurídicos

Los *deepfakes* pueden suplantar identidades, manipular reputaciones, dañar vidas personales, generar contenidos sexuales no consentidos, involucrar a personas en escenarios falsos y, usarse, bien como arma política, o para difundir desinformación. Estos usos vulneran simultáneamente el derecho a la imagen, la honra, la intimidad, la integridad moral, y la seguridad personal del titular.

La Corte Constitucional ha sostenido que el daño producido por la alteración de la imagen es especialmente grave cuando existe un componente sexual, reputacional o de exposición involuntaria. En Sentencia T-140 de 2021, afirmó que la difusión de contenido digital manipulado que presenta a la persona en situaciones falsas, constituye una doble lesión tanto a su dignidad, como a su derecho a controlar su representación social.

Además, los *deepfakes* abren la puerta a delitos como: violación de datos personales (art. 269F del Código Penal), injuria y calumnia, pornografía no consentida, suplantación digital, fraude informático, y violencia digital basada en género. Su capacidad de replicación expone al titular a un daño potencialmente ilimitado y difícil de detener.

4.3. Responsabilidad

El responsable puede ser: quien crea el contenido, quien lo difunde, quien lo aloja, y la plataforma que no actúa para removerlo. El derecho colombiano no permite que el creador del contenido simulado escude su responsabilidad en la tecnología utilizada. La intencionalidad de producir un contenido que suplanta o distorsiona la identidad es suficiente para activar responsabilidad civil y, según el caso, penal.

La plataforma también puede incurrir en responsabilidad por omisión. La Corte Constitucional reiteró en T-043 de 2020 que el proveedor tecnológico que, conociendo la existencia de contenido que vulnera derechos fundamentales no adopta medidas razonables para removerlo, participa en la afectación.

El Estado, por su parte, debe adoptar normas y mecanismos de regulación, supervisión y vigilancia, pues los *deepfakes* desbordan la capacidad del individuo para defenderse, dada la manipulación extremadamente realista, lo cual amerita respuestas institucionales.

5. Metaverso, realidad virtual y avatares

El surgimiento del metaverso y de espacios virtuales compartidos plantea preguntas inéditas sobre identidad visual y proyección digital: ¿Quién controla la apariencia del avatar? ¿La imagen virtual tiene protección jurídica? ¿Es ilícito replicar la apariencia digital de otro? ¿Hay consentimiento informado en entornos de realidad virtual?

El avatar —como representación gráfica del individuo— se convierte en una extensión de la identidad. Su diseño, manipulación o apropiación por terceros puede vulnerar el derecho a la imagen y abrir escenarios completamente nuevos de responsabilidad. En el metaverso, la imagen ya no se limita a la fotografía: es tridimensional, dinámica y capaz de interactuar. Esto amplía el campo de protección del derecho y exige repensar las reglas tradicionales a la luz de realidades que no existían cuando esas normas fueron concebidas.

La Corte Constitucional ha reconocido que la identidad no se reduce al cuerpo físico, sino que abarca todas las formas de representación que afectan la percepción social del individuo. En Sentencia T-033 de 2015 afirmó que la identidad personal comprende las formas en las que la persona se proyecta y es comprendida en distintos entornos, físicos o digitales.

Por ello, el avatar constituye una manifestación protegida de la identidad y no puede ser tratado como un objeto digital de libre manipulación. Su uso no autorizado —así sea en entornos virtuales— reproduce las mismas lógicas de explotación indebida que el derecho a la imagen busca impedir en el mundo físico.

Asimismo, la suplantación digital mediante avatares plantea problemas adicionales: un avatar puede realizar conductas que el titular nunca haría, aparecer en contextos degradantes o ser utilizado para fines comerciales sin consentimiento. La responsabilidad surge tanto para quien crea o manipula el avatar, como para quienes lo difunden, lo usan o se benefician de su explotación económica.

5.1. Tratamiento algorítmico y discriminación por rasgos visuales

Los algoritmos pueden discriminar, basándose en: color de piel, forma del rostro, edad percibida, gestualidad, rasgos étnicos, expresiones faciales, apariencia física, y otros atributos visuales.

El tratamiento algorítmico de imágenes y avatares no solo identifica; clasifica, segmenta y predice comportamientos. Esto abre la puerta a discriminaciones silenciosas —pero devastadoras— basadas exclusivamente en rasgos visuales. Se trata de un fenómeno donde el sesgo no proviene de una persona, sino de un modelo entrenado con datos recolectados sin consentimiento y replicados sin control. La Corte Constitucional ha advertido, en Sentencia T-043 de 2020 que, los sistemas automatizados pueden reproducir o amplificar discriminaciones preexistentes cuando tratan datos biométricos sin salvaguardas adecuadas.

En entornos digitales avanzados —como el metaverso o plataformas de realidad aumentada— estos riesgos se multiplican. La apariencia del avatar puede determinar acceso a espacios, visibilidad de contenidos, oportunidades económicas o, la forma como el sistema interactúa con el usuario. Un rostro modelado digitalmente puede resultar aceptado, rechazado o segmentado por criterios opacos, invisibles para el titular.

Además, la discriminación algorítmica basada en la imagen no requiere intención; basta con que el sistema, al procesar rasgos faciales, produzca efectos excluyentes o perjudiciales. Así lo sostuvo la Corte en Sentencia C-748 de 2011, al señalar que muchos tratamientos biométricos generan riesgos inherentes que deben mitigarse mediante controles reforzados, transparencia y prohibiciones claras.

El riesgo se agrava cuando los algoritmos clasifican a las personas en categorías sensibles —por ejemplo, apariencia indígena, afrodescendiente, edad estimada, nivel socioeconómico inferido, atractivo facial, 'confiabilidad' o estado emocional— sin que exista fundamento científico ni consentimiento informado. Estas prácticas constituyen una forma moderna de discriminación estructural que vulnera la dignidad, repite patrones históricos de exclusión y compromete la igualdad real.

6. La imagen en la economía digital: contenido viral, personas influyentes y monetización

La economía digital ha convertido la imagen personal en un activo transable, replicable y monetizable. En plataformas sociales, la visibilidad —sea espontánea o construida— se transforma en ingresos a través de publicidad, viralidad, suscripciones, colaboraciones y ventas digitales. De allí que la explotación no consentida de la imagen no solo produzca daños morales o patrimoniales, sino que distorsiona directamente el mercado, afecta oportunidades legítimas de monetización y altera la competencia entre creadores.

6.1. Monetización de la imagen en plataformas

Hoy en día, usuarios y creadores generan ingresos mediante publicidad y pautas programáticas, viralidad, suscripciones y membresías, donaciones y propinas digitales, colaboraciones comerciales, ventas de productos o contenidos asociados a la imagen personal.

Cuando la imagen de una persona circula sin su consentimiento informado —ya sea mediante captura, reposteo, manipulación algorítmica o uso publicitario no autorizado— se vulnera no solo su esfera personal, sino también, su derecho a participar en el mercado digital en condiciones de autonomía y control. El uso indebido desplaza oportunidades comerciales, genera confusión sobre avales o colaboraciones inexistentes y produce un lucro injusto para terceros.

Este fenómeno ha sido reconocido por la jurisprudencia civil colombiana al analizar el valor económico de la imagen como bien jurídicamente tutelado y factor de valoración indemnizatoria.

6.2. Personas influyentes y contratos de imagen

La consolidación de influentes, *streamers* y creadores de contenido dio lugar a una industria donde la imagen es materia prima jurídica y económica. Para evitar conflictos estructurales, los contratos de imagen deben contemplar, al menos, finalidad del uso autorizado, exclusividad (cuando proceda), territorialidad (nacional, regional, global), vigencia temporal, remuneración, regalías o autorización onerosa, derechos sobre el contenido generado, incluidas versiones, ediciones, adaptaciones y formatos derivados. La ausencia de reglas claras genera litigios relacionados con propiedad intelectual, uso posterior a la terminación del contrato, manipulación algorítmica de la imagen, publicidad engañosa y enriquecimiento sin causa.

6.3 Responsabilidad digital: plataformas, usuarios y terceros

El ecosistema digital distribuye la responsabilidad entre quienes intervienen en el ciclo de la imagen: quien publica, quien comparte, quien aloja, quien indexa, quien algoritmiza, y quien obtiene beneficios económicos directos o indirectos. En este entorno, la responsabilidad se caracteriza por su naturaleza acumulativa, cooperativa y multinivel.

7. Deberes de las plataformas

Las plataformas —por su posición de control tecnológico y capacidad de amplificación— tienen un rol central en la protección de la imagen; deben remover contenido ilícito de manera pronta y eficaz, habilitar mecanismos accesibles de reporte para víctimas de uso indebido de imagen, proteger datos biométricos y evitar su procesamiento sin consentimiento informado reforzado, prevenir redistribución masiva de contenido que vulnere derechos personalísimos, cooperar con autoridades administrativas, judiciales y de protección de datos, e implementar protocolos de moderación algorítmica transparente.

El incumplimiento de estos deberes puede comprometer la responsabilidad civil, administrativa e, incluso, penal de las plataformas, especialmente cuando existe reiteración, omisión deliberada o lucro derivado del contenido ilícito.

7.1. Deberes de los usuarios

Los usuarios no pueden publicar imágenes de terceros sin consentimiento informado, manipular o falsificar rostros mediante herramientas de IA, utilizar imágenes con fines discriminatorios, injuriosos o estigmatizantes. La responsabilidad se activa aun cuando el usuario no obtiene beneficio económico, pues el ilícito radica en la vulneración de la autodeterminación informativa y de la dignidad del titular de la imagen.

En escenarios de viralidad, el usuario que continúa difundiendo contenido ilícito puede ser considerado coautor o partícipe en la afectación, dada la naturaleza expansiva del daño digital.

7.2. Deberes del Estado

El Estado, como garante constitucional, tiene obligaciones reforzadas en el ámbito digital; debe vigilar el uso estatal de tecnologías de reconocimiento facial, asegurando que existan fines legítimos, necesidad, proporcionalidad y consentimiento reforzado; regular la IA para evitar sesgos, discriminación algorítmica y usos indebidos de la imagen; adoptar estándares europeos (como el RGPD) y buenas prácticas internacionales en protección de datos biométricos; imponer sanciones efectivas, disuasorias y proporcionales; garantizar mecanismos rápidos para la eliminación de contenido que afecte derechos personalísimos; promover políticas públicas de alfabetización digital sobre imagen, identidad y consentimiento.

La intervención estatal no se limita al castigo, sino a la creación de ecosistemas seguros donde la tecnología no reproduzca desigualdades ni convierta a la persona en un insumo para la explotación económica o para la vigilancia desproporcionada.

8. La necesidad de un consentimiento informado reforzado en entornos digitales

El consentimiento informado tradicional —concebido para tratamientos analógicos, locales y limitados en el tiempo— resulta hoy insuficiente frente a un ecosistema digital donde la imagen circula de manera incesante, se almacena en múltiples jurisdicciones, se procesa mediante algoritmos opacos y puede ser manipulada por IA. En este contexto, la imagen ya no es un simple dato: es un dato personal sensible cuyo tratamiento, según lo ha recordado reiteradamente la

Corte Constitucional (T-414/92, T-277/15, T-043/20), exige niveles altos de información, transparencia y control para que la autonomía del titular no se convierta en una ficción jurídica.

Por ello, el consentimiento informado debe transformarse en un consentimiento informado reforzado, capaz de responder a los riesgos propios de la era digital y a las profundas asimetrías tecnológicas entre el titular y quienes almacenan, procesan o comercializan su imagen. Así, hoy se requiere, como mínimo, un conjunto de explicaciones materiales que antes no eran necesarias; entre ellas:

1) Explicación del riesgo digital. El titular debe comprender los alcances reales del entorno digital: la viralidad incontrolable, la posibilidad de réplicas infinitas, la persistencia de la imagen en servidores remotos, la indexación automática por motores de búsqueda y la exposición a usos secundarios imposibles de anticipar. La Corte Constitucional, en la T-277/15 ya advertía que, la ausencia de esta información priva al consentimiento de autenticidad y debilita la autodeterminación informativa.

2) Información sobre almacenamiento, finalidad y duración. En la actualidad, la pregunta ¿Dónde queda guardada mi imagen?, no es retórica. La imagen puede almacenarse en nubes híbridas, en servidores ubicados en varios países o en infraestructuras controladas por terceros. Por eso, el consentimiento debe detallar finalidad, tiempo de retención, medidas de seguridad y actores con acceso. El Consejo de Estado ha señalado que, sin esta información mínima, la autorización es ineficaz, pues el titular no puede anticipar los riesgos derivados del tratamiento extendido o prolongado de su imagen.

3) Aclaración de transferencia internacional. En un ecosistema donde la circulación transfronteriza es la regla, el consentimiento debe especificar a qué países viajará la imagen, qué estándares de protección aplican y bajo qué régimen jurídico quedará sometida. La ausencia de información sobre un destino internacional vicia la autorización, especialmente tratándose de datos sensibles.

4) Aviso sobre uso algorítmico. El uso contemporáneo de la imagen no se agota en su publicación visible. La imagen alimenta sistemas de reconocimiento facial, modelos de perfilamiento, publicidad segmentada y mecanismos de predicción conductual. La Corte Constitucional (T-043/20) ha indicado que estos tratamientos algorítmicos requieren un nivel de transparencia reforzada, pues el ciudadano no puede consentir aquello cuya existencia desconoce. Por ello, el consentimiento debe advertir expresamente cuando la imagen será incorporada a sistemas automáticos de decisión o análisis.

5) Cláusulas especiales de revocación. La revocatoria no puede limitarse a una declaración formal. En entornos digitales, su eficacia depende de la capacidad real del responsable para eliminar copias, bloquear redistribuciones, cancelar indexaciones y adoptar medidas para evitar el uso continuado del contenido. La Corte, en T-061/22 subrayó que la revocación debe producir efectos materiales, no meramente simbólicos.

6) Prohibiciones explícitas de ultra falsos y manipulación digital. Las tecnologías de IA generativa permiten modificar rostros, simular voces y colocar a una persona en escenarios que nunca ocurrieron. Este

riesgo exige cláusulas explícitas: prohibición de montaje, alteración, simulación, sustitución o recreación digital, salvo autorización específica. La Corte Constitucional (especialmente en la línea de T-277/2015 y T-043/2020) ha reconocido que la manipulación de la imagen vulnera dignidad, honra, intimidad y derecho a la propia identidad, y que, tratándose de datos sensibles, el nivel de protección debe ser máximo.

7) Estándar actual. Conectando todas estas exigencias, la jurisprudencia colombiana ha consolidado una premisa: en entornos digitales, la falta de información suficiente sobre riesgos, usos y transferencias convierte el consentimiento en inválido, pues no se cumple el estándar constitucional de autodeterminación informativa. Tanto la Corte Constitucional como el Consejo de Estado coinciden en que el tratamiento de la imagen —por su carácter sensible y su capacidad expansiva en el mundo digital— requiere un consentimiento no formal, sino profundamente informado, reforzado y verificable.

9. Conclusión

El ecosistema digital ha multiplicado exponencialmente las oportunidades de comunicación, expresión y creatividad, pero, al mismo tiempo, ha intensificado los riesgos de manipulación, vigilancia y explotación de la imagen. La imagen humana, como dato personal sensible y como manifestación visible de la dignidad, ya no se limita a ser un registro estático; es un componente dinámico de la identidad, que puede ser replicado, distorsionado, combinado, reenviado o apropiado por tecnologías cuya potencia supera con creces los marcos jurídicos tradicionales.

En esta nueva realidad, los desafíos no son meramente técnicos; son civilizatorios. La imagen humana enfrenta amenazas propias del siglo XXI, derivadas de sistemas algorítmicos que clasifican rostros, de plataformas que redistribuyen contenido sin control, de inteligencias artificiales capaces de generar montajes hiperrealistas, y de ecosistemas globales donde la frontera entre lo público y lo privado se ha vuelto porosa. Ante este panorama, el derecho no puede permanecer anclado a categorías del siglo XX ni depender de conceptos concebidos para un mundo analógico.

La respuesta jurídica, por tanto, debe ser clara y contundente: consentimiento informado reforzado, responsabilidad compartida entre plataformas, usuarios y Estado; límites tecnológicos capaces de frenar prácticas lesivas; mecanismos de control que permitan la trazabilidad de la imagen; y una armonización con estándares internacionales que reconozcan la interconexión del flujo global de datos. Solo así podrá garantizarse que la imagen humana —en cualquiera de sus formas, físicas o digitales— siga siendo una expresión de libertad, identidad y autonomía, y no un insumo destinado a la explotación económica o al control informacional.

El derecho a la imagen está llamado a convertirse en una de las garantías más importantes del mundo contemporáneo. Su protección eficaz será una de las claves para preservar la dignidad humana en una era donde la tecnología, sin límites éticos y jurídicos, podría convertir a la persona en un objeto replicable, manipulable y desprovisto de control sobre su propia identidad.

Capítulo 9

La imagen en comunidades étnicas y colectivas: identidad, cultura y protección diferencial

1. Introducción

El derecho a la imagen adquiere una dimensión especial cuando se trata de comunidades étnicas, pueblos indígenas, afrodescendientes, raizales, palenqueros o cualquier colectivo con identidad cultural diferenciada. En estos casos, la imagen deja de ser una representación meramente individual y se convierte en símbolo de un universo cultural completo: una cosmovisión, una espiritualidad, un sistema de valores, una memoria ancestral y una expresión colectiva.

Por ello, la protección jurídica no puede limitarse al consentimiento individual. Se requiere un enfoque diferencial, acorde con los derechos colectivos, los tratados internacionales, la jurisprudencia constitucional y la especial vulnerabilidad de estas comunidades frente a la apropiación cultural, la estigmatización, la exotización y la explotación comercial de su imagen.

Este capítulo desarrolla esa perspectiva diferencial, esencial para comprender cómo se protege la imagen en contextos donde la identidad no pertenece solo a la persona, sino a toda una comunidad cultural.

2. La imagen como símbolo colectivo en comunidades étnicas

La imagen personal —rostro, indumentaria, símbolos, nombre espiritual, y aun los gestos y elementos culturales que constituyen la exteriorización de la identidad— adquiere en los pueblos indígenas una naturaleza colectiva, no reducible al individuo. Su protección jurídica, por tanto, no puede someterse a parámetros exclusivamente occidentales de individualización patrimonial, pues la imagen se entrelaza con el linaje, la memoria ancestral y el orden espiritual de la comunidad. En el caso de los pueblos indígenas de Colombia, esta dimensión colectiva ha sido reiteradamente reconocida por la constitución, la ley y la jurisprudencia.

2.1. La dimensión colectiva de la identidad étnica (artículos 7 y 8 de la Constitución)

La Constitución Política de 1991 transformó el paradigma de protección de las comunidades indígenas al elevar la diversidad étnica y cultural a pilar esencial del Estado social de derecho (art. 7). Ello comporta —según ha indicado la Corte Constitucional— que el Estado debe garantizar no solo la existencia física de los pueblos indígenas, sino también, la preservación de su identidad cultural, su cosmovisión y sus símbolos (T-380/93, T-652/98, SU-510/98). En esta línea, la imagen no es un atributo aislado de la persona, sino un símbolo identitario, cuya utilización sin autorización puede afectar la integridad cultural del grupo, distorsionar su representación pública, instrumentalizar sus signos sagrados e, incluso, alterar la jerarquía espiritual dentro de la comunidad.

2.2. La imagen como expresión del patrimonio cultural inmaterial

La Corte ha explicado que la imagen, cuando está ligada a prácticas tradicionales, integra el patrimonio cultural inmaterial protegido por los artículos 8, 70 y 72 de la Constitución. En la sentencia C-742/12, al analizar la protección del patrimonio cultural, señaló que este incluye llos usos, representaciones, expresiones, conocimientos y técnicas que las comunidades reconocen como parte integrante de su identidad cultural y social.

La imagen de un miembro de la comunidad —especialmente cuando incluye indumentaria tradicional, insignias o nombres espirituales— es una expresión cultural, no un mero retrato. Por ello, su explotación comercial exige salvaguardas reforzadas y un consentimiento que no solo corresponde al titular individual, sino que involucra a la autoridad tradicional (mamos, cabildos, autoridades espirituales), conforme con el Convenio 169 de la OIT (art. 6) y a la jurisprudencia T-129/11, T-005/16 y SU-123/18.

2.3. Jurisprudencia sobre símbolos étnicos, imagen colectiva y protección reforzada

La Corte Constitucional ha sido enfática en afirmar que la identidad e imagen de los pueblos indígenas no puede fragmentarse en componentes individuales para fines comerciales. Algunas decisiones clave son:

a) Sentencia T-769 de 2009:

La Corte prohibió la utilización de elementos culturales indígenas en actividades comerciales sin consulta previa, al considerar que tales símbolos son expresiones colectivas de identidad, cuyo uso no autorizado afecta la autonomía cultural.

b) Sentencia T-129 de 2011:

Se protegió la representación cultural de la comunidad Embera Chami frente a usos no consentidos en medios audiovisuales. La Corte sostuvo que la imagen y los símbolos de la comunidad son bienes intrínsecamente colectivos, imposibles de apropiación sin autorización previa y sin consulta.

c) Sentencia T-080 de 2017:

La difusión de fotografías de menores indígenas sin autorización del cabildo fue considerada una vulneración directa a la autonomía y al derecho a la identidad étnica. Recalcó que la imagen puede 'descontextualizar prácticas culturales sagradas'.

d) Sentencia SU-510 de 1998:

La Corte conceptualizó la identidad cultural indígena como un 'todo indivisible', en el cual los signos externos de una persona —incluida su imagen— participan de la esfera colectiva.

e) Sentencia T-428 de 1992:

Recalcó que la dignidad indígena tiene un contenido ampliado, incluyendo la protección contra 'exhibiciones folclorizantes o que reduzcan su identidad a objetos comerciales'.

2.4. Imagen, nombre espiritual y representaciones sagradas: protección máxima

En múltiples comunidades indígenas —como los pueblos Arhuacos (Iku), Kogi, Wayuu, Embera y Misak— el nombre espiritual constituye una expresión sagrada de la identidad. Su uso indebido profana la cosmovisión, altera el orden espiritual y la posición del individuo dentro del grupo, y genera, como ha reconocido la Corte en T-576/14 y T-080/17, un daño cultural autónomo, distinto del daño individual.

De allí que la imagen de un líder o miembro respetado no pueda separarse de su dimensión espiritual colectiva.

2.5. La explotación comercial y el riesgo de folclorización

La Corte ha advertido (T-769/09; T-129/11) que la extracción comercial de símbolos indígenas produce: folclorización (reducción del pueblo a un objeto exótico), cosificación (uso mercantil de sus signos espirituales), asimetrías de poder que vician la voluntad del individuo frente a empresas con capacidad económica. Por ello, exige un consentimiento libre, previo, informado, reforzado y culturalmente adecuado, conforme con el estándar de protección del Convenio 169 y la Ley 21 de 1991.

2.6. El estándar reforzado de consentimiento para el uso de imágenes étnicas

Cuando la imagen involucra elementos de identidad colectiva, el consentimiento debe cumplir: consulta o autorización de la autoridad tradicional; información clara sobre finalidad, medios, soportes y territorios de difusión; explicación en lengua propia, si es pertinente (T-523/97, T-129/11); ausencia de presión económica o relacional; compatibilidad cultural entre el uso y el rol espiritual del representado. El consentimiento defectuoso en comunidades étnicas no es solo inválido: es ineficaz, porque desconoce la naturaleza colectiva del derecho y vulnera la identidad cultural, lo que activa el control constitucional reforzado.

2.7. Imagen colectiva e indemnización por daño cultural

La Corte ha reconocido el daño cultural como categoría autónoma (T-576/14, T-080/17), distinto del daño moral individual. Este daño surge cuando se afecta la cohesión del grupo, se altera la autoridad espiritual, se distorsiona la representación colectiva ante el mundo exterior o, se vulneran signos y nombres sagrados. La imagen, tratada como símbolo identitario de la comunidad, es precisamente uno de los bienes jurídicos más sensibles a esta afectación.

La imagen de un miembro de un pueblo indígena no pertenece únicamente al individuo; está tejida en el entramado espiritual, cultural y político de la comunidad. Su utilización comercial sin consentimiento reforzado —y sin participación de la autoridad tradicional— constituye una vulneración simultánea del derecho fundamental a la imagen, del derecho a la identidad cultural colectiva, del patrimonio cultural inmaterial, y del derecho a la autonomía de los pueblos indígenas.

En consecuencia, cualquier régimen jurídico serio sobre la explotación de imágenes en Colombia debe reconocer que la protección es doble: individual y colectiva; patrimonial y espiritual; jurídica y cultural. Ningún análisis moderno del derecho a la imagen puede prescindir de este enfoque.

3. Consentimiento informado en comunidades étnicas

Posee un estándar reforzado según la jurisprudencia constitucional. La Corte ha sostenido que cuando están en juego bienes colectivos, símbolos culturales o elementos de identidad propia, el consentimiento no puede reducirse a un acto individual aislado. En SU-510 de 1998, la Corte explicó que la identidad cultural indígena es un 'todo indivisible', lo que implica que las decisiones individuales pueden afectar directamente la integridad del grupo.

Asimismo, en T-129 de 2011, al estudiar el uso de imágenes y expresiones culturales Embera Chami sin autorización, la Corte indicó que la utilización de representaciones culturales indígenas sin consulta previa vulnera la autonomía, la identidad y la integridad cultural del pueblo, incluso cuando la captación proviene de un individuo.

En la misma línea, en T-769 de 2009, la Corte sostuvo que cualquier intervención en símbolos culturales —incluida la imagen y los elementos rituales visibles— requiere consentimiento informado y culturalmente adecuado, respetando usos y costumbres. Por ello, el consentimiento debe adaptarse a los principios de autonomía colectiva, cosmovisión cultural, participación del consejo o cabildo, y comprensión lingüística conforme con la sentencia T-523 de 1997, que ordenó que la información jurídica a pueblos indígenas debe transmitirse de forma respetuosa de su idioma, cultura y tradiciones, que sea totalmente comprensible. Sin estas garantías, el consentimiento resulta incompleto y, conforme con T-080 de 2017, se convierte en una vulneración directa al derecho fundamental a la identidad étnica.

3.1. No basta el consentimiento individual

La Corte Constitucional ha sido consistente en afirmar que la imagen de una persona indígena no puede entenderse como un elemento puramente personal, sino como expresión de la identidad colectiva del pueblo. En T-514 de 2009, la Corte sostuvo que, los atributos identitarios visibles de una persona indígena —vestimenta, utensilios, símbolos y roles rituales— son expresión del colectivo y forman parte de su patrimonio cultural.

Así mismo, en T-004 de 2016, la Corte reiteró que los elementos rituales visibles (poporo, mochila, bastón, corona) no son accesorios sino símbolos de autoridad espiritual, cuya representación afecta directamente la comunidad: el cuerpo indígena no es únicamente un soporte físico; es un vehículo espiritual y cultural. Su representación externa involucra la dimensión colectiva.

Por ello, no basta la firma individual para autorizar la imagen. Conforme con T-129 de 2011 y T-769 de 2009, debe existir consentimiento del cabildo o autoridad tradicional, ya que la autorización aislada no satisface el estándar de autonomía cultural del pueblo indígena; consulta interna, pues las decisiones que afectan elementos culturales visibles pertenecen al ámbito comunitario; información clara sobre la finalidad cultural o comercial, según el estándar reforzado de información establecido en T-523 de 1997.

En síntesis, siguiendo SU-510 de 1998, el consentimiento individual es insuficiente porque la imagen indígena es un componente del 'sujeto colectivo', protegido constitucionalmente.

3.2. Consentimiento libre de asimetrías

La Corte ha advertido que las relaciones entre comunidades indígenas y empresas suelen desarrollarse en contextos de desigualdad estructural, lo cual compromete la validez del consentimiento. En T-009 de 2013, la Corte estableció que, el consentimiento solo es libre cuando el titular comprende plenamente las implicaciones y cuando las condiciones de asimetría no comprometen su voluntad.

Asimismo, en T-063 de 2022 subrayó que la brecha tecnológica y lingüística impide asumir que un consentimiento basado en explicaciones rápidas o técnicas sea verdaderamente informado: la barrera lingüística y el desconocimiento tecnológico afectan la comprensión y, por ende, la libertad del consentimiento.

En cuanto a la obligación de adaptar culturalmente la información, la sentencia T-523 de 1997 es categórica: las autoridades y particulares que actúan frente a pueblos indígenas deben transmitir información culturalmente apropiada, inteligible y respetuosa de su idioma.

Por eso, el consentimiento debe ser claro, sin tecnicismos, en un formato accesible y comprensible, adaptado a la cultura, explicando los riesgos y finalidades desde la cosmovisión del pueblo. Igualmente, debe ser verbalizado en lengua propia, cuando la comunidad así lo exija, contextualizado, según el estándar de protección reforzada desarrollado en T-129 de 2011 y T-080 de 2017. De lo contrario, existe consentimiento meramente formal, pero no libre ni informado, lo cual lo convierte —según la Corte— en un acto jurídicamente inválido e ineficaz cuando vulnera la identidad cultural.

4. Explotación comercial y apropiación cultural indebida

La utilización comercial de imágenes de comunidades étnicas —por parte de empresas, marcas, entidades turísticas o narrativas de mercadeo— ha reproducido históricamente lógicas coloniales que convierten la identidad indígena en un recurso publicitario o estético. Este fenómeno, ampliamente estudiado en antropología y reconocido por la jurisprudencia constitucional, constituye apropiación cultural, especialmente cuando no hay autorización válida, el uso tergiversa o trivializa el significado cultural, la comunidad no recibe beneficio alguno, o se manipulan los rituales, símbolos, vestimentas o elementos de valor espiritual.

La Corte Constitucional, en sentencias como T-769/09, T-129/11 y T-080/17, ha sostenido que la identidad cultural es un bien jurídico protegido y que ningún actor externo puede apropiarse de signos culturales sin consentimiento informado, colectivo y culturalmente adecuado, pues ello vulnera la dignidad étnica y afecta la autonomía del pueblo.

4.1. Apropiación simbólica

Ocurre cuando un tercero toma elementos culturales — vestimenta ritual, adornos, bastones de mando, mochilas, coronas, poporos, pintura corporal, ritos o gestos ceremoniales— sin permiso ni comprensión de su significado espiritual o comunitario. La Corte Constitucional ha explicado que muchos de estos elementos constituyen 'símbolos de autoridad, memoria o transmisión espiritual' (T-004/16; T-514/09).

Su uso por parte de empresas o publicistas, sin autorización de la comunidad, descontextualiza el símbolo, lo vacía de su sentido ancestral y lo convierte en un accesorio estético o exótico. Este proceso es parte de lo que la Corte llamó en

T-769/2009 'folclorización'; esto es, transformar la cultura indígena en imagen superficial para fines comerciales.

4.2. Apropiación espiritual

Sucede cuando imágenes con valor religioso, ritual o sagrado son utilizadas en campañas publicitarias, empaques, objetos de consumo o materiales comerciales sin consentimiento culturalmente válido. Esto incluye: usos de la imagen de un mamo, representaciones de objetos sagrados como el poporo, rituales captados sin autorización, identidades espirituales convertidas en marcas. La Corte, en T-080/17 fue clara al afirmar que la captura o difusión no autorizada de prácticas o símbolos sagrados constituye una vulneración a la identidad étnica y al fuero espiritual del pueblo indígena.

Este tipo de apropiación no solo vulnera la imagen; lesiona el orden espiritual, que es núcleo esencial de la identidad indígena según SU-510/1998.

4.3. Apropiación económica

Ocurre cuando un actor externo obtiene beneficios patrimoniales mediante el uso de la imagen, estética o símbolos del pueblo, sin otorgar reconocimiento ni participación en los beneficios. La Corte Constitucional, en sentencia T-129/2011, sostuvo que la explotación económica de expresiones culturales indígenas sin retorno para la comunidad, constituye vulneración del derecho a la identidad cultural y al principio de equidad.

Así, cuando una empresa comercializa productos, campañas, recordatorios, bebidas, empaques o mercancía con elementos identitarios indígenas, se apropia de un valor cultural que no le pertenece, genera lucro privado, sin redistribuir beneficios a la comunidad titular del patrimonio cultural. Esto se agrava cuando la explotación se realiza a gran escala —tiendas, franquicias, plataformas, productos derivados— sin participación económica de los pueblos originarios.

5. Daño cultural en la explotación no autorizada

El daño cultural no es abstracto; es visible, verificable y tiene consecuencias reales. La Corte Constitucional ha reconocido expresamente que el daño cultural afecta la 'dignidad colectiva del pueblo' (T-080/17; T-129/2011) y que su análisis exige un enfoque diferente al del daño moral individual.

Entre sus manifestaciones se encuentran: pérdida de control sobre símbolos y prácticas rituales, banalización de elementos sagrados, deformación de la identidad, invisibilización de significados propios, ruptura de la tradición oral o espiritual, y/o afectación del rol de autoridades tradicionales. Conforme con la jurisprudencia, este daño es:

a) Autónomo. No depende del daño moral individual. Puede existir, aunque ningún miembro específico declare afectación psicológica.

b) No cuantificable por criterios tradicionales. La Corte ha señalado que su valoración no puede reducirse a parámetros civiles de perjuicio, pues involucra dimensiones espirituales, históricas y colectivas (T-129/2011).

c) Reparado mediante medidas colectivas. No basta con una indemnización monetaria. La reparación exige: medidas simbólicas, restauración cultural, actos de reconocimiento, participación del cabildo, reconstrucción del significado espiritual; es decir, la explotación no autorizada de la imagen o de los símbolos indígenas produce un daño cultural complejo que trasciende la esfera individual y afecta directamente la identidad del pueblo en su conjunto.

6. Reparación integral en contextos étnicos

La reparación del daño cultural producido por la utilización no autorizada de la imagen —especialmente cuando involucra símbolos rituales, identidad colectiva o elementos con valor espiritual— no puede replicar los modelos occidentales de reparación privatista. La Corte Constitucional ha sido enfática en que, tratándose de pueblos indígenas, la reparación debe ser integral, diferenciada y culturalmente adecuada, respetando los tiempos, formas y prácticas del pueblo afectado (T-129/2011, T-080/2017, SU-510/1998). En T-129 de 2011, la Corte sostuvo que la afectación cultural exige medidas de reparación que incorporen la cosmovisión del pueblo indígena y su propia comprensión del daño.

Y en T-080/2017 precisó que el daño cultural afecta la dignidad colectiva y requiere formas propias de reconstrucción espiritual, simbólica y comunitaria.

La reparación, por tanto, no es lineal ni exclusivamente económica: debe considerar el orden simbólico, espiritual y político del pueblo.

6.1. Medidas materiales

Constituyen una dimensión necesaria, pero no suficiente, de la reparación integral. Entre ellas está la compensación económica, que reconoce la explotación indebida del valor cultural y del patrimonio inmaterial asociado a la imagen. La Corte ha aceptado que la indemnización monetaria puede ser procedente, siempre que se complemente con medidas simbólicas y estructurales (T-129 de 2011).

Cese del uso no autorizado, orden indispensable para detener la perpetuación del daño cultural. En T-769/2009, la Corte estableció que el cese inmediato es la primera forma de protección cuando se comprometen símbolos culturales.

Restitución de control sobre la imagen, que incluye la devolución de archivos, fotografías, material audiovisual o piezas digitales, así como la eliminación pública del contenido difundido sin consentimiento. La Corte ha dicho que la restitución es esencial para restituir la autonomía del pueblo sobre sus propios signos (T-080/17). Estas medidas buscan restablecer el equilibrio roto y evitar que el daño siga reproduciéndose en el tiempo.

6.2. Medidas simbólicas

Conforman el núcleo espiritual de la reparación integral; no son accesorios retóricos; son medidas para sanar la memoria colectiva, reparar la dignidad y restituir la armonía espiritual alterada por la apropiación indebida. Entre ellas: disculpas públicas que reconozcan la afectación cultural y espiritual ocasionada. La Corte ha sostenido que el reconocimiento público del daño es un elemento esencial para restaurar la dignidad colectiva (T-080/17). Actos rituales, definidos por la comunidad indígena y guiados por sus autoridades espirituales. Estos actos son indispensables para la recomposición del equilibrio espiritual roto por la difusión indebida de la imagen o de objetos sagrados. Reconocimiento del daño cultural mediante declaraciones, documentos o compromisos institucionales que acrediten que el explotador entiende la gravedad de la afectación y reconoce la titularidad cultural del pueblo. Reconstrucción de la memoria, a través de actividades que permitan recuperar el sentido cultural desfigurado por el uso comercial. La Corte ha indicado que en pueblos indígenas 'la memoria es un componente de identidad' cuya alteración exige acciones de reconstrucción colectiva (T-129 de 2011).

6.3. Garantías de no repetición

Buscan transformar las prácticas institucionales y empresariales que permitieron la apropiación cultural, asegurando que el daño no vuelva a ocurrir. Estas medidas son exigidas por la Corte cada vez que existe un patrón de explotación simbólica o cultural. Incluyen: capacitación intercultural, dirigida a funcionarios, empresas y equipos creativos, para comprender la cosmovisión del pueblo, el significado de sus símbolos y la estructura de su autoridad espiritual. En T-769/2009 la Corte señaló que la ignorancia cultural no exime responsabilidad y exige formación estructural. Protocolos de consentimiento adaptados, diseñados junto con la comunidad, que integren: consentimiento colectivo, explicación en lengua propia, análisis del impacto espiritual, participación del cabildo en cada etapa del proceso visual. La Corte ha insistido en que el consentimiento debe ser culturalmente adecuado (T-523/97; T-129/11). Participación de autoridades étnicas en procesos visuales, para que la comunidad supervise la forma como se capta, interpreta y reproduce su imagen, evitando descontextualización o folclorización. Estas garantías consolidan una transformación estructural que protege la identidad étnica a futuro.

6.4. Consultas previas en usos colectivos

Cuando el uso de la imagen afecta colectivamente al pueblo —por involucrar símbolos rituales, identidades espirituales, roles tradicionales o elementos de su patrimonio cultural inmaterial— puede exigirse consulta previa, conforme con el artículo 6 del Convenio 169 de la OIT y la jurisprudencia de la Corte Constitucional. En T-129/11 la Corte determinó que la consulta previa es obligatoria cuando la afectación recae sobre bienes culturales colectivos, aun si la captación parte de un individuo.

La consulta previa garantiza: deliberación interna en el pueblo, participación de sus autoridades, evaluación de los impactos culturales y espirituales, y definición autónoma sobre si es admisible el uso de la imagen. Cuando un tercero omite la consulta en un uso colectivo, la autorización individual carece de validez y las medidas de reparación deben incluir su reconstrucción espiritual, simbólica y organizativa.

7. El papel del Estado y de las autoridades tradicionales

La protección del derecho a la imagen en comunidades étnicas no recae únicamente sobre el individuo ni sobre la empresa que pretende usar la imagen. La Corte Constitucional ha señalado que el Estado tiene una obligación reforzada de protección, debido al estatus constitucional de la diversidad étnica (arts. 7, 8 y 330), y que las autoridades tradicionales son titulares de competencias culturales autónomas (SU-510/98; T-129/11).

En consecuencia, la protección integral exige una doble jurisdicción cultural: la del Estado, responsable de garantizar derechos fundamentales y controlar la actividad económica, y la de las autoridades indígenas, responsables de custodiar la identidad, símbolos y significados propios del pueblo.

7.1. El Estado debe garantizar la protección reforzada

El Estado, según la jurisprudencia constitucional (T-129/2011; T-769/2009; SU-510/1998), tiene el deber de: garantizar la protección reforzada del derecho a la imagen indígena, tratándose de un derecho cultural y espiritual, no meramente patrimonial; regular usos turísticos y comerciales, evitando folclorización, estigmatización o trivialización de los símbolos indígenas; vigilar campañas publicitarias y materiales comerciales que involucren identidades étnicas, para impedir representaciones descontextualizadas o discriminatorias; sancionar la apropiación cultural, especialmente cuando se obtiene lucro privado a partir de símbolos colectivos sin consentimiento; exigir consentimiento diferencial; es decir, un estándar más alto que el aplicable a sujetos no étnicos, atendiendo a la vulnerabilidad histórica de las comunidades. La Corte lo ha dicho con claridad en T-080/17: frente a los pueblos indígenas, el Estado debe adoptar medidas reforzadas de protección, para evitar cualquier explotación que vulnere la identidad cultural.

7.2. Las autoridades tradicionales

Las autoridades tradicionales —cabildos, mamos, consejeros espirituales, palabreros, jaibanás, autoridades mayores— ejercen competencias constitucionalmente reconocidas para proteger la identidad y la representación visual del pueblo. Según SU-510/98 y T-129/11, estas autoridades son guardianes de los significados espirituales, los roles rituales, la integridad de los símbolos visibles, y la memoria ancestral del colectivo. Por ello tienen la facultad de decidir sobre la representación visual del pueblo, evitando usos incompatibles con la cosmovisión indígena; validar usos culturales, asegurando que la imagen se utilice en contextos respetuosos; evitar tergiversaciones, manipulaciones o folclorización de los símbolos; participar en el consentimiento, pues el consentimiento individual nunca es suficiente cuando la imagen refleja valores colectivos. La Corte ha reiterado que la autoridad tradicional no es un 'trámite institucional', sino el órgano legítimo de interpretación cultural (T-514/2009; T-080/2017).

8. Conclusión

En comunidades étnicas, el derecho a la imagen es mucho más que un derecho individual: es un derecho cultural, espiritual y colectivo, indispensable para preservar la identidad del pueblo. La Corte Constitucional ha insistido en que la representación visual de un indígena es también representación del colectivo, debido al peso simbólico, ritual y ancestral que porta (SU-510/98; T-004/16).

Su vulneración trasciende al titular de la fotografía; impacta a la totalidad de la comunidad, porque la imagen encarna significados espirituales, roles tradicionales, memoria histórica y vínculos con la tierra y la espiritualidad. La explotación no consentida —especialmente la que persigue fines comerciales— constituye una forma de apropiación cultural que el derecho debe enfrentar con rigor. La jurisprudencia colombiana, en armonía con los tratados internacionales (Convenio 169 de la OIT), exige un consentimiento informado reforzado, respetuoso de la cosmovisión y de la autoridad tradicional, y adaptado a las particularidades lingüísticas y espirituales del pueblo.

El daño cultural que surge de la apropiación indebida no es abstracto: afecta la dignidad colectiva, altera la relación espiritual con los símbolos y rompe la memoria ancestral. Por ello, la reparación no puede ser solo económica; debe ser profunda, simbólica, ritual y estructural, reconstruyendo las bases espirituales y culturales afectadas. En suma, el derecho a la imagen en comunidades étnicas no es un accesorio del derecho civil; es un pilar de protección cultural y espiritual, que resguarda la existencia misma de los pueblos indígenas como sujetos colectivos de especial protección constitucional.

Capítulo 10

Procesos judiciales, carga probatoria y estrategias de litigio en el derecho a la imagen

1. Introducción: litigar la imagen como litigar la dignidad

Litigar un caso de imagen en Colombia es litigar la dignidad humana en su expresión más visible. La imagen, reconocida como dato personal sensible, según lo previsto en el artículo 5 de la Ley 1581 de 2012, está protegida bajo el estándar más elevado del ordenamiento jurídico. Su tratamiento exige consentimiento previo, expreso, informado y revocable, según lo establece el artículo 9 de la misma ley y los artículos 3, 4 y 12 del Decreto 1377 de 2013.

La Corte Constitucional ha reiterado que la imagen es parte de la autodeterminación informativa, afirmando en la sentencia SU-139 de 2021 que, la autorización en materia de datos personales, es esencialmente revocable, y que la imagen constituye un dato sensible cuya protección debe ser reforzada.

Así, cada litigio sobre imagen es, en esencia, un litigio sobre libertad personal, control de la identidad visual y los límites constitucionales del poder de empresas, instituciones, plataformas o incluso del Estado.

Este capítulo ofrece una visión integral, editorial y técnica de cómo se litiga la imagen en Colombia: cuáles son las vías judiciales, cómo opera la carga probatoria, qué papel cumplen los peritajes, cómo se analiza el consentimiento informado y cuáles estrategias procesales permiten acreditar de manera sólida la vulneración del derecho.

2. Vías judiciales: tutela, proceso civil y responsabilidad del Estado

2.1. La acción de tutela: protección inmediata del derecho fundamental

La acción de tutela constituye la vía judicial más eficaz para detener de manera inmediata la utilización no autorizada de la imagen, debido a que la Corte Constitucional ha reconocido que este derecho es una manifestación directa de la dignidad humana, de la libertad personal y de la autodeterminación informativa (SU-139/21, T-634/13, T-260/2012). La tutela procede, incluso cuando existen otros mecanismos judiciales, siempre que el daño sea actual, inminente o susceptible de agravación continua —como sucede en contextos digitales— y, por tanto, requiera protección urgente.

El fundamento constitucional de esta procedencia se encuentra en la conexidad entre el derecho a la imagen y los artículos 1, 15, 16 y 21 de la Constitución, que protegen la dignidad, la intimidad, el libre desarrollo de la personalidad y la honra. La Corte ha sido categórica en señalar que el uso no consentido de la imagen constituye una forma de tratamiento indebido de datos personales, lo cual activa el estándar reforzado de protección previsto para los datos sensibles (Ley 1581 de 2012, art. 5). En este contexto, la tutela permite adoptar órdenes estructurales como: el retiro inmediato de imágenes en plataformas digitales (T-277/15); la suspensión de campañas publicitarias cuando la difusión continúe generando daño (T-260/12); la eliminación de material audiovisual indebidamente almacenado (T-043/20); medidas de no repetición frente a patrones de explotación de imagen (T-141/19); y, en casos de comunidades étnicas, la protección reforzada de símbolos culturales, rituales e identidades colectivas (T-080/17; T-129/11).

En suma, la acción de tutela no solo detiene el daño, sino que restablece el control del titular sobre su identidad visual, garantizando el núcleo duro del consentimiento informado.

2.2. El proceso declarativo civil: la vía natural para indemnización y responsabilidad

Cuando la utilización no autorizada de la imagen genera daños —morales, patrimoniales, relacionales o culturales— la vía natural para obtener reparación es el proceso civil ordinario, basado en la responsabilidad extracontractual del artículo 2341 y ss. del Código Civil. La Corte Suprema ha consolidado tres líneas jurisprudenciales relevantes: a) el daño moral por vulneración de un derecho personalísimo es plenamente indemnizable, incluso sin necesidad de acreditar afectación psicológica profunda. La lesión a un derecho personalísimo, por sí misma, configura daño moral resarcible. b) El enriquecimiento sin causa surge cuando un tercero explota económicamente la imagen sin dar contraprestación alguna. c) El uso no consentido de la imagen genera responsabilidad objetiva en la dimensión cultural o espiritual cuando la imagen integra el patrimonio inmaterial de un pueblo indígena (CC, T-129/2011; T-080/2017).

El proceso civil habilita medidas complementarias, como: restitución del beneficio económico obtenido, cesación definitiva del uso, condenas a reparación simbólica, publicación de rectificaciones y, en casos de colectivos étnicos, medidas de reconstrucción cultural derivadas del daño.

A nivel probatorio, el proceso civil fortalece la importancia de peritajes en valoración económica de la imagen, estudios de alcance de difusión digital, informes de reputación, mercadeo y proyección de consumo, y pruebas antropológicas cuando la imagen posee contenido cultural. En definitiva, esta vía permite reconstruir la dimensión económica, moral y cultural del daño y fijar la indemnización correspondiente.

2.3. Responsabilidad del Estado y control judicial

Cuando la captura, uso o difusión de imágenes proviene de una entidad pública, el mecanismo principal es el medio de control de reparación directa, previsto en el artículo 140 del Código de Procedimiento Administrativo y de lo Contencioso [CPACA] (Ley 1437 de 2011). Este mecanismo se activa cuando el daño antijurídico es atribuible a la administración por: uso no autorizado en campañas institucionales, publicación en portales oficiales, almacenamiento de fotografías en bases de datos sin consentimiento, o manejo negligente de archivos digitales.

El fundamento constitucional está en el artículo 90 de la Constitución, que obliga al Estado a responder patrimonialmente por los daños antijurídicos causados por acción u omisión.

El Consejo de Estado ha consolidado jurisprudencia en materia de imagen, siendo emblemático el caso de la empleada de la Industria Licorera de Caldas, donde la entidad utilizó su imagen sin autorización en campañas institucionales. En sentencia del Consejo de Estado, Sección Tercera, Exp. 2009-00315-00 (2015), se condenó a la entidad al pago de perjuicios morales y materiales, reiterando que la imagen pertenece a la esfera de la autonomía personal y no puede ser utilizada por el Estado con fines institucionales sin consentimiento expreso (RCN Radio, 2026).

Además, el Consejo ha ordenado el retiro inmediato de contenido, indemnización por uso indebido, disculpas públicas y medidas de no repetición. Así, la responsabilidad estatal puede fundarse en: falla del servicio, violación del *habeas data,* daño especial, y omisión en proteger la autodeterminación informativa.

3. La carga de la prueba: eje central del litigio

La carga de la prueba en litigios de imagen presenta una característica singular: no opera bajo la regla tradicional civilista. Aquí se aplica el estándar especial del *habeas data,* conforme con el cual el responsable del tratamiento tiene la carga de demostrar la existencia, validez y alcance del consentimiento informado, según lo establece el artículo 6 de la Ley 1581 de 2012 y lo ha reiterado la Corte Constitucional (T-634/13, SU-139/21).

Esto implica una inversión material de la carga probatoria: el titular solo debe demostrar el uso de la imagen y la ausencia de una autorización válida, mientras que el responsable tiene la obligación reforzada de acreditar que cumplió todos los requisitos legales.

3.1. Lo que debe probar el demandante

En términos probatorios, al demandante le corresponde acreditar tres elementos mínimos: la existencia del uso de su imagen, ya sea en soportes físicos o digitales; la ausencia de consentimiento válido, es decir, que nunca otorgó autorización o que la supuesta autorización carece de los elementos legales de información, finalidad, comprensión y revocabilidad; la existencia de un daño, que puede ser moral, patrimonial, reputacional o cultural. Para ello, se suele aportar: capturas de pantalla, fotografías, videos, material publicitario, publicaciones digitales, y testimonios que acrediten el contexto del uso. Estos elementos permiten estructurar el primer nivel probatorio del caso: demostrar qué ocurrió y cuál fue el impacto inicial sobre la dignidad del titular.

3.2. Lo que debe probar el demandado

En contraposición, el demandado —sea empresa, institución o entidad estatal— enfrenta una carga probatoria reforzada, derivada de la naturaleza sensible de la imagen y del régimen del *habeas data*. Así, debe acreditar cumulativamente: que informó la finalidad del tratamiento (Ley 1581 de 2012, art. 4), que explicó el contenido de la autorización o hubo lectura del documento (Decreto 1377 de 2013, art. 12), que la autorización tenía vigencia específica y limitada (arts. 8 y 9 Ley 1581 de 2012), que existía una política de tratamiento accesible (Decreto 1377 de 2013, art. 3), que se informó la posibilidad de revocación en cualquier momento (art. 10 Ley 1581 de 2012), y que no hubo engaño, presión ni asimetría insalvable en el proceso de obtención del consentimiento.

La Corte Constitucional ha señalado que, si alguno de estos elementos no puede demostrarse, el consentimiento se tiene por inválido, lo que activa automáticamente la responsabilidad (T-634/13; SU-139/21).

4. Testimonio del titular: plena validez y función estructural en los litigios de imagen

El testimonio del titular ocupa un lugar central en los litigios de imagen porque permite reconstruir el hecho vital sobre el cual gravita toda la controversia: cómo se obtuvo el supuesto consentimiento y bajo qué condiciones reales se captó la imagen. Ningún documento contractual, ninguna cláusula y ningún formulario puede sustituir la experiencia vivida por la persona cuya imagen fue utilizada. Por eso, su declaración es una fuente directa, primaria e insustituible de la verdad procesal.

La CSJ ha sido categórica al afirmar, en STC-16743 de 2019, que el testimonio de la parte tiene plena validez: el juez no puede descartar el testimonio de la parte por su condición de interesado; debe valorarlo según las reglas de la sana crítica.

Este estándar se refuerza en litigios de imagen por tres razones estructurales:

- Primera razón: el consentimiento informado es un hecho complejo y contextual, no un acto formal

El consentimiento no se presume ni se deduce del silencio. Tampoco se agota en la firma. La Corte Constitucional —en T-634 de 2013, T-277 de 2015 y SU-139 de 2021— ha reiterado que el consentimiento informado es dinámico, ocurre en un contexto relacional, lingüístico y cultural, y requiere demostración plena de que la persona comprendió la finalidad, el alcance, la temporalidad, los usos, los canales de difusión, los efectos de la revocatoria.

Solo el titular puede narrar si realmente recibió esa información, si la entendió o si la firma fue un mero acto formal sin contenido informativo real. De ahí que su testimonio sea decisivo para revelar la autenticidad o inexistencia del consentimiento.

- Segunda razón: el testimonio describe lo que el documento oculta

Los documentos muestran lo que el responsable quiso dejar por escrito, pero no muestran si hubo lectura o explicación, si la persona estaba en situación de vulnerabilidad, si existió presión, prisa, engaño o error, si el contenido era incomprensible para el titular (barrera lingüística, técnica o cultural), si la finalidad informada coincidía con la finalidad real.

En múltiples fallos (T-414/2012; T-260/2012; T-277/2015) la Corte ha privilegiado el relato del afectado cuando el contexto evidencia que la información suministrada fue insuficiente, ambigua o inexistente.

- Tercera razón: el testimonio es la pieza clave para identificar daño moral, cultural o espiritual

El daño por uso no autorizado de imagen no es abstracto: es vivido. El titular es quien puede describir la afectación a su dignidad, las consecuencias reputacionales, la ruptura con su identidad cultural, la afectación espiritual (especialmente en comunidades étnicas), la alteración de su vida cotidiana, el dolor derivado de ver su imagen explotada, distorsionada o mercantilizada.

La jurisprudencia reconoce que los derechos personalísimos —dignidad, identidad, imagen, intimidad— se acreditan mediante vivencias subjetivas narradas por el propio afectado (CSJ SC-3604/21).

4.1. El testimonio activa el control judicial del consentimiento

El juez no examina solo el texto del documento, sino la coherencia entre lo que dice el papel y lo que ocurrió realmente. Por ello, el testimonio del titular permite al juez aplicar el principio constitucional de realidad sobre las formas (art. 228 C.P.), ampliamente desarrollado en T-634/2013 y SU-139/21.

En síntesis, sin el relato del titular no hay forma de verificar si el consentimiento fue libre, informado, proporcional, comprensible y revocable. El testimonio es, por tanto, un instrumento epistémico central y un mecanismo de justicia material.

5. El consentimiento informado como núcleo de la controversia judicial

En los litigios de imagen, el consentimiento informado no es un requisito accesorio; es el corazón mismo del proceso. De su validez depende la licitud del uso; de su ausencia o defectos surge inmediatamente la responsabilidad. La Corte Constitucional —desde T-307/2021 hasta SU-139/21— ha reiterado que el consentimiento informado constituye el estándar más alto de protección en materia de datos sensibles.

A diferencia del derecho civil, donde el consentimiento se presume salvo prueba en contrario, en materia de imagen ocurre lo opuesto: el responsable debe probar plenamente su existencia, validez y alcance (T-634/2013; art. 6 Ley 1581 de 2012). Esto convierte al consentimiento informado en el núcleo de la controversia judicial por tres razones técnicas:

1) Porque define la legitimidad del tratamiento

El consentimiento no es válido por existir; es válido si cumple todos los requisitos constitucionales y legales: Previo: otorgado antes del uso o difusión. Expreso: manifestado claramente, no tácito. Informado: basado en información comprensible y suficiente. Específico: delimitado en finalidad, duración y usos. Proporcional: acorde con la finalidad declarada, sin excesos. Y revocable: susceptible de ser retirado en cualquier momento. Cualquier afectación de estos elementos convierte el consentimiento en ineficaz, lo que vuelve ilícito el tratamiento de la imagen.

2) Porque el análisis judicial del consentimiento es material, contextual y no formalista

Los jueces —siguiendo T-634/2013, T-080/2017, T-129/11 y SU-139/2021— deben evaluar la comprensión real del titular, la situación de vulnerabilidad, la existencia de barreras lingüísticas, culturales o técnicas, la coherencia entre lo dicho y lo hecho, el equilibrio de poder entre las partes, la información omitida o tergiversada, la presión o inducción indebida. Es decir: el juez no analiza el documento; analiza la experiencia. No evalúa la firma; evalúa la comprensión. Este principio coloca el consentimiento informado en el centro del juicio.

3) Porque actúa como parámetro para valorar la conducta del demandado

El consentimiento es también un estándar de diligencia. Quien trata la imagen debe acreditar que: informó todo lo exigido por el art. 12 del Decreto 1377 de 2013, suministró mecanismos de revocatoria, respetó el principio de finalidad, actuó sin engaño ni presión, y no amplió indebidamente el uso de la imagen. Si el demandado no logra probar con rigor el cumplimiento de estos deberes, la responsabilidad surge automáticamente (T-634/2013; SU-139/2021).

5.1. El consentimiento informado como criterio de protección de grupos vulnerables

En personas indígenas, menores de edad, adultos mayores o personas con limitaciones lingüísticas o tecnológicas, el estándar es reforzado. La Corte Constitucional ha señalado que la información debe adaptarse a la cosmovisión, al idioma, al nivel educativo, a la autonomía colectiva (cuando se trata de pueblos étnicos). Esto implica que el consentimiento no es válido si no se adecuó al contexto sociocultural del titular (T-080/2017; T-129/2011).

5.2. El consentimiento como presupuesto de proporcionalidad

Incluso si el titular autorizó el uso, el tratamiento puede ser ilegal si la empresa excedió los medios, amplió la difusión, extendió la finalidad, convirtió la imagen en un símbolo comercial, o si el uso provocó daño cultural o espiritual. La proporcionalidad —como lo reiteró la Corte en SU-420/2019— es un límite natural del consentimiento.

5.3. El consentimiento y la garantía de revocatoria

La Corte Constitucional estableció en SU-139 de 2021 que la revocatoria es esencial, no puede renunciarse, debe ser efectiva, debe ser informada, y obliga al cese inmediato del uso. Cualquier autorización 'perpetua', 'irrevocable' o 'en deslinde absoluto' es inconstitucional.

En suma, el consentimiento informado no es un documento; es un proceso. No es un formulario, es un estándar constitucional. No es una firma, es una comprensión. No es un acto aislado, es una garantía permanente de autodeterminación informativa. Todo litigio de imagen gira en torno al consentimiento informado, porque ahí se decide si el uso fue legítimo o si constituyó un abuso de poder, un exceso empresarial o una vulneración directa de la dignidad humana.

6. El poder probatorio de los peritajes: márquetin, economía y antropología

Los peritajes cumplen un rol decisivo en los litigios de imagen porque permiten traducir al lenguaje técnico y verificable la magnitud del uso, el alcance del daño, el beneficio económico obtenido y, en comunidades étnicas, la afectación cultural. El juez no solo evalúa la validez del consentimiento; también necesita comprender qué tan lejos llegó la imagen, qué efectos produjo y qué apropiación generó.

La Corte Suprema y la Corte Constitucional han reconocido que, en derechos personalísimos como la imagen, la prueba pericial es un instrumento indispensable para objetivar fenómenos que, en apariencia, parecen intangibles (SC-3604/21; T-277/2015; SU-420/2019).

6.1. Peritaje de márquetin y publicidad

Este peritaje analiza la intencionalidad comercial y el impacto real del uso. Evalúa el alcance de campañas publicitarias, métricas digitales (impresiones, clics, conversiones, alcance orgánico y pago), segmentación y perfiles de audiencia, georreferenciación de difusión, posicionamiento de marca asociado a la imagen del titular, valor simbólico añadido a la marca por el uso no autorizado, participación en canales ATL, BTL y digitales, presencia en piezas POP, empaques, vitrinas o contenido audiovisual.

Estos elementos permiten demostrar que el uso de la imagen no fue casual ni inocuo, sino estratégicamente orientado a obtener beneficios comerciales. En palabras de la Corte Suprema (SC-3604 de 2021), la imagen tiene un valor económico susceptible de cuantificación, cuando es utilizada con fines comerciales.

Este peritaje permite, además, demostrar la reiteración del uso, la magnitud de la exposición, el valor reputacional capturado por el demandado, la apropiación de identidad como herramienta de márquetin. En litigios modernos, el análisis de redes sociales (*big data, engagement, sentiment analysis*) se ha convertido en un insumo clave para medir la profundidad del impacto visual y reputacional.

6.2. Peritaje económico

El peritaje económico traduce el uso indebido de la imagen en daños cuantificables, permitiendo al juez determinar el lucro cesante, establecer el valor de mercado de la imagen, calcular el beneficio económico obtenido por el demandado, identificar ahorros indebidos (al no contratar modelos o embajadores), comparar tarifas de uso de imagen según estándares de la industria.

La Corte Suprema ha consolidado una línea clara: la imagen es un activo económico cuando se explota comercialmente, incluso si el titular no es un personaje público (SC-3604 de 2021). Este peritaje se sustenta en tarifas de agencias de modelos, honorarios de embajadores de marca, pautas promedio de campañas, tarifas por uso en piezas digitales, retail o señalización, estudios de comercialización y marcación. Además, en casos de campañas masivas, debe incluir: análisis costo/beneficio, incremento en ventas atribuible a la campaña, y retorno de inversión (ROI publicitario). Es el peritaje que demuestra que la empresa ganó lo que no debía ganar, y que el titular perdió lo que debía cobrar por el uso de su identidad.

6.3. Peritaje antropológico

En comunidades étnicas, la explotación de la imagen trasciende lo económico. Afecta la identidad cultural, la memoria colectiva y la dimensión espiritual del sujeto y del pueblo al que pertenece. La Corte Constitucional —en T-778 de 2005, T-129 de 2011 y T-080 de 2017— ha reiterado que la identidad cultural es un elemento esencial de la dignidad de los pueblos indígenas.

El peritaje antropológico permite demostrar el significado ritual o espiritual de la imagen del titular, la importancia de los objetos culturales presentes en la fotografía (poporo, corona, bastón, mochilas), el rol del titular dentro de su comunidad (mamo, autoridad espiritual, líder cultural), la afectación causada por la apropiación simbólica o mercantil de elementos sagrados, la ruptura de la cadena de transmisión ritual o, la descontextualización de símbolos ancestrales.

Este peritaje no solo acredita daño; explica por qué la imagen no es solo un retrato. En pueblos indígenas, la imagen es representación del linaje, manifestación espiritual, símbolo de estatus ritual, y extensión de la cosmovisión. El análisis antropológico permite al juez comprender por qué la explotación visual puede alterar la autonomía cultural, generar daño espiritual y abrir la puerta a apropiación indebida de saberes.

7. Conclusión

Litigar el derecho a la imagen es litigar un espacio donde convergen la dignidad humana, la autodeterminación informativa, la responsabilidad civil, la economía digital y el poder simbólico de la representación visual.

Los jueces deben analizar estos casos desde el *habeas data*; no desde el civilismo tradicional. La carga de la prueba recae en el explotador. El consentimiento deja de ser un simple acto contractual para convertirse en una herramienta constitucional de control personal. Los daños —morales, patrimoniales, relacionales y culturales— deben acreditarse con rigor, pero también con comprensión de su dimensión humana.

La imagen es más que un retrato; es una ventana a la identidad. Por eso, su protección judicial debe ser estricta, técnica y profundamente respetuosa del ser humano.

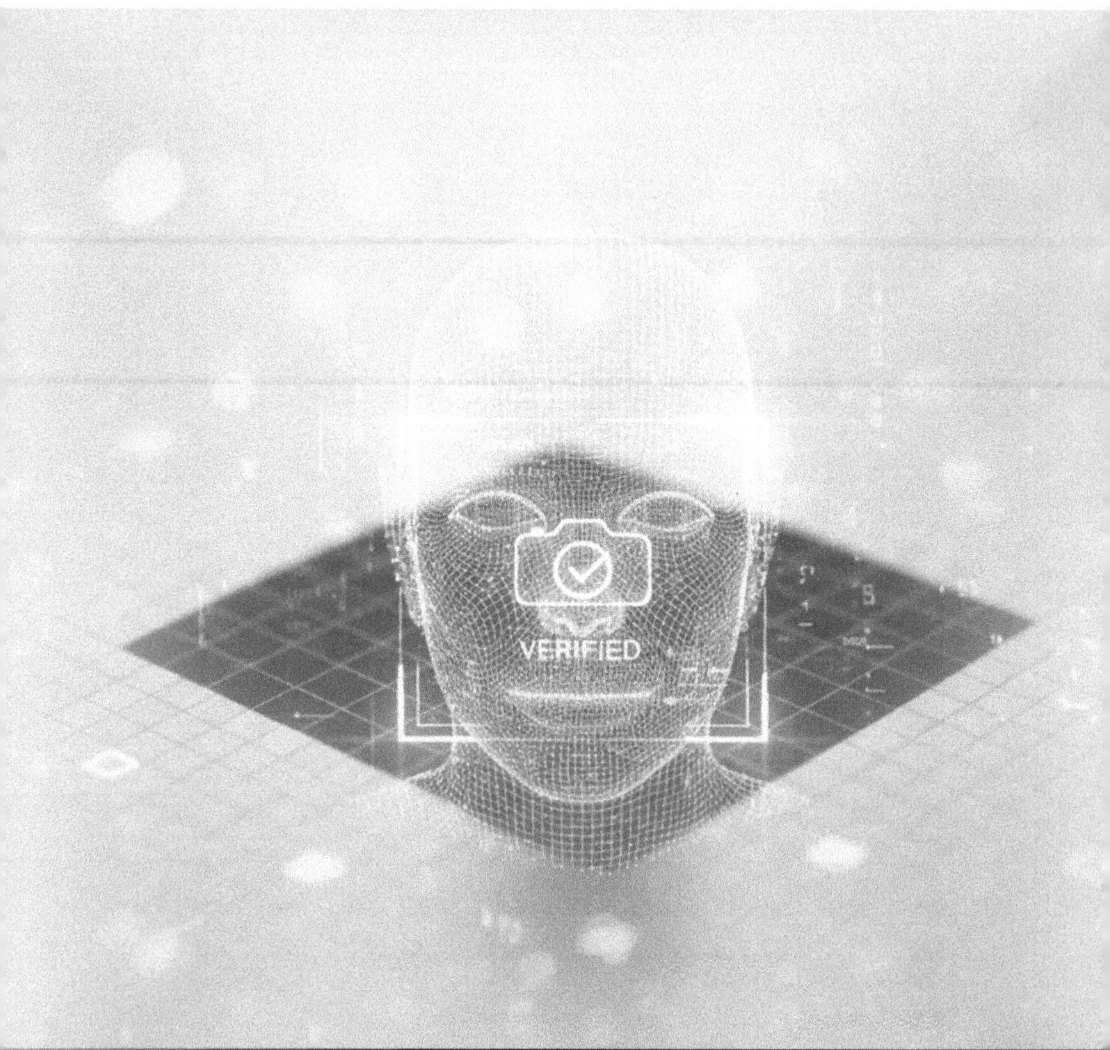

Capítulo 11

Prueba digital, autenticidad y métodos de verificación en litigios sobre la imagen

1. Introducción: la imagen como prueba en la era digital

La imagen, en los litigios contemporáneos, cumple una doble función: es derecho y es prueba. Esta dualidad adquiere especial relevancia en la era digital, donde los usos no autorizados ocurren mayoritariamente en entornos electrónicos, plataformas de redes sociales, ecosistemas publicitarios automatizados y campañas distribuidas por algoritmos. En este contexto, la prueba digital constituye la columna vertebral del litigio, porque permite demostrar el uso indebido, fijar la temporalidad de la publicación, verificar la identidad del presunto explotador, medir la magnitud del daño, acreditar la continuidad del uso en el tiempo, y reconstruir rutas técnicas que evidencian explotación comercial.

Las evidencias más comunes incluyen capturas de pantalla, publicaciones archivadas, videos, metadatos, reportes de plataformas de anuncios, bases de datos de servidores y registros históricos de actividad digital. Su complejidad excede la fotografía tradicional; ahora, cada imagen está acompañada de capas técnicas invisibles que el juez debe comprender mediante reglas procesales y peritajes especializados.

El Código General del Proceso [CGP] (Ley 1564 de 2012) reconoce expresamente la validez de la prueba digital en los artículos 165, 169, 244 y 247, estableciendo que los jueces deben valorarla bajo criterios de autenticidad, integridad, conservación y confiabilidad. Estos criterios no son meras formalidades; constituyen garantías para la verdad procesal en un entorno donde la información puede ser editada, manipulada o replicada a escala masiva.

La Corte Constitucional ha sido enfática en validar la fuerza probatoria de la evidencia digital. En la sentencia T-260 de 2012, sostuvo que las capturas digitales, cuando se presentan bajo condiciones mínimas de autenticidad y claridad, son plenamente valorables en juicio.

Con ello, el derecho procesal colombiano se alineó con estándares internacionales en materia de prueba electrónica, especialmente los desarrollados en la Unión Europea (Reglamento eIDAS), Estados Unidos (Federal Rules of Evidence 901) y la doctrina latinoamericana de protección de datos.

Este capítulo estudia en profundidad, cómo se integra la prueba digital en los litigios de imagen, cuáles son los métodos para verificar su autenticidad y qué estándares deben aplicarse para asegurar su eficacia probatoria en un proceso adversarial.

2. La prueba digital: naturaleza, admisibilidad y alcance

2.1. Qué es prueba digital

El artículo 247 del CGP define la prueba digital de manera amplia y tecnológicamente neutra, permitiendo abarcar cualquier información generada, transmitida o almacenada por medios electrónicos, ópticos o análogos. En los litigios de imagen, esta definición incluye: capturas de pantalla que acreditan publicaciones visibles al público, fotografías digitales y sus metadatos, videos insertos en plataformas, publicaciones en redes sociales (Facebook, Instagram, TikTok, X/Twitter, YouTube), mensajes electrónicos de divulgación comercial, reportes de campañas digitales (Facebook Business Manager, Instagram Ads, Google Ads,

TikTok Ads), registros de servidores de empresas, sistemas de reconocimiento facial utilizados sin consentimiento, y piezas audiovisuales modificadas con IA. La amplitud del concepto refleja un cambio de paradigma: la evidencia se construye a partir de huellas digitales, no únicamente a partir de documentos físicos

2.2. Admisibilidad

La prueba digital es admisible cuando cumple condiciones de: pertinencia (art. 176 CGP): su contenido debe demostrar un hecho sustancial del litigio: uso, difusión, finalidad comercial, identidad del explotador. Conducencia (art. 175 CGP): debe tener capacidad para probar el hecho alegado, lo cual abarca desde demostrar la existencia de una publicación hasta establecer la recurrencia del uso. Aporte adecuado (arts. 165 y 169 CGP): la evidencia debe presentarse de manera comprensible y verificable, sin exigir complejidad técnica innecesaria.

La Corte Suprema ha señalado que la prueba digital no es un medio excepcional, sino un instrumento ordinario cuya validez depende del cumplimiento de estándares razonables de autenticidad.

2.3. Autenticidad de la prueba digital

La autenticidad consiste en demostrar que la evidencia corresponde al hecho que pretende acreditar. En litigios de imagen, esto implica: identificar el perfil o plataforma desde la cual se difundió la imagen, verificar la integridad del archivo (que no fue modificado), demostrar coherencia técnica entre la evidencia y la plataforma, y atribuir razonablemente la publicación al demandado.

El criterio dominante no exige perfección probatoria, sino fiabilidad razonable, según lo establecido en T-043 de 2020.

La autenticidad puede acreditarse con: URL visible, fecha y hora, metadatos, certificación de plataformas, testimonio del capturador, registros de servidores, y peritajes digitales.

2.4. Reglas del Código General del Proceso

El artículo 247 exige que la evidencia digital cumpla estándares de autenticidad, integridad y conservación. Esto se garantiza mediante: capturas con URL, marcas de tiempo verificables, metadatos EXIF, peritajes forenses, certificaciones de plataformas, informes de administradores de servidores, y registros de actividad en sistemas publicitarios. Los artículos 226–241 del CGP regulan la evaluación pericial de esta evidencia, otorgando al juez un marco técnico para determinar credibilidad y fiabilidad.

2.5. Jurisprudencia

La sentencia T-043 de 2020 estableció una regla fundamental: los documentos electrónicos son auténticos cuando permiten atribuir su contenido a quien aparentemente los generó o difundió.

Este precedente implica que no se exige certificación notarial de toda evidencia digital; basta una cadena lógica que vincule el contenido con su probable autor; el análisis debe ser flexible pero técnico; la autenticidad se analiza bajo la sana crítica, no bajo estándares penales rígidos.

2.6. Capturas de pantalla

Son el instrumento más frecuente en litigios de imagen. La Corte Constitucional ha sostenido que la captura de pantalla es un documento válido para demostrar la existencia de una publicación digital (T-260/2012).

Su valor probatorio aumenta si incluyen: URL completa, fecha visible, perfil o identificador del anunciante, interacción social (*likes*, comentarios, compartidos), y estadísticas visibles de alcance. Son especialmente útiles en campañas publicitarias efímeras, publicaciones eliminadas, historias de redes sociales y en contenido rotado por algoritmos.

2.7. Metadatos y trazabilidad de la imagen

Los metadatos EXIF permiten reconstruir la historia técnica de la imagen, incluyendo fecha original de creación, geolocalización, dispositivo utilizado, alteraciones posteriores, compresión, exportación o edición.

1. Valor probatorio

El artículo 247 del CGP autoriza el uso de metadatos como mecanismo de autenticidad. Un perito forense puede extraerlos para demostrar integridad del archivo, ausencia de manipulación, autenticidad temporal, y coherencia técnica.

2. Uso en litigios de imagen

Los metadatos permiten acreditar la fecha exacta de captura, probar manipulación digital (montaje, alteración corporal, borrado de objetos), rastrear cuándo fue publicada por primera vez, así como, demostrar continuidad del uso a lo largo de años. Son esenciales cuando hay discusión sobre la temporalidad del consentimiento, la autoría de la fotografía, la manipulación de la identidad indígena o cultural.

2.8. Peritajes técnicos y tecnológicos

Los peritajes digitales, regulados por los artículos 226–241 del CGP, permiten acreditar:

A. Autenticidad avanzada

El perito determina si la imagen no es artificial, no es *deepfake*, no ha sido manipulada, y pertenece a una campaña verificable. Utiliza herramientas como: análisis espectral de píxeles, comparación de hash, reconstrucción de rutas técnicas, y algoritmos de detección de alteraciones.

B. Difusión y alcance

El perito puede medir el número total de reproducciones y vistas, impresiones en publicidad paga, segmentación de audiencia, alcance orgánico y pago, indexación en motores de búsqueda, duración de la exposición, y periodicidad del uso. Esto es indispensable para valorar daños y cuantificar el beneficio económico.

C. Manipulación o edición

El peritaje identifica alteración cromática, reemplazo de fondo, edición corporal, inclusión de logos, supresión de elementos y, distorsión de identidad, fundamental en casos de descontextualización cultural, sexualización indebida, apropiación simbólica, y uso comercial engañoso.

D. Jurisprudencia sobre peritajes digitales

La Corte Suprema señaló en STC-16743 de 2019 que, el juez debe valorar el dictamen pericial digital conforme con las reglas de una sana crítica, obeservando su rigor técnico y metodología. Esto implica un estándar dual:

- epistemológico (racionalidad, coherencia técnica),
- metodológico (procedimientos reproducibles, herramientas verificables).

El juez no puede rechazar un dictamen digital por prejuicio tecnológico ni aceptarlo sin escrutinio técnico.

E. La cadena de custodia digital

Asegura que la evidencia no fue manipulada, alterada o adulterada. Aunque el CGP no exige el rigor penal, la doctrina y la práctica han construido un estándar civil razonable que incluye acreditar fecha y hora exacta de obtención, identidad del capturador, método técnico utilizado (software, navegador, dispositivo), conservación del archivo original (no comprimido), ausencia de edición posterior e integridad del hash del archivo. La finalidad de la cadena de custodia digital no es ritualista, sino epistemológica: garantizar que el juez valore información que refleja fielmente lo ocurrido en la vida real.

F. Conservación y preservación de evidencia digital

Métodos recomendados de conservación y aseguramiento técnico

En materia digital, los jueces colombianos han reiterado que la validez probatoria depende de la preservación adecuada del archivo, entendida como la conservación de su integridad, autenticidad y metadatos. La Sala de Casación Civil de la CSJ, en la sentencia STC-16743 de 2019, señaló que la fuerza demostrativa del documento electrónico descansa en la conservación íntegra de su estructura interna, incluyendo sus metadatos. La alteración o pérdida de estos afecta directamente su valor probatorio.

Con fundamento en este precedente, las partes deben implementar prácticas de conservación técnica que eviten cualquier modificación inadvertida del archivo digital.

a. Guardar versiones originales del archivo

La jurisprudencia exige que el archivo tenga correspondencia fiel con la realidad representada. En CSJ SC-3604 de 2021, la Corte advirtió que la valoración del documento electrónico depende de su versión original, sin ediciones ni recompresiones automáticas.

b. Generar copias forenses (.pdf-A, .png)

La Corte Suprema ha indicado que los documentos electrónicos deben mantenerse en formatos que garanticen estabilidad y perdurabilidad. La preservación forense evita la pérdida de información esencial para el análisis del juez.

c. Usar herramientas de archivo web (Wayback Machine)

El Consejo de Estado —en providencias del 26 de abril de 2017 y 9 de mayo de 2019— afirmó que la evidencia digital alojada en la web puede ser acreditada mediante copias certificadas de repositorios digitales, las cuales capturan el estado del contenido en una fecha precisa y permiten reconstruir, incluso, páginas ya eliminadas (Gómez-Agudelo, 2020).

d. Certificaciones de plataformas digitales

El artículo 247 del CGP reconoce plena eficacia probatoria a las certificaciones emitidas por plataformas digitales. La Corte Suprema, por su parte, ha reiterado que, la certificación técnica emitida por un proveedor del servicio digital, constituye un medio idóneo para acreditar fecha, modo y lugar de publicación de la evidencia.

e. Conservación de artefactos físicos (USB, discos duros, tarjetas SD)

Los soportes originales forman parte de la evidencia. La Corte Suprema ha sostenido que la cadena de custodia no solo recae sobre el archivo, sino también sobre el dispositivo que lo contiene, ya que este puede preservar rastros, *logs* o *thumbnails* (miniaturas) que acreditan las circunstancias de captura.

f. Medidas cautelares para evitar destrucción de evidencia (art. 590 CGP)

En la providencia SC-3604 de 2021, la Corte Suprema recordó que en casos donde está comprometido el derecho a la imagen

—especialmente con fines comerciales— el juez puede y debe ordenar medidas para impedir la destrucción, garantizar la conservación del contenido, y asegurar que el archivo llegue íntegro al proceso.

3. Desaparición de contenido digital y prueba del uso previo

La Corte Constitucional ha dejado claro que la eliminación de contenido digital no borra el hecho jurídico. En T-043 de 2020 precisó que la conducta digital puede acreditarse, incluso cuando el contenido haya sido removido, a través de rastros persistentes, caché, copias y testimonios de terceros.

De igual forma, en T-289 de 2023, la Corte reiteró que los derechos fundamentales —incluido el derecho a la imagen— no se neutralizan por la eliminación posterior del material, especialmente si la difusión ya produjo efectos jurídicos o afectaciones a la dignidad. El Consejo de Estado ha sostenido que las administraciones deben poder reconstruir la existencia de contenido eliminado a partir de: cachés, registros de servidor, respaldos automáticos, y reconstrucciones técnicas disponibles. Si no pueden hacerlo, se presume afectado el debido proceso probatorio.

Por ello, aun si el explotador digital borra la publicación después de recibir una reclamación, el uso previo puede acreditarse mediante:

a) Capturas preservadas con hash.

La Corte Suprema validó el uso de capturas de pantalla siempre que se demuestre su integridad técnica (Centro de Entrenamiento Jurídico, 2025).

b) Registros de caché y temporales.

La jurisprudencia reconoce su valor como 'residuos digitales' que permiten reconstruir la conducta.

c) Publicaciones compartidas.

En T-260/2012, la Corte Constitucional sostuvo que la interacción social genera copias autónomas que mantienen la existencia del contenido, aun si el original desaparece.

d) Testimonios que describen la publicación.

La CSJ en sentencia STC-16743 de 2019 expresó que los testimonios son idóneos cuando se orientan a reconstruir el estado previo del entorno digital.

4. Verificación del uso comercial y su alcance

La determinación del uso comercial de la imagen constituye uno de los ejes centrales en el derecho contemporáneo de la imagen y en la protección del dato personal visual. A diferencia del uso doméstico, institucional o periodístico —que suelen tener un nivel menor de reproche jurídico— el uso comercial implica la inserción de la imagen en una cadena económica de valor, razón por la cual es el más severamente sancionado por la doctrina, la jurisprudencia y las normas que regulan la explotación económica de datos personales sensibles.

4.1. Criterios judiciales para diferenciar los tipos de uso

Los jueces deben distinguir, con precisión, entre: uso doméstico o personal, uso institucional, uso periodístico o informativo y uso comercial.

El uso comercial es aquel en el que la imagen del titular se incorpora en actividades orientadas a generar ingresos, incrementar ventas, posicionar un producto, mejorar métricas de marca o impulsar estrategias de márquetin. La Sala de Casación Civil de la CSJ, en sentencia SC-3604 de 2021, fue explícita al afirmar que, cuando la imagen es utilizada con fines comerciales, adquiere un valor económico susceptible de cuantificación.

Este criterio ha sido determinante para diferenciar la explotación lícita de la ilícita, para delimitar la naturaleza del daño y, para establecer la magnitud de la indemnización.

4.2. El estándar judicial de valoración de prueba digital

En concordancia con la naturaleza volátil del entorno digital, los jueces colombianos deben aplicar un estándar reforzado que asegure que la prueba digital no solo exista, sino que sea auténtica, íntegra y vinculada con los hechos del caso. El CGP establece principios específicos que se adaptan perfectamente a la evidencia digital:

1) Autenticidad (art. 247 CGP)

Debe acreditarse que el archivo corresponde a su fuente original, sin alteraciones.

2) Integridad

La estructura del archivo, sus metadatos y su hash deben conservarse intactos. La Corte Suprema (STC-16743 de 2019) insistió en que la integridad es la condición esencial para que el documento electrónico produzca efectos probatorios.

3) Fiabilidad del origen

Es indispensable demostrar quién produjo el archivo, bajo qué circunstancias y desde qué dispositivo.

4) Pertinencia (art. 176 CGP)

La evidencia debe relacionarse directamente con los hechos debatidos. En casos de imagen, esto exige vincular el archivo con la campaña, producto o pieza publicitaria que la explotó.

5) Conducencia (art. 175 CGP)

La prueba debe ser apta para demostrar el uso, alcance o explotación comercial.

6) Libertad probatoria (art. 165 CGP)

La prueba digital no está sujeta a formalismos; pueden utilizarse capturas, certificaciones, análisis técnicos, dictámenes, videos, registros de servidor, etc. La Corte Constitucional, en T-043 de 2020, reiteró que, el hecho de que la prueba sea digital, no disminuye su valor; lo importante es su autenticidad y su vinculación con los hechos del caso.

Este criterio ha sido fundamental para legitimar la evidencia digital en litigios sobre imagen, publicidad, datos personales y reputación.

5. Conclusión: la prueba digital como herramienta central del litigio moderno

La imagen es prueba y objeto de prueba. En litigios contemporáneos, la evidencia digital se ha convertido en el insumo esencial para demostrar: uso no autorizado, alcance de la explotación, daño sufrido, beneficio obtenido y, manipulación o tergiversación de la representación visual.

El derecho colombiano —a través del CGP, la Ley 1581 de 2012, el Decreto 1377 de 2013 y la jurisprudencia de las altas cortes— ha establecido un marco claro y robusto para la admisibilidad y valoración de la prueba digital. En un entorno donde las imágenes circulan con velocidad y pueden desaparecer sin dejar rastro, saber asegurar, autenticar y presentar evidencia digital es una de las habilidades más importantes del litigante moderno.

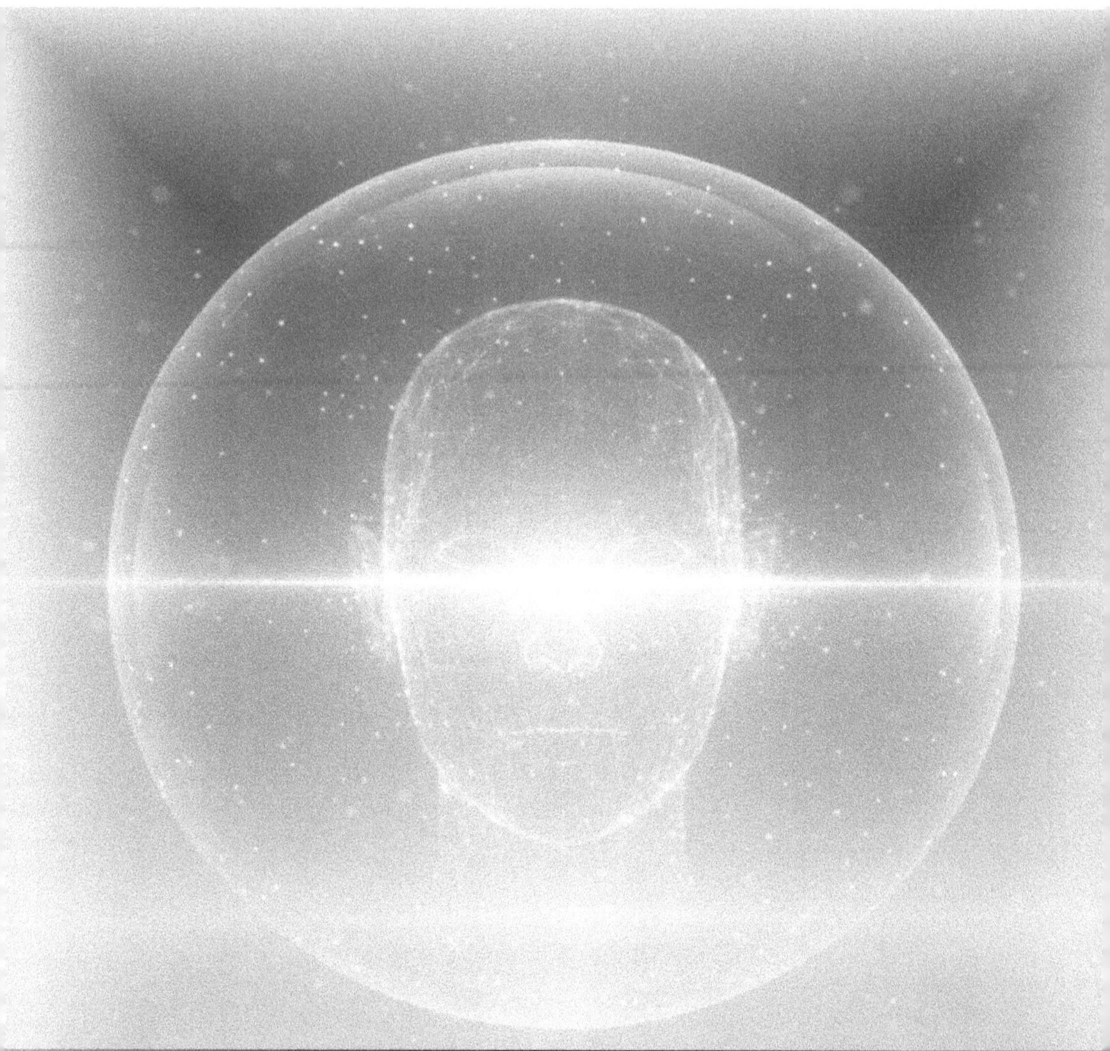

Capítulo 12

Las medidas cautelares, la tutela preventiva y los mecanismos de urgencia en la protección del derecho a la imagen

1. La urgencia como condición estructural del derecho a la imagen

El derecho a la imagen posee una característica que lo distingue de otros derechos personalísimos: su vulneración dinámica, expansiva y potencialmente progresiva. En un entorno digital donde los contenidos se replican sin control, una fotografía puede multiplicar su alcance en minutos, un video puede viralizarse globalmente, y una campaña publicitaria puede reproducirse automáticamente en distintas plataformas. La afectación, por tanto, no es estática, sino que se intensifica mientras permanezca en circulación.

Este rasgo esencial explica por qué la protección del derecho a la imagen no puede ser únicamente declarativa, residual o reparadora. La imagen —como dato personal, como expresión identitaria y como atributo de dignidad— exige mecanismos preventivos, inmediatos y cautelares, cuya finalidad es evitar que el daño se agrave antes de que el juez pueda decidir de fondo. La Constitución colombiana reconoce esta urgencia en dos planos:

- Jurisdiccional, a través del artículo 86, que faculta la acción de tutela para proteger derechos ante vulneraciones actuales o inminentes.

- Procesal civil, a través de los artículos 590–594 del CGP, que regulan las medidas cautelares como herramientas para detener la continuación o expansión del daño.

Asimismo, el régimen de protección de datos personales (Ley 1581 de 2012 y Decreto 1377 de 2013) incorpora una lógica de anticipación: dado que la imagen es un dato personal, su tratamiento exige consentimiento previo, expreso e informado; cuando dicho consentimiento falta o se utiliza más allá de su alcance, el ordenamiento impone una reacción inmediata para detener el tratamiento ilícito. La Corte Constitucional ha reiterado esta idea con claridad; en la Sentencia T-260 de 2012 sostuvo que cuando la imagen de una persona se usa sin autorización, la afectación es actual, continua y susceptible de intensificación.

Por ello, no es necesario esperar al juicio ordinario para detener la vulneración: la magnitud del daño crece con el tiempo, lo cual exige una reacción judicial inmediata. La expansión autónoma de lo visual en entornos digitales refuerza esta necesidad. A diferencia de otros bienes jurídicos, la imagen no se agota con el uso; no se consume con el tiempo; no se extingue al retirarse de un solo lugar; puede persistir en servidores distribuidos, copias de terceros, cachés automáticos y plataformas globales.

En consecuencia, el derecho colombiano ha desarrollado un sistema híbrido —tutela, cautelares, medidas administrativas y respuestas penales— para enfrentar la velocidad con que el daño se expande. El principio rector es contundente: si la lesión crece en segundos, la protección debe activarse en segundos. Este capítulo expone, justamente, ese conjunto de mecanismos de urgencia y su funcionamiento articulado.

2. La naturaleza preventiva del derecho a la imagen y sus fundamentos normativos

El derecho a la imagen es, por esencia, un derecho preventivo. A diferencia de otros derechos cuya afectación exige un daño consumado o plenamente materializado, la naturaleza de la imagen —como dato personal, como signo identitario y como proyección de la dignidad humana— impone una lógica distinta: la protección jurídica debe operar antes de que el daño se consolide. Esta característica no es casual. Se deriva de las propiedades intrínsecas de la imagen en el ecosistema mediático y digital contemporáneo:

- Replicabilidad infinita: un archivo puede copiarse ilimitadamente sin pérdida de calidad.

- Difusión sin control: una vez la imagen ingresa en redes sociales o plataformas digitales, circula autónomamente.

- Permanencia indefinida: los sistemas de almacenamiento, caché y servidores distribuidos conservan versiones, incluso después de que el contenido original se elimina.

- Susceptibilidad a manipulaciones: ediciones mínimas pueden alterar su significado, contexto o carga simbólica.

- Vinculación directa con la dignidad personal: la imagen proyecta identidad, reputación, pertenencia cultural y reconocimiento social.

- Explotabilidad económica: puede incorporarse en campañas, productos, marcas o plataformas comerciales, generando lucro sin autorización del titular.

Estas características justifican que el juez adopte medidas urgentes, temporales y definitivas para evitar que la vulneración crezca mientras se decide de fondo. Como lo ha reconocido la Corte Constitucional, tratándose de imagen, el riesgo de intensificación del daño es estructural (T-300 de 2017).

2.1. Fundamento constitucional y normativo

La naturaleza preventiva del derecho a la imagen se encuentra anclada en diversas fuentes normativas:

a) Constitución Política — Artículo 86 (acción de tutela)

Consagra un mecanismo judicial inmediato para evitar vulneraciones actuales o inminentes. La Corte, en Sentencia T-260 de 2012 ha destacado que, en materia de imagen, la tutela es especialmente idónea, cuando hay explotación continúa y, cuando existe riesgo de difusión masiva y la afectación se agrava con el tiempo. Cuando la imagen personal está siendo usada sin autorización, la afectación es actual, continua y susceptible de intensificación.

b) Ley 1581 de 2012 — Artículo 9 (consentimiento previo, expreso e informado)

La imagen, como dato personal, solo puede ser tratada cuando existe consentimiento previo y válido. La ausencia de consentimiento convierte el tratamiento en ilícito desde el primer momento, autorizando medidas inmediatas de suspensión y supresión.

c) Decreto 1377 de 2013 — Arts. 3–12

Desarrolla los principios de: finalidad, tratamiento adecuado, circulación restringida, proporcionalidad y, derechos del titular. La norma permite exigir suspensión inmediata, revocatoria, supresión de la imagen y cualquier otra medida necesaria para evitar la continuidad del daño.

d) Código General del Proceso — Arts. 588–594 (medidas cautelares)

Establece un sistema de medidas provisionales que permiten detener la explotación no autorizada, retirar o bloquear el contenido, ordenar abstenciones, suspender campañas, e impedir la amplificación del daño. Es un régimen diseñado para responder antes del fallo, precisamente porque el daño derivado de la imagen se agrava con el paso del tiempo.

2.2. Naturaleza jurídica de la protección preventiva

La doctrina ha señalado que el derecho a la imagen no solo otorga una facultad negativa (impedir el uso no autorizado), sino también, una facultad positiva de control que incluye: detener la difusión, impedir la circulación, solicitar la supresión, exigir medidas correctivas inmediatas, y oponerse a cualquier uso que exceda lo permitido. La Corte Constitucional, en la sentencia T-634 de 2013, sostuvo que la imagen es un dato personal sensible, razón por la cual la protección debe ser inmediata, sin necesidad de acreditar perjuicio irremediable, siempre que la explotación sea actual, la difusión sea masiva o continuada, y exista riesgo de intensificación del daño. Este enfoque refuerza la idea de que la protección de la imagen es *ex ante,* no solo *ex post*.

2.3. Justificación estructural del carácter preventivo

La urgencia en la protección del derecho a la imagen no es meramente procesal; es ontológica. La imagen es un bien jurídico que, una vez vulnerado, genera tres efectos inmediatos:

- Propagación automática: cada minuto adicional de circulación aumenta la audiencia potencial.

- Pérdida de control: el titular ya no puede decidir quién la ve, cómo se usa o con qué fin se reproduce.

- Deterioro de la autodeterminación informativa: el sujeto pierde capacidad de gestionar su identidad visual frente al mundo.

Por estas razones, la jurisprudencia constitucional ha reiterado que los jueces deben actuar con celeridad reforzada, pues la inacción judicial se traduce en agravación del daño.

2.4. Articulación con los demás mecanismos de urgencia

El carácter preventivo del derecho a la imagen se expresa a través de tres grandes vías:

- Medidas cautelares civiles (CGP): detienen la explotación en el proceso judicial.

- Acción de tutela preventiva: protege el derecho cuando la afectación es actual, continua o inminente.

- Mecanismos del régimen de *habeas data*: supresión, revocatoria, suspensión del tratamiento y sanciones administrativas.

3. Medidas cautelares en procesos civiles: finalidad, requisitos y órdenes típicas

Las medidas cautelares son el instrumento central del proceso civil para proteger el derecho a la imagen mientras se decide de fondo. Su propósito no es anticipar la sentencia, sino impedir que el daño continúe, se intensifique o se vuelva irreparable durante la tramitación judicial. En litigios sobre imagen —especialmente en entornos digitales o publicitarios— esta función es decisiva, pues la circulación del contenido puede expandirse de forma exponencial, y el paso del tiempo agrava la afectación. Por ello, el CGP (arts. 588–594) fue diseñado para responder a esa urgencia, permitiendo órdenes de suspensión, retiro y bloqueo desde las etapas iniciales del proceso.

3.1. Finalidad de las medidas cautelares en materia de imagen

Las medidas cautelares persiguen tres propósitos esenciales:

1) Detener la circulación del daño

La imagen, al ser un dato visual reproducible y replicable, puede alcanzar a miles de espectadores en cuestión de segundos. La medida cautelar evita que el daño siga expandiéndose mientras el juez delibera.

2) Preservar el objeto del litigio

Si la imagen continúa en uso, la controversia pierde sentido: la afectación ya no sería hipotética sino consumada. La medida cautelar preserva el estado de cosas para que la sentencia pueda cumplir un rol efectivo.

3) Proteger la dignidad y la autodeterminación informativa

Siguiendo la jurisprudencia constitucional (T-260 de 2012; T-634 de 2013), la dignidad se considera un bien jurídico de protección inmediata, cuando se trata de imagen personal, especialmente si la explotación es: comercial, masiva, continuada, o realizada sin consentimiento válido.

3.2. Requisitos para decretar medidas cautelares (CGP, arts. 590–594)

El juez evalúa cuatro elementos estructurales que, aunque clásicos en el derecho procesal, adquieren un matiz especial cuando la medida cautelar se solicita para proteger la imagen:

1. Apariencia de buen derecho — *fumus boni iuris*

Debe demostrarse que existe una vulneración actual, probable o inminente del derecho a la imagen. Aquí basta con acreditar: falta de autorización, defectos del consentimiento informado, o uso comercial sin prueba de habilitación. En SC-3604 de 2021, la Corte Suprema reiteró que la explotación comercial de una imagen presume perjuicio, dada su naturaleza económica y moral.

2. Riesgo en la demora — *periculum in mora*

El solicitante debe mostrar que, esperar a la sentencia agravaría el daño. La Corte Constitucional lo ha explicado enfáticamente en T-300 de 2017: tratándose de la imagen, el riesgo de intensificación del daño es estructural. Es decir, el simple paso del tiempo multiplica la afectación, dado el carácter replicable de la imagen.

3. Idoneidad y necesidad de la medida

El juez valora si la medida propuesta es adecuada para detener la vulneración sin generar un perjuicio desproporcionado. En materia de imagen, las medidas son casi siempre idóneas, porque su finalidad es detener un acto ilícito en curso.

4. Caución (cuando sea necesaria)

Aunque el CGP prevé la posibilidad de exigir caución, en litigios de derechos personalísimos esta exigencia es excepcional, pues la medida protege un derecho fundamental y no un interés económico del actor.

5. Ponderación de intereses

El juez debe equilibrar los derechos involucrados, especialmente cuando el demandado es un medio de comunicación, una entidad pública o una empresa con actividades legítimas. Pero la Corte Constitucional, en reiterada jurisprudencia (T-260/12, T-634/13, T-300/17), ha sostenido que cuando la imagen se usa sin autorización, la protección del titular prevalece frente a intereses económicos o comerciales del explotador.

3.3. Medidas típicas que el juez puede ordenar en litigios de imagen

El abanico de medidas cautelares en procesos de imagen es amplio y flexible. Entre las más comunes se encuentran:

1. Suspensión inmediata de campañas publicitarias.
2. Retiro de contenido digital en sitios web, redes sociales, plataformas o aplicaciones.
3. Eliminación de material impreso (folletos, empaques, afiches, catálogos).
4. Bloqueo temporal de perfiles o publicaciones donde aparece la imagen.
5. Abstención de seguir usando la imagen durante el proceso.
6. Congelación de piezas comerciales (material audiovisual, impresos, artes, videos corporativos).
7. Prohibición de difusión futura mientras se resuelve la controversia.

Estas medidas no son sanciones; son herramientas de contención: evitan que la propagación del daño haga inútil la sentencia final.

3.4. Duración y efectos de las medidas cautelares

Las medidas se mantienen durante todo el proceso, o hasta que se compruebe el consentimiento válido, el titular otorgue autorización posterior, el daño cese voluntariamente, o se dicte sentencia definitiva. En materia de imagen, el juez suele mantener la cautelar hasta el final del proceso debido al carácter continuo de la explotación. La jurisprudencia constitucional ha sido clara: si la vulneración persiste durante el litigio, la afectación aumenta, lo que contradice la naturaleza protectora de la función judicial.

3.5. La doctrina del 'daño expansivo' como fundamento de la cautelar

La Corte Constitucional acuñó en T-260 de 2012 el concepto de daño actual, continuo y susceptible de intensificación, que se ha convertido en la piedra angular para decretar medidas provisionales. Este criterio implica que, no es necesario demostrar riesgo futuro; basta con mostrar que el uso continúa y, que el daño crecerá mientras el contenido siga activo. Esto ubica a la imagen dentro de la categoría de bienes jurídicos que requieren protección urgente reforzada, al igual que los datos personales sensibles y el honor.

4. La tutela preventiva, la tutela de urgencia cultural y el rol del juez constitucional en la protección de la imagen

La acción de tutela es, en Colombia, el mecanismo por excelencia para la protección inmediata del derecho a la imagen. No se trata únicamente de un recurso subsidiario o residual; en los casos donde existe amenaza o vulneración actual o inminente, la tutela adquiere una dimensión preventiva, orientada a impedir que el daño se agrave o se prolongue en el tiempo. El derecho a la imagen —al igual que los datos personales— encaja de manera natural dentro de la estructura constitucional del artículo 86, porque sus vulneraciones poseen tres características que convierten a la tutela en el mecanismo idóneo: son de propagación inmediata, especialmente en entornos digitales; son susceptibles de intensificación, pues el daño crece mientras la imagen continúa siendo difundida; afectan directamente la dignidad humana, lo cual activa la protección reforzada del juez constitucional.

A partir de estos elementos, la Corte Constitucional ha construido una teoría robusta sobre la tutela preventiva en materia de imagen, y ha reconocido que existen escenarios donde la intervención del juez constitucional no solo es posible, sino

4.1. La tutela preventiva: cuando la lesión no debe consumarse para ser protegida

La forma más clara de tutela aplicable al derecho a la imagen es la tutela preventiva, cuyo propósito es evitar que un daño inminente pero aún no consumado se materialice. La Corte ha reiterado este principio en múltiples decisiones. En T-260 de 2012 señaló que la imagen, cuando es utilizada sin autorización, genera un daño actual, continuo y susceptible de intensificación, lo cual legitima la intervención inmediata del juez de tutela.

Este criterio tiene dos implicaciones fundamentales:

- La vulneración no necesita consolidarse para que proceda la tutela.

- La amenaza de difusión o la continuidad del uso son suficientes para activar medidas urgentes de protección.

Así, cuando una persona se da cuenta de que su imagen va a ser usada en una campaña, o que ya comenzó a circular sin su consentimiento, la tutela preventiva es la vía constitucional para detener la explotación, antes de que se amplifique.

4.2. La tutela de urgencia cultural: protección reforzada cuando la imagen afecta identidad étnica

Existe un segundo nivel de protección, aún más exigente: la tutela de urgencia cultural. Esta tutela opera cuando la imagen involucra elementos de: identidad étnica, representación ancestral, símbolos tradicionales, prácticas espirituales, o nombres sagrados o comunitarios. En la emblemática sentencia T-778 de 2005, la Corte Constitucional reconoció que los pueblos indígenas tienen derecho a una protección reforzada de su identidad cultural, especialmente frente a apropiaciones no autorizadas hechas por terceros. Esta protección incluye: impedir la explotación comercial de sus símbolos, evitar distorsiones de sus representaciones, proteger la integridad de su imagen colectiva e individual, y neutralizar usos que desfiguren su cosmovisión.

Luego, en decisiones como T-009 de 2013 y T-514 de 2009, la Corte reiteró que el uso no autorizado de elementos de identidad cultural —incluidos nombres, vestimentas, imágenes y representaciones visuales— vulnera simultáneamente la autonomía cultural, la dignidad étnica, el derecho al libre desarrollo cultural, y el derecho a la imagen en sentido amplio.

En estos escenarios, la tutela opera no solo para proteger la imagen individual, sino para evitar que la explotación afecte la identidad colectiva, que posee un valor constitucional autónomo (arts. 7 y 70 CP). Así, se configura la tutela de urgencia cultural: una herramienta que reconoce que, cuando la imagen involucra identidad cultural, el daño es más profundo, más grave y más difícil de reparar.

4.3. La relación entre tutela y procesos civiles: coexistencia y complementariedad

El hecho de que exista un proceso civil en curso no impide la tutela, cuando: el daño es actual o inminente, el proceso civil no ofrece protección urgente, el daño se intensifica con el tiempo, y la imagen requiere una intervención inmediata. La Corte Constitucional lo reiteró en T-043 de 2020: la existencia de un proceso ordinario no excluye la procedencia de la tutela cuando el tiempo del proceso torna ineficaz la protección de los derechos fundamentales.

Por ello, tutela y proceso civil no compiten; operan en planos distintos. El proceso civil resuelve la responsabilidad, la indemnización y la valoración probatoria. La tutela corrige la urgencia, detiene el daño y evita la expansión. Ambos mecanismos se complementan para brindar una protección completa.

5. Protección urgente en el régimen de *habeas data*: suspensión, revocatoria y medidas administrativas de la Superintendencia de Industria y Comercio

El régimen de protección de datos personales constituye un mecanismo autónomo, paralelo y complementario de protección del derecho a la imagen. En Colombia, la imagen no solo es un atributo de la personalidad o un derecho fundamental autónomo: es también un dato personal (Ley 1581 de 2012, art. 3) cuyo tratamiento requiere consentimiento previo, expreso e informado. Esto significa que, además de la tutela y de las medidas cautelares civiles, el titular de la imagen cuenta con un sistema administrativo de protección inmediata que permite: suspender el uso de la imagen, revocar la autorización, exigir la supresión, ordenar la corrección de finalidades, imponer sanciones, y activar medidas de urgencia sin necesidad de acudir a un juez.

La Superintendencia de Industria y Comercio —autoridad nacional de protección de datos— tiene facultades directas para intervenir en cualquier tratamiento ilegal o riesgoso de la imagen.

5.1. La protección preventiva en la Ley 1581 de 2012: un sistema diseñado para detener el daño

Tres disposiciones de la Ley 1581 de 2012 ilustran que el modelo de protección de datos es esencialmente preventivo:

1) Artículo 8 — Derechos del titular

El titular puede, en cualquier momento, solicitar corrección, actualización, supresión o, revocar la autorización de tratamiento. No se requiere litigio previo ni demostrar perjuicio; basta con que el tratamiento sea indebido, excesivo, engañoso o sin finalidad legítima.

2) Artículo 10 — Tratamiento no autorizado

Prohíbe cualquier tratamiento sin consentimiento previo, expreso e informado. Desde el primer momento del uso no autorizado, el tratamiento es ilícito, lo cual habilita medidas inmediatas de suspensión.

3) Artículo 17 — Deberes del responsable

El responsable del tratamiento debe garantizar en todo momento: seguridad, confidencialidad, uso adecuado, circulación restringida, y finalidades legítimas. El incumplimiento genera intervención administrativa inmediata.

5.2. El Decreto 1377 de 2013: suspensión, revocatoria y supresión como medidas urgentes

El Decreto 1377 de 2013 desarrolla el carácter preventivo del régimen de datos. Dos normas son especialmente relevantes:

a) Artículo 12 — Revocatoria y supresión como medidas inmediatas

Dispone que:

> El titular podrá revocar la autorización y/o solicitar la supresión de sus datos personales en cualquier momento [...] cuando no se respeten los principios, derechos y garantías constitucionales. (párr. 5)

En materia de imagen, esto significa que, si no hubo consentimiento informado, el consentimiento no fue claro, la imagen se usó para finalidades distintas, se excedieron los límites autorizados, el titular puede exigir el cese inmediato del tratamiento, sin trámite judicial.

b) Artículos 8, 9 y 11 — Circulación restringida, principio de finalidad y calidad del dato

Obligan a que el tratamiento: obedezca exclusivamente a la finalidad informada, sea proporcional, esté limitado en el tiempo y el medio, no se extienda a usos no consentidos, y no induzca a error. Cada vez que la imagen circula con finalidad distinta o engañosa, la afectación no es solo un problema de imagen: es un problema de *habeas data*, con medidas urgentes disponibles.

5.3. La figura de la suspensión del tratamiento: la herramienta administrativa equivalente a una cautelar

La Superintendencia puede ordenar, por vía administrativa, la suspensión temporal o definitiva del tratamiento de la imagen, en estos casos: falta de consentimiento, consentimiento inválido, tratamiento engañoso, finalidades no informadas, difusión excesiva, riesgos para la dignidad o integridad del titular o, uso comercial no consentido. Esta suspensión tiene el mismo efecto que una medida cautelar judicial, pero se obtiene en vía administrativa, lo cual puede ser más rápido y efectivo en contextos de urgencia.

La Corte Constitucional, en T-634 de 2013, subrayó que la SIC tiene competencias plenas para detener el uso indebido de datos personales, incluso sin acudir al juez, dado que la autoridad de protección de datos cuenta con herramientas directas para evitar la continuación de un tratamiento ilícito y garantizar el ejercicio efectivo de los derechos del titular.

5.4. La revocatoria de la autorización: extinción inmediata del título habilitante

Cuando la autorización es revocada, el responsable debe: detener el tratamiento, suprimir la imagen, desmontar piezas publicitarias, eliminar archivos, y cesar su uso en cualquier plataforma. La revocatoria opera, incluso cuando haya existido una autorización previa válida; no exige causa, solo voluntad del titular. La Corte Constitucional lo precisó en T-413 de 1992: tratándose de datos personales, la revocatoria es un derecho autónomo del titular que extingue el permiso de tratamiento, y obliga al responsable a suprimir el dato de inmediato.

5.5. La Superintendencia de Industria y Comercio como autoridad de urgencia

La SIC puede ordenar, mediante resolución administrativa, suspensión inmediata del uso de la imagen, supresión total de la imagen del sistema, eliminación de copias, respaldos y publicaciones, corrección de finalidades o políticas, multas sancionatorias de hasta 2.000 salarios mínimos, cese de tratamiento en medios físicos y digitales y, medidas correctivas estructurales, como: redesignar políticas internas, implementar protocolos de consentimiento, capacitar personal, modificar contratos con terceros y, ajustar prácticas de publicidad. Estas órdenes no requieren sentencia judicial y pueden ejecutarse anticipadamente para evitar que el daño continúe mientras se investiga el caso.

6. Medidas penales preliminares, estrategias procesales y el argumento del riesgo exponencial

Aunque el derecho a la imagen suele ventilarse en procesos civiles, constitucionales y administrativos, su tutela no se agota en esos escenarios. En ciertas circunstancias —especialmente cuando la explotación de la imagen está acompañada de manipulación, engaño, distorsión, apropiación cultural o fraude publicitario— el ordenamiento jurídico colombiano permite activar mecanismos penales preliminares, orientados a detener la conducta antes de que el daño se multiplique. La dimensión penal no sustituye a la civil ni a la constitucional; las complementa, especialmente cuando el comportamiento del explotador revela un patrón de persistencia, ocultamiento, o aprovechamiento ilícito con ánimo de lucro.

6.1. Medidas penales preliminares: una vía para detener la conducta antes de que escale

En el ámbito penal, existen medidas que pueden adoptarse incluso antes de una imputación formal, cuando la conducta asociada al uso de la imagen podría constituir: injuria o calumnia (arts. 220 y 221 CP), violación ilícita de comunicaciones o datos personales (art. 269A y ss.), suplantación o su uso indebido para obtener provecho (arts. 296–297 CP), fraude en medios informáticos (art. 269F CP), fraude en documento electrónico (art. 289 CP), u obtención ilícita de beneficio económico.

Las medidas preliminares incluyen:

a) Solicitud de protección de evidencia (preservación forense)

La Fiscalía puede ordenar preservar computadores, discos duros, registros digitales y contenidos en redes sociales, antes de que el responsable los elimine.

b) Suspensión de actividades o contenidos

Si la conducta delictiva continúa, la autoridad puede solicitar: retiro de publicaciones, bloqueo de acceso a contenidos, suspensión de piezas digitales, e inmovilización de material publicitario.

c) Inspecciones judiciales y allanamientos

Cuando los archivos con la imagen se encuentran en posesión del explotador y existe riesgo de destrucción.

d) Vigilancia tecnológica

Aplicable en conductas continuadas que involucran plataformas, cuentas digitales, bots publicitarios o servidores externos.

Estas medidas pueden coexistir con la tutela y las cautelares civiles, especialmente cuando el daño es masivo o hay manipulación dolosa de la identidad digital del titular.

6.2. Estrategia procesal combinada: tutela + cautelar civil + *habeas data* + penal

En los litigios modernos sobre imagen, la estrategia efectiva rara vez es unidimensional. La experiencia jurisprudencial y doctrinal muestra que el camino óptimo suele ser combinado, articulando cuatro escenarios:

1. Tutela preventiva. Para detener de inmediato el uso de la imagen cuando el daño es actual o inminente.

2. Medidas cautelares civiles. Para impedir que continúe la explotación mientras se decide de fondo la responsabilidad patrimonial.

3. Mecanismos de *habeas data* (Ley 1581 de 2012). Para exigir: suspensión del tratamiento, supresión de la imagen, revocatoria de autorización, y sanciones administrativas.

4. Denuncia penal. Cuando hay engaño, manipulación, suplantación o uso fraudulento.

La combinación ordenada de estos mecanismos permite: detener el daño, asegurar la prueba, neutralizar la conducta, obtener reparación económica, y activar responsabilidad sancionatoria. La Corte Constitucional ha reconocido expresamente esta articulación:

- En T-043 de 2018 sostuvo que los mecanismos ordinarios no excluyen la acción de tutela cuando el tiempo del proceso ordinario resulta insuficiente para evitar la intensificación del daño.

- En T-300 de 2017, reiteró que el juez debe adoptar todas las medidas necesarias para impedir la prolongación del uso no consentido de la imagen.

- Y, en T-634 de 2013 señaló que el régimen de protección de datos opera en paralelo a los procesos judiciales, sin subordinación entre ellos.

7. Conclusión: la urgencia como núcleo de la protección judicial del derecho a la imagen

El análisis desarrollado en este capítulo permite afirmar que la protección del derecho a la imagen se funda en un principio transversal: la urgencia. No se trata de un accesorio procesal ni de una excepción dentro del sistema judicial; es la lógica estructural que articula la tutela, las cautelares civiles, el régimen de *habeas data* y las medidas penales preliminares.

La imagen —entendida como dato personal, signo identitario y expresión de la dignidad— posee una naturaleza dinámica, replicable y expansiva, que transforma cualquier lesión en un fenómeno progresivo. A diferencia de otros bienes jurídicos, la afectación no se agota con el acto inicial; se renueva cada vez que la imagen se reproduce, se comparte, se segmenta, se publica o se inserta en una plataforma. Por ello, el daño no es un instante: es una curva ascendente. Esta singularidad explica por qué los mecanismos de urgencia no solo son posibles, sino indispensables: la tutela preventiva corrige la amenaza antes de que se consolide.

La tutela de urgencia cultural protege identidades sensibles cuya vulneración tiene impacto colectivo. Las medidas cautelares civiles detienen la explotación mientras se define la responsabilidad patrimonial. El *habeas data* permite suspender, suprimir y revocar el tratamiento sin necesidad de intervención judicial. La dimensión penal preliminar garantiza la preservación de evidencia y la interrupción de conductas dolosas. Cada uno de estos mecanismos responde a un mismo fundamento: la lesión a la imagen no puede esperar. La jurisprudencia constitucional —desde T-260 de 2012, pasando por T-634 de 2013, hasta T-300 de 2017— ha reiterado que el daño derivado del uso no autorizado de la imagen es: actual, continuo y susceptible de intensificación.

Este concepto, que hemos denominado riesgo exponencial, obliga al juez a adoptar medidas inmediatas para evitar que la vulneración crezca en volumen, alcance o profundidad. El tiempo, en este campo, no es neutro: es un factor multiplicador del daño. Por ello, la protección de la imagen debe ser concebida como un sistema articulado de urgencia, en el que la tutela detiene, la cautelar preserva, el *habeas data* corrige, y el derecho penal previene la destrucción de evidencia mientras avanza el proceso de fondo.

En suma, frente al derecho a la imagen, la pregunta no es si procede la urgencia, sino cómo debe activarse de forma inmediata y coordinada. La respuesta del sistema jurídico debe ser tan rápida como la velocidad con la que, en la era digital, una imagen puede replicarse y transformar la percepción pública del titular. La urgencia no es una herramienta complementaria; es el corazón mismo de la protección judicial del derecho a la imagen. Sin ella, el daño se expande; con ella, el derecho se preserva y la dignidad se protege.

Capítulo 13

Consentimiento informado (*Habeas Data*) vs. autorización y cesión (Código civil y Ley 23/1982): dos sistemas jurídicos que Colombia ha confundido

1. La historia de una confusión: dos sistemas jurídicos que jamás debieron cruzarse

Pocas instituciones jurídicas han sufrido una distorsión tan profunda en Colombia, como el derecho a la imagen. Lo que en apariencia es un fenómeno simple —una fotografía, un video, un retrato digital— ha terminado revelando una fractura conceptual que atraviesa todo el ordenamiento jurídico: el choque entre el consentimiento civil, producto de la tradición privatista del siglo XIX, y el consentimiento informado, nacido de la Constitución de 1991 y del modelo contemporáneo de protección de datos personales.

Esa fractura, sin embargo, no se ha reconocido plenamente. Durante décadas, jueces, abogados, empresas, fotógrafos, publicistas e, incluso, académicos asumieron, sin mayor reflexión crítica, que el uso de la imagen podía resolverse aplicando reglas del Código Civil o de la Ley 23 de 1982. La firma en un formulario, la autorización genérica, la cesión de derechos de autor o la simple entrega de una fotografía eran consideradas suficientes para legitimar la explotación de la imagen de una persona. El país vivió así bajo una especie de ficción jurídica compartida: la ficción de que la imagen era un asunto contractual, patrimonial y dispositivo. La Constitución del 91 destruyó esa ficción. Pero nadie pareció notarlo.

Mientras el orden constitucional avanzaba hacia la protección de los derechos personalísimos, la autodeterminación informativa y la comprensión de la imagen como un dato personal sensible, el derecho privado colombiano continuaba ofreciendo respuestas decimonónicas a problemas contemporáneos. Así se configuró una paradoja: el régimen aplicable cambió radicalmente, pero la práctica judicial y profesional siguió actuando como si nada hubiera ocurrido.

El resultado fue inevitable: Colombia terminó aplicando dos sistemas jurídicos incompatibles, al mismo tiempo, como si fueran complementarios, como si uno reforzara al otro, cuando en realidad uno invalida al otro. El eje de esta confusión radica en un error conceptual profundo: creer que una autorización civil —firmada, escrita, contractual— puede sustituir el consentimiento informado, que es un requisito de legalidad del tratamiento de datos personales. Esa confusión no solo es errónea: es inconstitucional. La Corte Constitucional lo dijo con una contundencia que no deja margen para interpretaciones alternativas. En la sentencia SU-139 de 2021, el tribunal aseveró que, el consentimiento informado es un requisito de legalidad del tratamiento de datos personales, distinto y autónomo del consentimiento civil o contractual. Su ausencia genera la ineficacia del tratamiento; no la nulidad del acto.

Esta frase marca un antes y un después. No es posible —ni admisible— seguir evaluando el consentimiento de la imagen bajo la lógica del Código Civil, porque eso implica sustituir un examen de legalidad constitucional por un examen de validez contractual. Y esos dos mundos no se tocan, no se solapan, no se complementan, no se intersectan. Son sistemas jurídicos paralelos. Pero esta claridad jurisprudencial es reciente. Durante casi 30 años, el país vivió en una especie de limbo conceptual. Los jueces civiles eran formados en un paradigma contractualista y aplicaban criterios de error, fuerza y dolo para valorar autorizaciones de imagen. Los jueces laborales hacían lo propio con cláusulas de 'uso de imagen' en contratos de trabajo. Los jueces administrativos analizaban campañas institucionales con categorías de autorización tácita. Y todos, sin excepción, ignoraban que el artículo 15 de la Constitución había cambiado por completo el terreno de juego.

Cuando finalmente llegó la Ley 1581 de 2012 —la ley estatutaria del *habeas data*— el país ya llevaba años fusionando indebidamente los dos sistemas. Las empresas pedían 'autorizaciones', como si fueran permisos civiles. Los fotógrafos seguían creyendo que la cesión patrimonial del derecho de autor les otorgaba control sobre la imagen del retratado. Las agencias de publicidad utilizaban modelos generales de contratos inspirados en la industria editorial estadounidense, sin adaptación al modelo constitucional colombiano. Era el caos perfecto: el consentimiento civil, el consentimiento autoral y el consentimiento informado eran tratados como si fueran la misma cosa.

Pero, la Ley 1581 de 2012 no dejó lugar a dudas; su artículo 9 exige información previa, clara y comprensible. Su artículo 4 impone la finalidad específica. Su artículo 10 consagra la revocabilidad permanente. Y su artículo 15, junto con el Decreto 1377 de 2013, obliga a contar con una política de tratamiento accesible y verificable. Todo este sistema no guarda relación alguna con el contrato civil. No hay oferta, no hay aceptación, no hay vicios de la voluntad, no hay saneamiento, no hay nulidad; hay legalidad o ilegalidad, hay tratamiento válido o tratamiento inválido. La Corte Constitucional dio un paso decisivo en T-634 de 2013, al establecer que corresponde al responsable demostrar la existencia, validez y alcance del consentimiento informado.

La carga de la prueba, entonces, se invierte por completo: ya no es el titular quien debe probar el vicio, sino quien trata la imagen, el que debe acreditar la legalidad. Esta inversión es incompatible con el Código Civil, donde quien alega el vicio prueba su existencia. Y la jurisprudencia siguió evolucionando. En T-407a de 2018, la Corte sostuvo que, el consentimiento informado exige una comprensión real; no una simple firma.

El consentimiento deja de ser un acto formal y pasa a ser un proceso informativo. Luego, en T-561 de 2023, introdujo una dimensión cultural: en contextos interculturales, el consentimiento debe explicarse, traducirse y adecuarse culturalmente.

Con estas decisiones, la Corte Constitucional terminó de sepultar cualquier intento de trasladar mecánicamente las reglas del Código Civil al *habeas data*. Pero, la confusión siguió viva en la práctica judicial. Así como el civilista insiste en que la firma es el elemento central del consentimiento, el constitucionalista insiste en que la información y la comprensión son el núcleo del consentimiento informado. Y mientras el primero analiza vicios contractuales (error, fuerza, dolo), el segundo evalúa si el tratamiento cumple estándares de información, finalidad, proporcionalidad y autodeterminación informativa. El problema es que, en los litigios de imagen, los jueces aplican uno u otro sin advertir que están usando herramientas equivocadas.

Esa ha sido la tragedia conceptual: aplicar categorías civilistas a un derecho fundamental que exige un análisis constitucional. El Consejo de Estado lo expresó claramente en 2022, sentencia T-339: el uso de la imagen sin consentimiento informado constituye una violación al derecho fundamental al *habeas data* y no un vicio de la voluntad civil. "Sin consentimiento de la persona y como resultado de una apropiación indebida" (párr. 1).

Aquí está la clave: el consentimiento civil no suple el consentimiento informado. La foto no es el dato. La cesión no es la autorización. La firma no es la comprensión. El contrato no legitima el tratamiento.

En este capítulo reconstruiremos históricamente la confusión, y entraremos a analizar cada régimen: su estructura, su filosofía, su jurisprudencia, sus consecuencias y, sobre todo, su incompatibilidad técnica.

2. El consentimiento informado como estructura constitucional: dignidad, autodeterminación y control sobre la imagen

Ya se demostró cómo Colombia cayó en una confusión histórica entre dos regímenes jurídicos incompatibles; ahora nos adentramos en el núcleo conceptual que explica por qué el consentimiento informado es un mecanismo constitucional, con una lógica distinta, autónoma y más exigente que cualquier forma civil de autorización. Comprender esta diferencia no es solo una cuestión técnica: es reconocer que la imagen no pertenece al ámbito de las cosas disponibles, sino al de los derechos fundamentales, situando al titular en el centro de un sistema de garantías que protege su libertad, su identidad y su dignidad.

La Constitución de 1991 transformó el paisaje jurídico colombiano al introducir principios que desbordaron por completo la mentalidad privatista heredada del siglo XIX. La imagen, que durante décadas había sido tratada como un bien disponible —casi como un anexo visual del contrato civil— pasó a ser entendida como una proyección espiritual y social de la persona, cuya vulneración constituye una afectación directa a la dignidad humana. Ese giro copernicano, sin embargo, tardó muchos años en ser comprendido, y aún hoy los operadores jurídicos siguen intentando encajar una pieza constitucional dentro de un molde civil.

Para entender por qué ese encaje es imposible, hay que partir de esta base: la imagen es un dato personal sensible, y los datos personales no se rigen por la autonomía de la voluntad privada, sino por el derecho fundamental al *habeas data*. Esto implica, desde el inicio, que la imagen pertenece a la esfera de lo indisponible, lo inherente, lo no patrimonializable y lo no transable. Se puede autorizar su uso, sí, pero esa autorización nunca es un acto civil en sentido estricto; es un acto constitucionalmente regulado, sometido a límites, condiciones y garantías que el Código Civil no puede satisfacer.

3. La imagen como dato personal sensible: la dignidad como eje del consentimiento

La Ley 1581 de 2012 define los datos sensibles como aquellos que, por su naturaleza, pueden afectar la intimidad o exponer a su titular a discriminaciones o riesgos (art. 5). Entre esos datos se encuentra la imagen, en tanto constituye una huella biométrica capaz de identificar de manera inequívoca a la persona. Pero, la categoría de datos sensibles no se explica solamente por su utilidad o su descripción; se explica porque esos datos revelan algo esencial del ser humano, algo que forma parte de su esfera de dignidad y de su proyección social.

La Corte Constitucional, en una línea jurisprudencial que inicia en los años 90 y se consolida en decisiones como T-090 de 1996, T-634 de 2013, SU-139 de 2021, T-407a de 2018 y T-561 de 2023, ha insistido en que la imagen se vincula directamente con la idea de autodeterminación informativa: el poder del sujeto para decidir qué información suya circula, cómo circula, con qué finalidad y hasta cuándo.

Este poder no es contractual, no surge de la autonomía privada, no depende de la firma; surge de la Constitución, como expresión de la dignidad humana. Por eso, el consentimiento informado es un mecanismo que no busca legitimar un negocio, sino proteger al individuo frente al riesgo del tratamiento abusivo, engañoso o desproporcionado de sus datos. La finalidad, entonces, no es habilitar el uso comercial, sino preservar la estructura de libertad que permite al titular no perder el control de su identidad.

La sentencia SU-420 de 2019 sintetiza esta idea al afirmar que los datos personales pertenecen a la esfera de la autodeterminación y, por tanto, su tratamiento exige una tutela reforzada. El consentimiento informado, desde esta perspectiva, no es un simple 'Sí', sino un proceso de comunicación, de entendimiento y de evaluación crítica que permite al titular ejercer su libertad en condiciones materiales de igualdad.

4. La estructura normativa del consentimiento informado: finalidad, información, comprensión y revocabilidad

Para que el consentimiento informado exista, no basta con que el titular firme un documento. La Ley 1581 de 2012 y el Decreto 1377 de 2013, desarrollados por más de diez sentencias constitucionales, configuran un sistema articulado que exige cuatro elementos esenciales, los cuales deben concurrir de manera simultánea:

a) Una finalidad específica, informada previamente al titular

La finalidad es la primera barrera constitucional de protección. El artículo 4 de la Ley 1581 de 2012 establece que el tratamiento debe obedecer exclusivamente a la finalidad comunicada al titular. No pueden existir finalidades genéricas, amplias, ilimitadas ni descontextualizadas. La Corte Constitucional, en T-634 de 2013 fue contundente al decir que no existe consentimiento informado cuando la autorización no contiene una finalidad clara, concreta y específica.

Y, agregó que la finalidad debe ser verificable; es decir, debe poder contrastarse con el uso real.

b) Información suficiente, comprensible y accesible

El artículo 9 de la Ley 1581 de 2012 exige que el consentimiento se otorgue con conocimiento pleno. El Decreto 1377 de 2013 complementa ese estándar exigiendo que la autorización informe qué dato será tratado, para qué será tratado, cuáles son los derechos del titular, cuál es la política de tratamiento, cómo acceder a ella, y cuál es el procedimiento para la supresión o revocatoria.

La Corte Constitucional, en la sentencia T-407a de 2018, elevó este estándar al afirmar que la exigencia constitucional del consentimiento informado implica que el titular comprenda real y profundamente el alcance del tratamiento, y no que simplemente, firme un documento.

c) Comprensión real del contenido y adecuación cultural

La sentencia T-561 de 2023 transformó el entendimiento del consentimiento en contextos étnicos: el consentimiento informado debe adecuarse a las condiciones lingüísticas y culturales del titular. Esto significa que un documento en español dado a un indígena que no lo domina, no constituye consentimiento informado, por más firmas que tenga. El consentimiento exige comprensión, no formalismo.

d) Revocabilidad permanente e incondicionada

El artículo 10 de la Ley 1581 de 2012 establece que el titular puede revocar la autorización 'en cualquier momento'. Y la Corte Constitucional, en SU-139 de 2021, reforzó esta idea: el consentimiento informado es revocable en todo momento, y su revocatoria tiene efectos inmediatos sobre la legalidad del tratamiento.

Este punto es crucial: en el Código Civil, los contratos pueden ser irrevocables. En el *habeas data*, el consentimiento nunca lo es. Este solo hecho demuestra que los dos regímenes no pueden mezclarse.

5. La carga de la prueba en cabeza del responsable del tratamiento: una ruptura con el civilismo

Otra diferencia estructural entre ambos sistemas es la carga de la prueba. En el Código Civil, quien alega el vicio del consentimiento debe probarlo. Pero en el *habeas data*, esto se invierte por completo. La Corte Constitucional lo definió con precisión en T-634 de 2013: el responsable del tratamiento debe demostrar la existencia, validez y alcance del consentimiento informado.

Esto representa una revolución jurídica: ya no es el titular quien debe probar que no entendió lo que firmó; es el responsable (una empresa o el Estado) quien debe probar que sí lo entendió, que sí fue informado, que sí tuvo acceso a la política, que sí comprendió la finalidad y que sí consentía el tratamiento. No basta con decir: 'acepto'; la finalidad del tratamiento debe estar redactada de suerte que cualquier persona promedio pueda entender de qué se trata.

Así, la carga probatoria se desplaza desde la lógica civilista —que protege la seguridad del tráfico jurídico— hacia la lógica constitucional —que protege la dignidad humana y la autonomía informativa. Este punto, por sí solo, hace imposible la aplicación de criterios civilistas en materia de imagen.

5.1. La jurisprudencia constitucional, como arquitectura conceptual del consentimiento informado

La jurisprudencia que ha construido el sistema. La sentencia SU-139 de 2021 es la piedra angular. En ella, la Corte afirma que el consentimiento informado no se analiza desde el error, fuerza o dolo, sino desde su existencia misma, como autorización previa, específica, informada y revocable.

Aquí la Corte rompió explícitamente el puente artificial que algunos jueces civiles seguían usando para valorar el consentimiento informado con categorías contractuales. La sentencia T-407a de 2018 añadió una dimensión pedagógica: la firma no es suficiente: la persona debe comprender realmente lo que autoriza.

La sentencia T-561 de 2023 añadió una dimensión cultural: debe existir adecuación lingüística y cultural, so pena de ineficacia del consentimiento. Y la sentencia T-634 de 2013, la más importante en el plano técnico, estableció la regla probatoria fundamental: el responsable debe demostrar la existencia y validez del consentimiento.

Estas sentencias, unidas, generan una estructura conceptual que no deja dudas: el consentimiento informado es un mecanismo de protección constitucional, no de circulación contractual.

El consentimiento informado no puede entenderse como un acto de voluntad contractual, porque su función no es habilitar negocios, sino proteger derechos fundamentales. Su estructura responde a una lógica distinta: la lógica de la dignidad humana, donde el poder de decidir qué sucede con la imagen propia no se compra, no se presume, no se deduce, no se infiere y no se delega permanentemente.

El consentimiento informado es un proceso, no una firma; es una relación constitucional, no un negocio civil. Es una garantía de dignidad, no un título patrimonial. Por eso, cualquier intento de evaluar la imagen mediante categorías del Código Civil está condenado al error: aplica un marco jurídico destinado a regular contratos privados para resolver asuntos que la Constitución reserva a un régimen especial, autónomo e incompatible.

6. ¿Por qué la autorización civil no sirve para legitimar el tratamiento de datos personales?: dos teorías distintas del consentimiento y la evolución reciente de la Corte Suprema

La idea de que una autorización civil —una simple firma puesta sobre un documento— es suficiente para legitimar el uso de la imagen ha sido, quizá, uno de los equívocos más persistentes del derecho colombiano. Ese equívoco, sin embargo, no proviene de mala fe, sino de la fuerza con que el civilismo tradicional moldeó el pensamiento jurídico nacional durante más de un siglo. A la sombra del Código Civil de 1887, los abogados aprendieron que la firma era el gesto máximo de la autonomía privada: un acto solemne en sí mismo, una prueba concluyente de voluntad, una garantía de validez.

Pero ese paradigma, que funcionaba razonablemente bien en contratos de compraventa o en transacciones patrimoniales, colapsa cuando se enfrenta a un derecho personalísimo como la imagen. La imagen no es una cosa; no es un título valor; no es un objeto disponible del comercio; es un dato personal sensible —una huella de identidad, una expresión corporal de la dignidad— cuyo tratamiento no depende de la autonomía negocial del titular, sino de un sistema constitucional distinto, más exigente y más protector: el consentimiento informado.

El error consiste justamente en creer que estos dos mundos —el civil y el constitucional— pueden fusionarse, o que uno puede sustituir al otro. No pueden. Y la razón de fondo es que la autorización civil y el consentimiento informado responden a filosofías jurídicas opuestas, construidas para resolver problemas que no se tocan, aunque históricamente hayan terminado mezclándose.

En el régimen civil, lo que importa es determinar si la voluntad interna del contratante coincide con la manifestación externa que realiza. La validez del acto depende de la ausencia de vicios: que no haya error, fuerza ni dolo. A partir de esa estructura, la firma se convierte en un signo privilegiado, casi sacralizado: si la persona firmó, se presume que quiso; si quiso, se presume que comprendió; y si comprendió, la operación queda blindada. El Código Civil protege así la seguridad del tráfico jurídico, incluso a costa de cierta ingenuidad antropológica: supone que quien firmó entendió, que quien aceptó reflexionó y que quien cedió lo hizo plenamente consciente.

Esa visión, sin embargo, se hace insostenible cuando la autonomía patrimonial entra en tensión con la dignidad humana y con la autodeterminación informativa. Allí, la firma deja de ser un acto suficiente. La voluntad no puede presumirse de lo escrito. La comprensión no puede deducirse del silencio. La información no puede reemplazarse con la confianza. El consentimiento deja de ser un instante y se convierte en un proceso.

Este giro conceptual no fue creado por la Ley 1581 de 2012; se origina en la Constitución de 1991, que transformó la relación entre el individuo y el Estado, y entre el individuo y los terceros privados. Pero la Ley 1581 de 2012 consolidó ese giro, al exigir que cualquier tratamiento de datos personales —incluida la imagen— se someta a un consentimiento informado previo, específico, comprensible, verificable y siempre revocable. Nada en el Código Civil se parece a esto. Nada en el Código Civil puede reemplazarlo. Y, más aún, el propio derecho civil ha empezado a reconocerlo.

Aquí aparece un punto decisivo que debe quedar perfectamente asentado en este libro: la CSJ ya abandonó el civilismo rígido que supeditaba la validez del consentimiento a la sola firma. La Sala de Casación Civil, en un movimiento silencioso pero profundo, ha ido incorporando criterios que la acercan al espíritu del *habeas data,* aunque sin nombrarlo expresamente. En distintas decisiones de los últimos diez años, la Corte Suprema ha afirmado que la voluntad no puede reducirse al papel; que la firma no siempre demuestra comprensión; que el contrato debe interpretarse a la luz de la dignidad humana; y que las cargas probatorias deben distribuirse según la capacidad real de las partes para aportar evidencia.

Así lo expresó la sentencia SC-3604 de 2021, cuando sostuvo que la manifestación escrita solo es válida si existe una comprensión suficiente del acto.

Esta frase, que en otro tiempo habría parecido extraña dentro del civilismo clásico, hoy revela la madurez del tribunal: reconoce que la autonomía privada exige comprensión real, no formal. Esa posición rompe en silencio con el paradigma según el cual la firma es prueba infalible de voluntad.

Luego, en SC-7110 de 2017, la Corte Suprema fue aún más clara respecto de la distinción entre consentimiento contractual y consentimiento informado. Allí afirmó que los vicios del consentimiento pertenecen al ámbito de la validez contractual, y no sustituyen los requisitos del consentimiento informado.

Esta afirmación representa una revolución en la dogmática nacional, porque indica —desde el propio juez civil— que el análisis constitucional no puede ser reemplazado por categorías contractuales. Ningún juez que lea este precedente puede seguir creyendo que basta analizar error, fuerza o dolo para resolver un caso de imagen.

Y el viraje no se detuvo allí: en T-881 de 2002, la Corte Suprema introdujo expresamente la dignidad humana como criterio de interpretación contractual, sosteniendo que, el contrato debe interpretarse conforme con el principio de la dignidad humana. Con esta idea, la Corte amplió el marco civil para incorporar principios constitucionales que limitan la autonomía. De nuevo, el tribunal está reconociendo que el acto negocial no puede ser examinado aisladamente, como si el derecho privado fuera una isla.

Finalmente, la Corte adoptó la doctrina de las cargas dinámicas de la prueba, sosteniendo que debe probar, quien esté en mejores condiciones de hacerlo (Mosquera, 2015). Esta regla, aplicada al consentimiento, se acerca directamente a la jurisprudencia constitucional de T-634 de 2013, que impone al responsable del tratamiento, la obligación de demostrar que informó adecuadamente al titular. De nuevo, ambos sistemas —civil y constitucional— convergen, pero no porque sean idénticos, sino porque el civil ha empezado a evolucionar hacia una visión más equilibrada de la autonomía de la voluntad.

Este viraje de la Corte Suprema no convierte el consentimiento civil en consentimiento informado; no los hace equivalentes; no los fusiona. Al contrario, muestra que, incluso en el ámbito contractual, se exige ahora información, comprensión y equilibrio, y que la simple firma ya no garantiza validez. Pero esta evolución tiene una consecuencia fundamental: si ni siquiera en el derecho civil la firma basta para probar la voluntad, mucho menos podría bastar para cumplir los requisitos constitucionales del *habeas data*.

Por eso, una autorización civil jamás puede sustituir el consentimiento informado. No porque el civil sea insuficiente —que lo es—, sino porque regula realidades distintas. La autorización civil protege contratos; el consentimiento informado protege personas. El civil vigila la validez; el constitucional vigila la dignidad. El civil busca seguridad jurídica; el constitucional busca autodeterminación. Y cuando la imagen está en juego, el derecho aplicable no es el que mira al contrato, sino el que mira al ser humano.

Por eso, cuando los jueces civiles siguen analizando casos de imagen desde los vicios del consentimiento, cometen un error metodológico que los lleva a conclusiones inconstitucionales. No se trata de evaluar si hubo error, fuerza o dolo, sino de determinar si el titular fue informado, si comprendió, si tuvo acceso a la política de tratamiento, si conoció la finalidad, si pudo ejercer la revocatoria y, si la información fue cultural y lingüísticamente adecuada. Ese examen no pertenece al Código Civil. Pertenece, exclusivamente, al *habeas data*. Y si falta alguno de esos elementos, el tratamiento no es nulo; es ilegal. No se anula; se suprime. No se sanea; se detiene. No se corrige hacia el futuro; se extingue desde el origen.

En definitiva, el problema nunca fue que la autorización civil fuera imperfecta. El problema es que la autorización civil nunca fue el instrumento adecuado para legitimar el uso de la imagen. El país lo entendió tarde, pero está empezando a entenderlo.

7. La Ley 23 de 1982 y el espejismo de la cesión: los derechos de autor sobre la fotografía no otorgan el derecho a usar la imagen del retratado

La tercera confusión histórica en materia de imagen en Colombia proviene del mundo del derecho de autor. Desde la expedición de la Ley 23 de 1982, el país asumió, casi de manera automática, que la fotografía pertenece al fotógrafo, en tanto 'autor de la obra' y que, por lo mismo, quien adquiere los derechos patrimoniales de esa obra adquiere también la facultad de usar la imagen de la persona retratada. Ese supuesto, sin embargo, no solo es incorrecto; es contrario a la estructura misma del derecho de autor, y absolutamente incompatible con la protección constitucional de la imagen como dato personal sensible.

La fotografía y la imagen de la persona que aparece en ella no son la misma cosa. Una cosa es la obra —el producto creativo del fotógrafo, que puede ser cedido, licenciado, reproducido o puesto a disposición del público conforme con los artículos 12, 30 y 183 de la Ley 23 de 1982— y otra muy distinta es la imagen personal, que pertenece al retratado y cuya circulación exige un consentimiento informado previo, específico y comprensible. La confusión surge porque ambos derechos conviven sobre un mismo soporte material: la fotografía. Pero ese soporte alberga dos realidades jurídicas, radicalmente diferentes:

- La obra fotográfica es protegida por el derecho de autor.

- La imagen del retratado es protegida por el derecho a la intimidad, la autodeterminación informativa y el *habeas data*.

- La fotografía es el continente.

- La imagen es el contenido personalísimo que habita dentro de ese continente.

Confundirlos ha llevado a errores gravísimos, como asumir que un fotógrafo —por el solo hecho de haber tomado la foto— puede explotarla comercialmente sin autorización del retratado; o, que una empresa que compra los derechos patrimoniales de una imagen, adquiere automáticamente el derecho a usar el rostro, el cuerpo o los rasgos de una persona sin su consentimiento informado. Eso es jurídicamente inaceptable.

7.1. La Ley 23 de 1982 protege la obra, no la imagen

El artículo 12 de la Ley 23 establece que las fotografías son obras protegidas por derecho de autor. El artículo 30 reconoce derechos patrimoniales —reproducción, comunicación pública, distribución, transformación— y derechos morales del fotógrafo —paternidad, integridad, retiro de circulación—. Y el artículo 183 permite la cesión de los derechos patrimoniales mediante contrato escrito. Pero nada, absolutamente nada en esta ley, autoriza a un tercero a utilizar la imagen del retratado sin su autorización. El derecho de autor opera sobre la creación intelectual, no sobre el dato personal.

La Corte Suprema lo ha reconocido en múltiples oportunidades. A lo largo de los últimos 20 años, bajo el amparo de la Ley 23 de 1982, la Sala Civil ha reiterado que, el derecho de autor recae sobre la obra fotográfica, no sobre la imagen personal del retratado.

Este principio, que parecía una obviedad técnica, adquirió fuerza constitucional con la sentencia SU-420 de 2019, donde la Corte Constitucional recordó que los derechos personalísimos son indisponibles y no pueden ser transferidos por vía contractual, ni siquiera indirectamente, a través de la cesión de derechos de autor.

7. 2. La cesión patrimonial del fotógrafo no afecta el derecho del retratado

La cesión en materia de derecho de autor tiene un alcance limitado: permite al cesionario explotar la obra; no la identidad personal de quien aparece en la obra. Un fotógrafo puede crear una imagen artística de una persona; una agencia puede adquirir los derechos patrimoniales de esa imagen; pero ninguno puede ignorar el hecho de que la imagen del retratado sigue siendo un dato personal protegido por el artículo 15 de la Constitución. La Corte Constitucional, en la sentencia T-634 de 2013 señaló que el responsable del tratamiento debe demostrar la existencia, la validez y el alcance del consentimiento informado del titular. Y en SU-139 de 2021, el tribunal enfatizó que la ausencia de consentimiento informado genera la ilegalidad del tratamiento, independientemente de que exista o no un contrato civil o autoral.

De este modo, una empresa puede tener los derechos patrimoniales de la fotografía, pero aun así estar incurriendo en un tratamiento ilícito de datos si utiliza la imagen del retratado sin su autorización informada.

No es un asunto de propiedad sobre la foto. Es un asunto de legitimación para tratar un dato personal.

7.3. La Corte Suprema también ha corregido este error: la obra no extingue los derechos de personalidad

Aunque por mucho tiempo la jurisprudencia civil osciló, la Sala de Casación Civil consolidó un giro doctrinal que coincide con el constitucional. En la sentencia SC-3604 de 2021, la Corte Suprema sostuvo que la manifestación escrita solo produce efectos si demuestra comprensión real del alcance del acto, lo cual implica un rechazo implícito a las autorizaciones genéricas que solían acompañar las cesiones de derechos de autor.

Del mismo modo, en SC-593 de 2025, la CSJ afirmó que la interpretación contractual debe realizarse a la luz del principio de dignidad humana, lo cual implica el reconocimiento de límites constitucionales al uso de la imagen, incluso en el marco de contratos válidos desde el punto de vista autoral. Y en SC-7110 de 2017, la Sala fue categórica al sostener que los vicios del consentimiento pertenecen al ámbito de la validez contractual y no sustituyen los requisitos del consentimiento informado.

Con esta afirmación, la Corte Suprema cerró la puerta a la idea de que la cesión de derechos de autor —basada en un consentimiento civil— pueda cumplir la función del consentimiento informado. Los dos regímenes no se cruzan, ni se suplen, ni se sustituyen.

7.4. ¿Por qué la cesión fotográfica no puede interpretarse como autorización para tratar la imagen?

Este punto es crucial y debe quedar nítido en la teoría colombiana: una cesión fotográfica no es, no ha sido y no puede ser considerada como una autorización para usar la imagen, porque: no tiene finalidad específica, como exige la Ley 1581 de 2012; no contiene información previa al titular, sino un traslado patrimonial al cesionario; no garantiza comprensión del alcance, pues se centra en derechos patrimoniales y no en usos identitarios; no incluye una política de tratamiento de datos, requisito constitucional del consentimiento informado; no reconoce la revocabilidad permanente, incompatible con cesiones irrevocables; y, no traslada la carga probatoria al responsable, como exige la T-634/13. La cesión patrimonial es, en esencia, un negocio jurídico sobre una creación intelectual; la autorización para el uso de la imagen es un acto constitucional sobre un derecho personalísimo. Pretender que una sustituya la otra, desnaturaliza ambas.

7.5. La magnitud del error: decisiones que confundieron obra e imagen

Por años, algunas decisiones judiciales trataron la fotografía como un todo indivisible, asumiendo que, si el fotógrafo tenía derechos, podía usar la foto libremente. Eso llevó a situaciones absurdas y jurídicamente insostenibles: campañas comerciales sin consentimiento; uso reiterado de fotografías tomadas en contextos vulnerables; publicación de imágenes de indígenas, menores o comunidades enteras sin autorización informada. La Constitución no permite esos resultados. Y la jurisprudencia moderna —tanto constitucional como civil— ha corregido ese camino. Hoy está claro que: el derecho de autor protege la obra; el *habeas data* protege a la persona; y, ninguno de los dos puede suprimir al otro. La cesión de derechos de autor sobre una fotografía jamás puede considerarse autorización suficiente para el uso de la imagen del retratado. Son dos realidades jurídicas que coexisten sobre un mismo objeto, pero que no se mezclan. La fotografía puede circular como obra; la imagen solo puede circular como dato personal, si existe consentimiento informado. El error de asumir lo contrario ha producido décadas de vulneraciones, sentencias mal fundamentadas y prácticas empresariales contrarias a la Constitución. Por eso, este libro propone una corrección estructural del paradigma: el dato personal de la imagen pertenece al retratado; la obra pertenece al fotógrafo; y la cesión patrimonial no borra la dignidad.

8. Nulidad civil vs. ilegalidad constitucional: las consecuencias jurídicas de mezclar dos sistemas incompatibles

La confusión entre autorización civil y consentimiento informado no es solo un error técnico; es una equivocación que altera por completo el resultado jurídico del caso. Un juez que evalúa el consentimiento de la imagen desde el Código Civil está analizando la situación bajo un régimen que no fue diseñado para proteger la dignidad, la autodeterminación informativa ni la intimidad. Ese juez, sin saberlo, está reemplazando la Constitución, y las consecuencias de ese desplazamiento son enormes: cambia la carga de la prueba, cambia la teoría del daño, cambia la reparación, cambia la legitimidad del tratamiento y cambia —por completo— el sentido de la decisión.

Para entender la magnitud de ese error, hay que partir de una idea central: el Código Civil y el *habeas data* no producen los mismos efectos jurídicos, porque sus lógicas son distintas, sus finalidades son incompatibles y sus herramientas no convergen.

La confusión entre ambos regímenes ha generado durante años decisiones judiciales que parecen correctas en su forma, pero que son profundamente inconstitucionales en su fondo. Esto ocurre especialmente en casos donde el retratado firma un documento, las empresas alegan que existe consentimiento, y los jueces —en vez de verificar si hubo consentimiento informado— se pierden analizando error, fuerza o dolo, como si se tratara de un contrato de arrendamiento o de una compraventa.

Ese análisis conduce, inevitablemente, a conclusiones equivocadas, porque examina la validez civil del acto, cuando la Constitución exige examinar la legalidad del tratamiento. Explicaremos, con profundidad, por qué las consecuencias jurídicas de cada régimen son tan distintas que no pueden mezclarse sin destruir la coherencia del sistema legal colombiano.

8.1. La nulidad civil: una herramienta diseñada para proteger la seguridad del tráfico jurídico

El Código Civil regula la nulidad para proteger la forma en que circulan los bienes, las obligaciones y los contratos.

Su finalidad es mantener ordenado el mundo patrimonial. Por eso, la nulidad civil tiene características muy precisas: opera sobre actos jurídicos; es relativa cuando hay vicios del consentimiento; puede sanearse; produce efectos hacia el futuro, no siempre hacia atrás; debe ser alegada por quien sufrió el vicio; requiere prueba del error, la fuerza o el dolo. Este sistema funciona para contratos, porque los contratos son herramientas de tráfico económico. La nulidad busca balancear la estabilidad del mercado con la protección mínima de los contratantes.

Pero, la imagen no pertenece a ese mundo; la imagen no es un bien ni una mercancía; es un dato personal que expresa dignidad, identidad y presencia social. Por eso, aplicar la nulidad civil al uso de la imagen carece de sentido; el contrato puede ser válido y, aun así, el tratamiento de la imagen puede ser ilegal. El eje no es la validez del acto; es la legitimidad del tratamiento.

8.2. La ilegalidad del tratamiento de datos: un régimen que protege la dignidad, no el tráfico patrimonial

El *habeas data* opera en un plano distinto. No pregunta si el acto civil es válido, sino si el tratamiento de los datos es legal. Por eso la Corte Constitucional ha creado categorías propias, como: tratamiento ilícito, ineficacia del consentimiento, supresión del dato, revocatoria inmediata, y responsabilidad por infracción del deber de información. La sentencia SU-139 de 2021 dejó esto absolutamente claro cuando sostuvo que la ausencia de consentimiento informado genera la ilegalidad del tratamiento, mas no la nulidad del acto.

Esta frase marca la ruptura definitiva entre ambos modelos. Lo que está en juego no es el contrato; es la dignidad del titular. No es la validez del acuerdo; es la licitud del tratamiento. La Corte Constitucional ha insistido en que el consentimiento informado debe ser: previo, específico, informado, comprensible, verificable y, siempre revocable. Cuando alguno de esos elementos falta, el tratamiento no es inválido; es ilícito. El derecho fundamental a la imagen no se 'anula'; se protege mediante supresión, cesación, rectificación y sanción.

Este régimen —propio del constitucionalismo moderno— no admite integración con el Código Civil. Son mundos jurídicos construidos para proteger intereses distintos.

8.3. La carga de la prueba revela la incompatibilidad de los sistemas

En el Código Civil, quien alega un vicio debe probarlo. Esa regla tiene sentido en relaciones simétricas: dos partes firman un contrato y ambas tienen la capacidad de probar qué ocurrió. En el *habeas data,* la Corte Constitucional transformó radicalmente esa regla. La sentencia T-634 de 2013 afirma que, el responsable del tratamiento debe demostrar la existencia, validez y alcance del consentimiento informado.

Este punto es crucial porque altera toda la estructura del análisis; ya no es el titular quien debe probar que no entendió; es la empresa quien debe probar que sí informó, sí explicó, sí entregó la política de tratamiento, sí tradujo cuando era necesario, sí garantizó comprensión. La inversión de la carga probatoria hace imposible trasladar el análisis civil al constitucional. Un juez que aplique el Código Civil en un caso de imagen está trasladando una carga probatoria inconstitucional al titular.

Lo dijo también la Corte Suprema cuando acogió la doctrina de cargas dinámicas: debe probar quien está en mejores condiciones de hacerlo. Por su parte, Herrera (2021) sostiene que "la carga de la prueba se ocupa de determinar qué debe probarse y quién soporta las consecuencias de la ausencia de prueba" (p. 6).

Este criterio —aunque civil— se alinea con la exigencia constitucional y desmonta definitivamente el formalismo del 'si firmó, entendió'.

8.4. La comprensión como eje: otro punto donde los sistemas se separan

En el Código Civil se presume que quien firma comprende. En el *habeas data,* se exige que quien comprende, consienta. La diferencia es abismal. La Corte Constitucional lo expresó en la sentencia T-407a de 2018: la sola firma no basta; el consentimiento informado exige que se dé una comprensión real.

Y la sentencia T-561 de 2023 añadió la dimensión intercultural: debe existir adecuación lingüística y cultural para que exista consentimiento.

Estas exigencias constitucionales son incompatibles con la presunción civil de comprensión que subyace al voluntarismo contractual. Curiosamente, la Corte Suprema avanzó en la misma dirección. En la sentencia SC-3604 de 2021, afirmó que la manifestación escrita solo es válida si demuestra comprensión suficiente del acto.

Este viraje civilista no convierte el consentimiento civil en consentimiento informado, pero confirma la tendencia: la comprensión es indispensable.

8.5. La revocabilidad permanente: el golpe definitivo a la fusión de los sistemas

El civilismo permite pactar irrevocabilidad. El *habeas data* la prohíbe. El artículo 10 de la Ley 1581 de 2012 establece que el titular puede revocar la autorización 'en cualquier momento'. La Corte Constitucional lo ha reiterado: no cabe limitar contractualmente la revocatoria de un dato personal. Esto significa que, incluso si el contrato civil es válido y vigente, la persona puede detener el uso de su imagen de manera unilateral e inmediata. El sistema civil se basa en la estabilidad del contrato. El sistema constitucional se basa en la estabilidad de la dignidad. No hay puente posible entre esas dos lógicas.

8.6. El error judicial: usar la figura del 'vicio del consentimiento' para analizar el uso de la imagen

Durante años, los jueces civiles enfrentaron casos de imagen como si fueran demandas de nulidad de contrato; analizaban si hubo error, si el documento fue leído, si la persona era capaz, si la firma se estampó libremente, si hubo o no dolo. Ese análisis es jurídicamente inofensivo en contratos patrimoniales. Pero, en materia de imagen, es devastador porque omite los elementos esenciales del consentimiento informado: la finalidad, la información, la política de tratamiento, la comprensión cultural, la revocabilidad. Reducir un caso de imagen a un caso de vicio de la voluntad es, en el fondo, un desplazamiento inconstitucional del derecho aplicable. Por eso, la sentencia SU-139 de 2021 fue tan importante: dijo sin eufemismos que el consentimiento informado no se analiza desde los vicios del consentimiento. Y la Corte Suprema, en SC-7110 de 2017 reconoció exactamente lo mismo desde la óptica civil. Cuando dos tribunales coinciden en que dos categorías no pueden mezclarse, el debate está cerrado.

Confundir la autorización civil con el consentimiento informado no es solo un error conceptual; es un error que altera el resultado jurídico, que desprotege la dignidad, que invierte cargas probatorias de forma inconstitucional, que confunde validez con legitimidad y que sustituye un examen constitucional por un examen contractual.

9. Por qué los vicios del consentimiento del Código Civil no sirven para analizar el consentimiento informado y cómo esta confusión ha producido decisiones inconstitucionales

No existe error más recurrente —ni más grave— en la práctica judicial colombiana, que el de aplicar, sin distancia crítica, las categorías de error, fuerza y dolo del Código Civil para analizar la validez del consentimiento otorgado para el uso de la imagen. Este error, arraigado en la formación tradicional de los jueces civiles, conduce a una distorsión profunda: transforma un problema constitucional en un problema contractual; reduce un análisis de garantías de dignidad a un análisis de validez de negocio; sustituye un examen de información por un examen de voluntad; y, en últimas, desplaza por completo el régimen jurídico aplicable.

El punto crítico es que los vicios del consentimiento civil fueron diseñados para resolver disputas patrimoniales, no para proteger derechos fundamentales. Su función histórica es asegurar la estabilidad del tráfico económico; si alguien contrató engañado, el contrato se anula; si alguien actuó bajo fuerza, la manifestación de voluntad se invalida; si hubo dolo, se repara. Todo esto funciona —y funciona bien— cuando el objeto del contrato es una cosa, un negocio o una prestación patrimonial. Pero la imagen no es un objeto patrimonial y, mucho menos, un negocio. La imagen es un dato personal sensible, cuya protección deriva del artículo 15 de la Constitución y que se encuentra regulada por un sistema autónomo: el consentimiento informado.

Este régimen exige elementos que **no** son vicios, que **no** dependen de la voluntad, que **no** buscan proteger el equilibrio contractual, sino la dignidad del titular. Por eso, analizar el consentimiento informado desde los vicios del consentimiento resulta tan impropio, como intentar resolver un caso de libertad de expresión aplicando las reglas del arrendamiento.

La Corte Constitucional entendió esta incompatibilidad desde muy temprano, y la expresó con contundencia en la sentencia SU-139 de 2021: el consentimiento informado no se analiza desde el error, fuerza o dolo, sino desde su existencia misma como autorización previa, específica, informada y revocable.

Esta afirmación no es solo una advertencia metodológica; es una transformación conceptual. La Corte está diciendo, en esencia, que los vicios del consentimiento no solo son inaplicables al *habeas data,* sino que son irrelevantes, porque el problema jurídico no es la validez de un acto, sino la legitimidad de un tratamiento.

9.1. La naturaleza del error civil y su incompatibilidad con el consentimiento informado

El error civil es un vicio de la voluntad; implica que la persona formó una representación incorrecta del acto que celebró. Pero el consentimiento informado no evalúa representaciones internas ni interpretaciones subjetivas; evalúa si el responsable cumplió con deberes previos y objetivos de información. El foco se desplaza de lo interno a lo externo, de la psicología del titular al comportamiento constitucionalmente exigible del responsable. Por eso, una persona puede haber firmado sin error civil —es decir, sin una falsa creencia sobre el acto patrimonial— y, aun así, puede **no** haber otorgado consentimiento informado, porque no le dieron la finalidad, no le informaron sus derechos, no le explicaron el alcance temporal o geográfico, no le entregaron la política de tratamiento, no se garantizó comprensión, no hubo adecuación cultural o, no se verificó la información.

En otras palabras: puede haber un acto civilmente válido y simultáneamente un tratamiento constitucionalmente ilegal. El Código Civil no tiene categoría para describir esta situación, porque su función no es proteger la autodeterminación informativa.

9.2. La fuerza en el Código Civil: una categoría inútil para evaluar tratamientos de datos

La fuerza civil exige un elemento irresistible que anule la voluntad. Pero, el consentimiento informado no exige ausencia de fuerza; exige presencia de información. Puede no haber fuerza en el sentido civilista, pero sí puede faltar el consentimiento informado, porque los elementos exigidos por la Constitución están ausentes. Un fotógrafo puede no haber intimidado al retratado, pero si omitió explicarle la finalidad, la política de tratamiento o el alcance del uso, no existe consentimiento informado, aunque exista libertad física. La Corte Constitucional ha sido explícita en que el consentimiento informado es un requisito objetivo, no una indagación subjetiva. En T-407a de 2018, el tribunal sostuvo que la sola firma es insuficiente; el consentimiento exige comprensión real.

La fuerza o ausencia de fuerza no explican nada en este contexto. El consentimiento informado no depende de la ausencia de presión, sino de la presencia de claridad.

9.3. El dolo civil: insuficiente para evaluar omisiones de información

El dolo civil exige una maniobra fraudulenta destinada a inducir a error al contratante. Pero el consentimiento informado no exige prueba de engaño; basta con que falte información esencial. En civil, si no hay engaño, el contrato es válido. En *habeas data*, si no hay información, el tratamiento es ilegal. La ausencia de finalidad específica, de política de tratamiento o de claridad sobre los derechos del titular no es dolo civil, pero sí configura falta absoluta de consentimiento informado. Por eso, un juez que analiza dolo está mirando el acto equivocado: el Código Civil controla la moralidad de la voluntad, no la legalidad del tratamiento.

Este contraste fue reconocido por la Corte Suprema en SC-7110 de 2017, decisión que marca un viraje doctrinal al expresar que los vicios del consentimiento pertenecen al ámbito de la validez contractual, y no sustituyen los requisitos del consentimiento informado.

Con esta frase, la Corte Suprema —el juez civil por excelencia— admite que el análisis civil no puede suplir el constitucional. Este giro es monumental, porque desmonta la excusa histórica según la cual los jueces civiles deben resolver todo con categorías civilistas.

9.4. La Corte Suprema también ha abandonado la presunción de que 'quien firma comprende'

Durante más de cien años, el civilismo colombiano vivió bajo la presunción de que la firma demostraba comprensión. Esa regla permitía resolver miles de litigios de manera eficiente, pero era incompatible con un modelo constitucional que exige información. En SC-3604 de 2021, la Corte Suprema derrumbó esa presunción y expresó que la manifestación escrita solo es válida, si demuestra comprensión suficiente del acto.

Esto significa que, incluso en el civil, ya no basta con firmar; debe probarse que la persona entendió lo que firmaba. Si esto es cierto en el ámbito contractual, con mayor razón lo es en el ámbito del *habeas data*. La comprensión es el núcleo. La firma es apenas la superficie.

9.5. El problema metodológico: los vicios del consentimiento desplazan el análisis constitucional

Cuando un juez aplica error, fuerza y dolo a un caso de imagen, ocurre un fenómeno peligroso: el juez analiza el caso bajo el régimen equivocado. No evalúa si hubo consentimiento informado; evalúa si hubo un vicio civil. Y como los vicios son difíciles de probar, el juez concluye, casi siempre, que el documento es válido. El resultado es profundamente inconstitucional: un tratamiento de datos puede ser ilegal, pero el juez lo valida porque el documento no presenta vicios contractuales. Este desplazamiento metodológico destruye la lógica del *habeas data*. La Corte Constitucional lo advirtió en SU-139 de 2021, al afirmar que los jueces no pueden reemplazar el examen constitucional con categorías civilistas. Pero el civilismo es un hábito fuerte, y la confusión persiste en muchos estrados.

9.6. El efecto práctico de aplicar mal el régimen: tratamientos ilegales validados por actos civilmente válidos

El caso más común es este: la persona firma un documento que no comprende; el documento tiene apariencia de contrato; la empresa lo usa como autorización de imagen; el juez civil analiza si hubo error, fuerza o dolo. Como no hay prueba de engaño o intimidación, declara válido el documento, con base en esa validez civil y, considera válido el tratamiento de la imagen. Esa cadena de razonamiento es un error jurídico en cada punto. La validez civil del documento no tiene relación con la licitud del tratamiento. La legalidad del uso depende del consentimiento informado, no de la ausencia de vicios. Por eso, la Corte Constitucional ha insistido en que, la ausencia de consentimiento informado genera la ilegalidad del tratamiento, aunque exista un documento suscrito (Vargas, s.f.).

Tabla 2

Diferencias entre consentimiento informado (habeas data) y cesión de derechos de autor sobre fotografía

Aspecto	Consentimiento informado (*Habeas Data*)	Cesión de derechos de autor sobre fotografía (Ley 23 de 1982)
Naturaleza jurídica	Garantía constitucional del tratamiento de la imagen como dato personal sensible	Negocio patrimonial sobre la obra fotográfica; no regula la imagen del retratado
Fundamento normativo	Art. 15 Constitución; Ley 1581/2012; Decreto 1377/2013	Ley 23/1982, arts. 12, 30 y 183
Objeto protegido	Dignidad, identidad y autodeterminación informativa	Derechos patrimoniales y morales del autor sobre la obra
Forma	Previo, expreso, específico, informado y comprensible	Contrato escrito
Información exigida	Finalidad, derechos, política de datos, responsables	No exige informar finalidad del uso de la imagen
Comprensión	Debe demostrarse comprensión real	No exige comprensión del retratado

Adecuación cultural	Obligatoria para comunidades indígenas/ vulnerables	No contemplada
Revocabilidad	Siempre revocable	Generalmente irrevocable mientras esté vigente
Alcance	Regula toda circulación de la imagen	Regula solo la obra; no la imagen
Ausencia de autorización	Tratamiento ilegal e ineficaz; supresión y cesación inmediata	La cesión nunca autoriza usar la imagen
Exceso en el uso	Tratamiento inconstitucional por	Infracción autoral

Capítulo 14

Por qué prevalece el *Habeas Data* (Ley 1581 de 2012) sobre el derecho de autor (Ley 23 de 1982) en el uso de la imagen

1. Un conflicto aparente entre dos mundos jurídicos

La regulación jurídica de la imagen de las personas en Colombia se encuentra, desde hace décadas, atravesada por una confusión estructural: aquella que pretende tratar la imagen —un rasgo identitario, biográfico y profundamente personal— como si fuera una obra fotográfica; esto es, como si el régimen de derechos de autor fuera suficiente para regular su utilización. Tal aproximación, arraigada en prácticas administrativas, judiciales e incluso contractuales, ha conducido a errores interpretativos significativos que este libro busca corregir desde su raíz.

En efecto, Colombia convive con dos sistemas jurídicos que se proyectan sobre un mismo objeto material —la fotografía—, pero regulan bienes jurídicos absolutamente distintos. Mientras la Ley 23 de 1982 protege la obra fotográfica como creación intelectual y regula las cesiones patrimoniales entre autor y terceros, la Ley 1581 de 2012 se ocupa de un aspecto radicalmente distinto: la protección del dato personal contenido en la imagen de la persona retratada, reconociéndolo como dato sensible, como elemento de identidad y como manifestación directa de la dignidad humana.

Las tensiones no surgen porque las leyes se contradigan, sino porque históricamente se ha intentado aplicar la Ley 23 en escenarios donde su finalidad no puede, por naturaleza, satisfacer las exigencias constitucionales del tratamiento de datos personales. La fotografía, como obra protegida, y la imagen, como dato personal, no se excluyen, pero tampoco se confunden. Constituyen niveles distintos de protección que nunca deben ser tratados como equivalentes. La Corte Constitucional lo dejó absolutamente claro en SU-139 de 2021: el tratamiento de imágenes como datos personales se rige por la Ley 1581 de 2012 y por el estándar constitucional del consentimiento informado.

Este pronunciamiento se convirtió en un parteaguas. A partir de él, resulta doctrinalmente insostenible aplicar exclusivamente las reglas de cesión de derechos patrimoniales del autor cuando lo que está en juego no es la obra, sino la persona representada. De esta manera, la pregunta central de este capítulo es: ¿por qué, cuando se trata de la imagen de una persona, prevalece el *habeas data* sobre el derecho de autor?

La respuesta exige recorrer seis caminos argumentativos —especialidad, temporalidad, jerarquía constitucional, finalidad, efectos jurídicos y jurisprudencia— que convergen, sin excepción, en un mismo punto: la imagen no es una obra, sino un dato personal, y su tratamiento exige el cumplimiento estricto del consentimiento informado previsto en la Ley 1581 de 2012.

2. La especialidad como criterio rector: la imagen es un dato personal sensible, no una obra

Uno de los puntos neurálgicos para comprender la prevalencia del *habeas data* sobre el derecho de autor en el uso de la imagen es el principio de especialidad normativa. En derecho colombiano, la regla *lex specialis derogat legi generali*[4] no es un adorno conceptual: constituye un criterio hermenéutico obligatorio, particularmente cuando dos normas parecen proyectarse sobre una misma realidad fáctica. Y es precisamente eso lo que ocurre con la fotografía:

[4] Una ley especial deroga la ley general

un mismo soporte físico contiene simultáneamente una obra y un dato personal, pero cada uno pertenece a un universo jurídico distinto y protege bienes igualmente distintos.

Para avanzar en esta distinción, es indispensable partir de una premisa básica: la imagen de la persona es un dato personal sensible, un rasgo biométrico que identifica, expone y afecta la esfera más íntima de su dignidad. Esta definición —que no proviene de la doctrina sino de la Ley 1581 de 2012 y de la jurisprudencia constitucional— coloca a la imagen bajo la órbita del derecho fundamental del *habeas data,* y no bajo el régimen patrimonial del autor.

El artículo 5 de la Ley 1581 de 2012 lo dice sin ambigüedades: son datos sensibles aquellos que afectan la intimidad o, cuyo uso indebido puede generar riesgo, entre los cuales se encuentran los rasgos biométricos. Y la jurisprudencia ha reiterado que la imagen —incluso antes de la promulgación de la Ley 1581 de 2012— es uno de los datos personales más intensamente protegidos. La Corte Constitucional, en la sentencia SU-139 de 2021, elevó esta comprensión al rango de regla decisoria: el tratamiento de imágenes como datos personales se rige por la Ley 1581 de 2012 y por el estándar constitucional del consentimiento informado.

Esta frase, sencilla pero categórica, tiene consecuencias profundas: la utilización de la imagen jamás puede quedar sometida exclusivamente al régimen autoral, porque el sistema de derechos de autor fue diseñado para proteger obras —no personas—y, su estructura normativa no contiene mecanismos idóneos para garantizar la autodeterminación informativa del retratado.

Por otro lado, la Ley 23 de 1982, al regular la obra fotográfica y la cesión de derechos patrimoniales del autor, cumple una función completamente distinta. Su preocupación central es incentivar la creación intelectual, proteger la obra como objeto patrimonial y organizar los mecanismos de explotación económica de ese contenido.

Pero nada en la Ley 23 regula ni pretende regular la imagen personal, ni su carácter biográfico, ni su carga simbólica, ni mucho menos su dignidad. El legislador de 1982 no concebía —porque no existía en ese momento— el paradigma contemporáneo de los datos personales, la biometría, la economía digital o los riesgos asociados al uso masivo de la imagen en redes sociales, IA o bases de datos comerciales.

En otras palabras, la Ley 23 de 1982 no es una ley especial en materia de imagen; lo es únicamente en materia de obra fotográfica. En cambio, la Ley 1581 de 2012 sí es una ley específica sobre la protección de datos personales sensibles, entre ellos la imagen y, por tanto, prevalece siempre que lo que está en disputa no es la obra, sino la persona retratada.

La Corte Suprema también ha reconocido esta distinción. Aunque su objetivo no ha sido resolver conflictos entre el *habeas data* y el derecho de autor, sí ha insistido en separar rigurosamente estos planos. En la sentencia SC-3604 de 2021, la Sala Civil fue explícita: el derecho de autor recae sobre la obra fotográfica, mas no sobre la imagen personal del retratado.

Esto significa que la titularidad del fotógrafo respecto de la obra no le confiere, por sí sola, la facultad de tratar la imagen de la persona fotografiada fuera de los límites del consentimiento informado. Es decir: el derecho de autor nunca puede transformarse, por metamorfosis indebida, en una autorización para tratar datos personales. La especialidad, por ende, se convierte en el primer pilar argumentativo: cuando la disputa jurídica involucra la imagen de la persona y no la fotografía como obra, la ley aplicable —inevitablemente— es la Ley 1581 de 2012.

3. La temporalidad como criterio de desplazamiento: la Ley 1581 de 2012 es posterior, constitucionalizada y adecuada a la era digital

Además de la especialidad normativa, existe un segundo criterio hermenéutico que fortalece —y en buena medida confirma— la prevalencia del *habeas data* sobre el derecho de autor en materia de imagen: el criterio de temporalidad, expresado en la regla *lex posterior derogat priori*[5]. Esta regla, que opera de manera complementaria a la especialidad, cobra especial importancia en campos donde el desarrollo tecnológico y social ha transformado la naturaleza de los bienes jurídicos protegidos.

La Ley 23 de 1982 nació en un país y en un mundo sin internet, sin redes sociales, sin IA, sin plataformas de almacenamiento digital, sin bases de datos biométricas, sin algoritmos de reconocimiento facial y, sobre todo, sin el paradigma constitucional de la protección de datos personales, que apenas surgiría en Europa a mediados de la década de los 90 y llegaría a Colombia con la Constitución de 1991 y con la Ley 1581 de 2012.

Es decir, la Ley 23 fue concebida en un universo jurídico donde la fotografía era un objeto material estático y donde la imagen no tenía las connotaciones dinámicas, replicables y permanentemente expuestas que adquiere hoy. Resulta comprensible, entonces, que un sistema normativo de 1982 no incorporara —porque no podía hacerlo— categorías como la autodeterminación informativa, los datos biométricos, la trazabilidad digital o la necesidad de consentimiento

[5] La ley posterior deroga la anterior.

informado para la circulación de la imagen en entornos tecnológicos complejos.

La Ley 1581 de 2012, por el contrario, surge 30 años después, en un contexto profundamente distinto. Su nacimiento responde al desarrollo del derecho fundamental al *habeas data,* a los estándares europeos de protección de datos (Directiva 95/46/CE y, luego el RGPD), y a una necesidad evidente de regular la circulación masiva de información personal en entornos digitales. Es una ley posterior, pero no solo eso: es constitucionalizada, en el sentido de que desarrolla directamente el artículo 15 de la Constitución, lo cual le confiere una vocación de supremacía en las materias que regula.

La Corte Constitucional, consciente de esta evolución histórica, ha reiterado que la imagen pertenece al universo de los datos personales y que, por tanto, su tratamiento no puede regirse por normas anteriores y menos garantistas. En SU-139 de 2021 lo expresó de manera categórica: la imagen, como dato personal, solo puede tratarse dentro del marco de la Ley 1581 de 2012.

Desde esta óptica temporal, la Ley 1581 de 2012 no solo desplaza a la Ley 23 en los ámbitos donde existe conflicto, sino que constituye la única herramienta legislativa capaz de responder adecuadamente a los riesgos contemporáneos que implica la circulación no autorizada de la imagen. No se trata simplemente de que la Ley 1581 de 2012 sea más nueva, sino que es la única que fue creada para proteger la imagen como dato personal en un entorno tecnológico en permanente transformación.

Además, la jurisprudencia colombiana ha subrayado que las normas preconstitucionales —como la Ley 23 de 1982— deben interpretarse de manera compatible con los derechos fundamentales desarrollados después de la Constitución de 1991. En otras palabras, la Ley 23 no puede utilizarse para limitar o restringir el alcance del derecho fundamental al *habeas data,* ni para validar tratamientos de imagen que carezcan de consentimiento informado. Tal subordinación no es discrecional: deriva del principio de supremacía constitucional.

En este sentido, la Ley 1581 de 2012 no solo es posterior; es más completa, más garantista y más adecuada a los desafíos contemporáneos de la protección de la imagen personal. La temporalidad, así entendida, se convierte en un segundo pilar argumentativo del cual se desprende una conclusión inequívoca: cuando la imagen es utilizada sin el consentimiento informado exigido por la Ley 1581 de 2012, la invocación de la Ley 23 de 1982 resulta insuficiente e improcedente para justificar ese tratamiento.

4. La jerarquía constitucional como fundamento de prevalencia: el *habeas data* como derecho fundamental superior al régimen patrimonial del autor

Aun cuando los criterios de especialidad y temporalidad bastarían para resolver el conflicto normativo entre la Ley 1581 de 2012 y la Ley 23 de 1982, existe un argumento todavía más robusto —y, en cierto sentido, definitivo— que determina la preeminencia del *habeas data*: la jerarquía constitucional. En Colombia, no todas las leyes ocupan el mismo plano. La Ley 23 es una ley ordinaria, orientada a la regulación de las obras fotográficas y a la protección del interés patrimonial del autor. La Ley 1581, en cambio, es una ley estatutaria, destinada a desarrollar el contenido del derecho fundamental al *habeas data,* previsto en el artículo 15 de la Constitución. Esta diferencia de naturaleza determina, por sí sola, la preferencia normativa en caso de conflicto.

El razonamiento es sencillo: ninguna norma ordinaria puede restringir o sustituir el alcance de un derecho fundamental. Y el *habeas data*, como derecho fundamental, no se limita a garantizar el acceso a la información que reposa en bases de datos; constituye, ante todo, una manifestación de la autodeterminación informativa; esto es, el poder de la persona para decidir cómo, cuándo y por qué razones, terceros pueden tratar información que la identifica o representa —incluida su imagen.

Por ello, cuando una persona aparece en una fotografía, no basta con verificar si el fotógrafo es titular de la obra o si existe una cesión patrimonial válida. Ese análisis pertenece al universo del derecho autoral, pero no agota la cuestión constitucional; subsiste el problema mayor de determinar si el retratado otorgó o no su consentimiento informado para que su imagen —como dato personal sensible— sea tratada, utilizada, difundida o explotada por terceros. La Corte Constitucional ha sido insistente en este punto. En la sentencia T-634 de 2013, en uno de los apartes más citados en materia de protección de la imagen, sostuvo que, el tratamiento de datos personales debe cumplir el estándar constitucional del consentimiento informado, sin que normas inferiores puedan reducir su alcance.

Esta afirmación no solo describe un criterio de interpretación; establece una prohibición: ninguna norma de rango legal puede reemplazar o disminuir las exigencias del consentimiento informado. Tal prohibición se vuelve especialmente relevante frente al derecho de autor que, tradicionalmente, ha operado bajo una lógica patrimonial y contractual, y no bajo un prisma constitucional de protección reforzada.

La Corte Constitucional profundizó aún más este estándar en T-561 de 2023, al recordar que el consentimiento, cuando involucra datos personales sensibles de comunidades indígenas o grupos históricamente vulnerables, debe ser no solo previo e informado, sino también, culturalmente adecuado, garantizando comprensión real y evitando cualquier forma de imposición o asimetría de poder. Este criterio es incompatible con la práctica tradicional según la cual bastaría la firma de un documento de cesión autoral para legitimar el uso de la imagen del retratado.

Desde esta perspectiva, la jerarquía constitucional transforma completamente el análisis: la cesión patrimonial que autoriza el uso de una obra no tiene la capacidad, por su sola existencia, de autorizar el tratamiento de la imagen de la persona representada en esa obra. La primera regula la obra; la segunda regula la dignidad. Y entre obra y dignidad, la Constitución ordena preferir la dignidad.

Este principio ha sido recogido también en la jurisprudencia comparada, particularmente en España —país cuya doctrina ha influido históricamente al derecho colombiano—. Allí, el Tribunal Constitucional ha señalado de forma reiterada que el derecho a la propia imagen constituye un límite infranqueable al derecho de autor, incluso cuando el fotógrafo es titular de la obra: la utilización de la imagen personal exige consentimiento, aun cuando la fotografía sea obra protegida por derechos de autor.

Este eco internacional confirma que la jerarquía entre obra y persona no es una particularidad colombiana, sino una tendencia jurídica global: los derechos personalísimos no ceden ante los derechos patrimoniales. Así, bajo la óptica de la jerarquía constitucional, la conclusión se vuelve inescapable; el régimen autoral, por más amplio que sea, no puede sustituir ni disminuir el consentimiento informado exigido por el *habeas data* para el tratamiento de la imagen.

5. La finalidad como brújula interpretativa: el derecho de autor protege obras; el *habeas data* protege personas

Al analizar el conflicto entre la Ley 23 de 1982 y la Ley 1581 de 2012, quizá el elemento más revelador —y paradójicamente el más pasado por alto— es la finalidad que inspira a cada una de estas normas. En derecho, las leyes no existen en abstracto; nacen para resolver problemas concretos y para proteger bienes jurídicos claramente identificables. Cuando dos leyes confluyen sobre un mismo hecho, comprender su finalidad permite determinar cuál debe prevalecer.

La Ley 23 de 1982 fue concebida para proteger la obra fotográfica, entendida como creación intelectual dotada de originalidad. Su eje conceptual es, por tanto, el autor, no la persona retratada; el objeto protegido es la obra, no la identidad del sujeto fotografiado. Todo su diseño normativo —desde los artículos sobre derechos morales y patrimoniales, hasta las reglas de cesión y las limitaciones al uso de la obra— responde a un propósito estrictamente económico y cultural: incentivar la creación y asegurar la explotación adecuada de esa obra.

Nada en la Ley 23 sugiere que la fotografía otorgue, por sí misma, un poder ilimitado para usar la imagen del retratado. De hecho, el derecho de autor se estructura sobre una ficción jurídica: que la obra es independiente de aquello que representa. Esta ficción funciona cuando se trata de paisajes, objetos o abstracciones, pero se vuelve problemática cuando lo representado es una persona, pues allí entran en juego bienes jurídicos no patrimoniales y de rango constitucional superior.

La Ley 1581 de 2012, en cambio, nace con una finalidad completamente distinta: proteger a la persona frente al tratamiento de datos que pueden afectar su dignidad, su intimidad y su identidad. Su objeto de protección no es económico, sino personalísimo. No protege la obra; protege al individuo. No regula cesiones, sino consentimiento informado. No busca promover industrias culturales, sino garantizar el respeto a la dignidad humana en entornos de circulación masiva de información.

Este contraste estructural permite comprender algo fundamental: las finalidades de ambas leyes no compiten, sino que se complementan, pero lo hacen en niveles distintos. La Ley 23 de 1982 protege la obra; la Ley 1581 de 2012 protege al retratado. Y cuando una misma fotografía involucra simultáneamente una obra y un dato personal, la finalidad superior —la protección de la persona— debe prevalecer sobre la finalidad inferior —la protección patrimonial del autor—.

La Corte Constitucional ha sido insistente en este punto, aunque a veces no se le cite de manera explícita. Desde T-414 de 1992 hasta SU-139 de 2021, la Corte ha reiterado que el derecho a la imagen protege la dignidad, la autonomía y la identidad del sujeto. Más aún, ha dejado claro que este derecho no puede ser desplazado por intereses contractuales o patrimoniales.

En esa línea, la Corte Suprema —que normalmente opera dentro del derecho civil y comercial— también ha hecho un reconocimiento implícito de esta diferencia de finalidades. En la sentencia SC-7110 de 2017, al examinar los vicios del consentimiento en contratos relacionados con imágenes, concluyó que la estructura civil del consentimiento no reemplaza las exigencias del consentimiento informado del *habeas data*. ¿Por qué? Porque la finalidad del derecho civil es regular la validez del contrato, mientras que la finalidad del *habeas data* es regular la legalidad del tratamiento del dato personal. Se trata de dos planos que no se sustituyen mutuamente.

Así, cuando una persona aparece en una fotografía, el análisis jurídico no puede limitarse a determinar si el fotógrafo es titular de la obra o si existe una cesión válida. Ese razonamiento es incompleto, porque ignora la otra mitad del fenómeno: la que concierne a la persona retratada. Y es en este punto donde la finalidad del *habeas data* se impone: la protección de la dignidad humana no es un accesorio contractual, sino un mandato constitucional.

Este contraste de finalidades, por tanto, no solo clarifica el conflicto normativo; lo resuelve. Muestra que cada régimen jurídico está diseñado para proteger bienes distintos y que, cuando esos bienes se solapan en el ámbito de la imagen, el sistema debe optar por aquel cuya finalidad es proteger la condición humana, no la explotación económica de una obra.

6. La imagen como límite infranqueable del derecho de autor

La relación entre el derecho de autor y el derecho a la propia imagen no es de conflicto directo, sino de jerarquía estructural. Aunque a primera vista pareciera que ambos derechos podrían competir —pues una fotografía es simultáneamente una obra protegida y un vehículo de representación personal—, la verdad es que estos dos regímenes normativos se encuentran en planos funcionales distintos. El derecho de autor opera sobre el objeto creado; el *habeas data*, sobre la persona representada. Y entre el objeto y la persona, la Constitución ordena preferir la persona.

En este sentido, resulta crucial comprender que el derecho de autor no es absoluto. Ningún derecho patrimonial lo es. Todo derecho tiene límites, pero los límites del derecho de autor son especialmente claros cuando la obra involucra la imagen de un tercero. La fotografía, como obra, puede circular libremente en el mercado; la imagen de la persona que aparece en ella, no. Esta distinción, tan simple en apariencia, es la que determina que el régimen autoral no pueda usarse como herramienta para justificar la explotación de la imagen sin consentimiento informado.

El Tribunal Constitucional español ha sido un referente conceptual en este punto, y su jurisprudencia ha influido en la doctrina colombiana. En una línea reiterada desde los años 90, dicho tribunal ha sostenido que la imagen constituye un derecho fundamental autónomo que opera como límite de cualquier utilización de la obra fotográfica. Una de sus formulaciones más citadas señala que la utilización de la imagen personal exige consentimiento, inclusive cuando la fotografía es una obra protegida por derechos de autor.

Esta afirmación no es un simple recordatorio; es una regla decisoria que establece un orden de prelación. La obra puede estar protegida, pero el autor no puede invocar esa protección para usar la imagen de la persona sin autorización. Es decir, la fotografía es un vehículo, no una licencia; la protección de la obra no suprime los derechos personalísimos del fotografiado.

En Colombia, aunque la jurisprudencia civil y constitucional ha abordado este conflicto con enfoques diversos, existe una convergencia clara. La Corte Constitucional ha insistido en que la imagen es un dato personal sensible sujeto a consentimiento informado, mientras que la Corte Suprema ha sido estricta al separar la obra del fotógrafo, de la imagen del retratado. En SC-3604 de 2021, la Sala Civil fue contundente al afirmar que el derecho de autor recae sobre la obra fotográfica, no sobre la imagen personal del retratado.

Con esta frase, la Corte Suprema marca un límite categórico: el autor no se convierte, por el solo hecho de haber capturado una imagen, en titular de la identidad visual ajena. Si bien adquiere derechos sobre la composición, la luz, el enfoque y la creatividad de la fotografía, esos derechos no se proyectan —ni pueden proyectarse— sobre la identidad gráfica de la persona. Esta separación es esencial, porque evita la apropiación indebida de derechos personalísimos bajo la apariencia de un derecho patrimonial.

El Consejo de Estado, por su parte, ha sido muy claro en sentencias relacionadas con el tratamiento de datos personales (C-748 de 2011), especialmente cuando se usan imágenes sin autorización. En esas decisiones, la corporación recordó que la ausencia del consentimiento informado no invalida el contrato autoral, pero sí convierte en ilegal el tratamiento de la imagen. Con ello, reafirma que la obra puede existir válidamente, pero la utilización de la imagen, si carece de consentimiento informado, no produce efectos jurídicos.

Desde esta perspectiva, la imagen funciona como un límite natural, jurídico y constitucional del derecho de autor. No importa cuán amplia sea la cesión, cuán robusto sea el contrato o cuán creativa sea la obra, si la imagen pertenece a un tercero, el tratamiento de ese dato está condicionado por las reglas del *habeas data*. El derecho de autor no transforma al autor en dueño de la identidad del retratado; solo lo convierte en titular de la obra. La persona retratada sigue siendo titular de su imagen, la cual no puede ser usada sin consentimiento informado.

Este límite infranqueable no es solo jurídico, sino también, ético y social. La imagen de una persona comunica identidad, pertenencia cultural, historia, dignidad y presencia en la esfera pública. Tratarla como un elemento secundario del proceso creativo desconoce la carga simbólica que porta la fotografía como acto de representación. La sociedad contemporánea, cada vez más consciente del valor de los datos personales, reconoce que la protección de la imagen no puede subordinarse a intereses patrimoniales, por legítimos que sean.

Por ello, el derecho de autor termina donde empieza la dignidad humana representada en la imagen. Y es en ese punto de intersección —donde confluyen obra y persona— donde la Ley 1581 de 2012 despliega toda su fuerza normativa para preservar la autonomía, la autodeterminación informativa y el control sobre la representación personal, en un mundo saturado de imágenes, reproducciones y circulaciones digitales.

Capítulo 15

Derecho comparado del derecho a la imagen

1. Introducción

Una convergencia silenciosa hacia la protección reforzada de la imagen

A pesar de que los sistemas jurídicos del mundo surgieron en tradiciones culturales profundamente distintas —el constitucionalismo europeo, el pragmatismo económico estadounidense y el constitucionalismo social latinoamericano— todos han terminado desembocando, casi de manera simultánea, en un mismo punto: la imagen de una persona es un atributo personalísimo que exige consentimiento previo, específico e informado para cualquier forma de uso.

El fenómeno no es casual: durante las últimas décadas, la humanidad ha entrado en una era en la que la imagen dejó de ser un mero retrato físico, para convertirse en un dato sensible, un marcador identitario, un vector de reputación, un objeto de explotación económica y una prolongación visible de la personalidad. En este nuevo ecosistema digital —hipervisual, masivo, replicable y permanente— el derecho a la imagen ha adquirido un protagonismo insospechado desde hace apenas 30 años.

Frente a este escenario, los ordenamientos jurídicos de Europa, Estados Unidos y América Latina han venido ajustando sus doctrinas por caminos diferentes, pero convergiendo en conclusiones extremadamente similares. Hoy, ese consenso puede sintetizarse en cinco postulados ya aceptados globalmente:

a. La imagen es un atributo personalísimo, inseparable de la dignidad y la identidad individual.
b. Su utilización exige consentimiento informado, entendido como autorización previa, específica, libre, inequívoca y plenamente comprensible por parte del titular.
c. La imagen ha sido subsumida en el régimen de protección de datos, lo que implica mayores garantías y un estándar reforzado de información.
d. Los derechos de autor no sustituyen el consentimiento del retratado, incluso cuando la fotografía constituye una obra protegida.
e. El consentimiento es siempre revocable, pues la titularidad sobre la propia identidad visual no puede enajenarse ni renunciarse de manera absoluta.

Colombia —gracias a la Ley 1581 de 2012 y a la consolidación jurisprudencial marcada por sentencias como SU-139 de 2021 y T-634 de 2013— se encuentra hoy, armónicamente alineada con esta tendencia internacional, formando parte de un mismo movimiento global que reconoce que la representación visual de una persona es, ante todo, un asunto de autodeterminación informativa y no de derechos patrimoniales.

En las secciones siguientes, este capítulo examina cómo Europa, Estados Unidos y América Latina —cada uno desde sus propias premisas filosóficas— han llegado a conclusiones prácticamente idénticas sobre el consentimiento informado y la protección reforzada de la imagen.

2. Europa: el laboratorio jurídico más sofisticado del mundo en materia de imagen

Europa constituye, sin lugar a dudas, el espacio jurídico donde el derecho a la imagen ha alcanzado su mayor nivel de desarrollo, coherencia y sofisticación conceptual. Ninguna otra región ha logrado integrar de forma tan orgánica tres tradiciones que, durante décadas, evolucionaron por senderos separados: la protección de la intimidad, la tutela de los datos personales, y la autonomía de la imagen como un derecho personalísimo.

La fuerza de este modelo radica precisamente en esa integración. Europa no se limita a reconocer la imagen como un atributo de la vida privada ni como un dato personal sujeto a información y consentimiento; la concibe como una manifestación de la dignidad humana y, desde allí, construye un sistema que privilegia el control individual y restringe cualquier forma de explotación no autorizada.

2.1. El Reglamento General de Protección de Datos RGPD: la revolución jurídica del consentimiento informado

El punto de inflexión del modelo europeo ocurre con la entrada en vigor del Reglamento General de Protección de Datos, una norma que no solo redefinió la noción de dato personal, sino que estableció el estándar más alto del mundo en materia de consentimiento informado. El RGPD clasifica la imagen como dato personal, lo que significa que cualquier uso, tratamiento, circulación o difusión de fotografías, retratos o contenido audiovisual queda sujeto, estrictamente, al régimen de autorización y finalidades previstas por la normativa de protección de datos. Para Europa, y ahora para buena parte del mundo, el consentimiento ya no es una firma ni una cláusula aislada; es un proceso informativo integral que exige que el titular entienda qué se va a hacer con su imagen, por qué se quiere usar, quién la usará, por cuánto tiempo, con qué alcance, y cuáles son sus derechos para revocar o limitar el tratamiento.

Los artículos 4.11 y 7 del RGPD consolidaron la definición

que hoy domina el derecho comparado: el consentimiento debe ser libre, expreso, específico, informado, inequívoco y siempre revocable. Esta enumeración, prácticamente idéntica a la que recoge la Ley 1581 de 2012 en Colombia, confirma que nuestro país se encuentra alineado con el estándar europeo más exigente.

2.2. España: el puente conceptual más cercano a Colombia

De todos los países de Europa, España es quizás el que mantiene mayor afinidad con Colombia. Ambos reconocen la imagen como derecho fundamental autónomo, con protección reforzada y con un régimen propio, independiente del derecho de autor. El Tribunal Constitucional español, en su sentencia STC 81/2001, resolvió de manera ejemplar la confusión que afecta frecuentemente a los operadores jurídicos en Colombia, en cuanto a que la utilización de la imagen requiere consentimiento expreso e informado, incluso cuando la fotografía constituye una obra protegida por derechos de autor.

Con esta declaración, España trazó una línea divisoria nítida entre la obra fotográfica y la imagen personal. La fotografía —como obra— pertenece al autor; la imagen —como dato personal y atributo de la personalidad— pertenece exclusivamente al retratado. Esta diferenciación es idéntica a la que ha venido construyendo la Corte Constitucional colombiana desde T-414 de 1992 hasta SU-139 de 2021.

España no solo exige consentimiento expreso y previo; exige que sea comprensible, otorgado en condiciones de autonomía real y sin ambigüedades. Su Ley Orgánica 1/1982 le asigna un carácter de derecho fundamental equiparable al honor y a la intimidad.

2.3. Francia: la imagen como núcleo de la vida privada

El derecho francés ha sido históricamente uno de los más protectores de la vida íntima. A partir del artículo 9 del Código Civil —"Toda persona tiene derecho al respeto de su vida privada"— la jurisprudencia desarrolló una doctrina que coloca a la imagen en el centro mismo de esa esfera de protección. Francia exige consentimiento para toda forma de utilización de la imagen, sin importar que el fotógrafo sea titular de derechos de autor o que la reproducción parezca 'inofensiva'. Lo relevante no es el interés económico del autor, sino la preservación de la identidad visual de la persona retratada. En el derecho francés, la imagen no es un accesorio de la obra fotográfica; es una parte nuclear del derecho a la vida privada. La regla que emerge es inequívoca: el derecho de autor nunca habilita, por sí solo, el uso de la imagen de un tercero.

2.4. Italia: una de las distinciones conceptuales más claras del mundo

Italia desarrolla una de las doctrinas más nítidas al separar, de forma absoluta, dos universos conceptuales: el derecho a la imagen, como derecho civil de naturaleza personalísima, previsto en el artículo 10 del Código Civil, y los derechos patrimoniales del autor, regulados en la Ley 633/1941.

La *Corte di Cassazione* reforzó esta distinción al afirmar que la publicación de la imagen sin consentimiento constituye un ilícito autónomo, independiente de la validez de cualquier contrato de cesión autoral. La conclusión italiana coincide plenamente con la tesis colombiana: el autor puede disponer de su obra, pero jamás de la identidad visual de otra persona.

2.5. Síntesis europea: la imagen como extensión de la dignidad

En Europa, la imagen se concibe como un elemento íntimamente ligado a la dignidad humana. Por ello, la protección no depende de contratos ni de derechos patrimoniales, sino de un derecho fundamental que exige consentimiento informado, comprensible y revocable. Esta visión ha irradiado a América Latina y ha influido, de manera directa o indirecta, en la evolución de los modelos de protección de la imagen en todo el mundo.

3. Estados Unidos: un modelo pragmático que converge, por otra vía, hacia la protección estricta de la imagen

Si Europa construyó su sistema de protección de la imagen a partir de la dignidad humana y de los datos personales, los Estados Unidos siguieron un camino completamente distinto. Su punto de partida no fue la intimidad ni la autodeterminación informativa, sino el mercado, la responsabilidad civil y la protección de intereses económicos individuales. Sin embargo —y aquí reside uno de los hallazgos más interesantes del derecho comparado—, aunque la justificación estadounidense sea radicalmente diferente, el resultado práctico es sorprendentemente similar: nadie puede apropiarse de la imagen ajena sin consentimiento.

Esta convergencia por caminos opuestos demuestra que la protección de la imagen no es un capricho doctrinal ni una moda constitucional, sino una necesidad jurídica que emerge espontáneamente en todo sistema moderno que enfrente la explotación visual de las personas. En el caso estadounidense, ese proceso se consolidó a través de una tríada conceptual que, con el tiempo, alcanzó madurez y fuerza normativa: el *Right of privacy*, el *Right of publicity*, y la figura de la *Misappropriation of likeness*.

3.1. La tríada estadounidense: privacidad, publicidad e identidad

Para entender el modelo norteamericano, conviene recordar que no existe, como en Europa, un código unificado ni una ley federal que regule el derecho a la imagen. El sistema estadounidense se desarrolla a través de *torts*, es decir, categorías de responsabilidad civil creadas por la jurisprudencia y luego codificadas por algunos estados. La tríada que estructura este sistema puede resumirse así:

a) Right of privacy

Nacido a finales del siglo XIX con el famoso artículo de Warren y Brandeis (1890), este derecho protege a la persona frente a intrusiones no autorizadas. La imagen, entendida como un elemento de la esfera privada, queda amparada bajo esta doctrina cuando se usa sin autorización, especialmente en medios de comunicación.

b) Right of publicity

Aquí se encuentra la mayor singularidad estadounidense. Este derecho reconoce que la imagen, el nombre, la voz y otros elementos de identidad tienen un valor comercial, y que dicho valor pertenece exclusivamente al individuo. No se trata, por tanto, de proteger la intimidad, sino de evitar que un tercero explote económicamente la identidad ajena sin permiso.

c) Misappropriation of likeness

Esta figura sanciona cualquier uso no autorizado de la imagen, incluso si no hay beneficio económico directo. Es una protección amplia y flexible, aplicada en contextos de publicidad, márquetin, medios y entretenimiento. Tres caminos distintos, se unen en un mismo punto: la necesidad del consentimiento para utilizar la imagen de otro.

3.2. Jurisprudencia estructural: tres casos que moldearon el sistema

La importancia del modelo estadounidense radica, en buena medida, en la fuerza expansiva de su jurisprudencia. Tres decisiones han sido especialmente influyentes:

1. Zacchini v. Scripps-Howard Broadcasting Co. (1977)

Este caso es el pilar del *Right of publicity.* La Corte Suprema sostuvo que transmitir sin permiso la actuación de un artista equivalía a apropiarse indebidamente del valor económico de su imagen y su trabajo. El fallo estableció dos principios esenciales: el uso comercial de la imagen exige consentimiento, y el beneficio económico obtenido por un tercero sin autorización constituye una violación del derecho del titular.

2. Carson v. Here's Johnny Portable Toilets (1982)

En este caso, un juego de palabras que evocaba al presentador Johnny Carson fue considerado suficiente para configurar apropiación indebida de su identidad. Aquí se amplió la protección más allá de la imagen literal: la mera evocación de la identidad puede infringir el derecho.

3. White v. Samsung Electronics America (1993)

Probablemente el caso más citado en derecho comparado. La empresa Samsung utilizó un robot vestido y posado de manera que evocaba claramente a la presentadora Vanna White. Aunque la persona no aparecía físicamente, la Corte sostuvo que ello constituía uso indebido de su *likeness*.

La conclusión es evidente: en Estados Unidos, la identidad visual —y aun su evocación— pertenece únicamente a su titular y no puede ser utilizada sin consentimiento.

3.3. La paradoja estadounidense: un sistema pragmático con resultados altamente protectores

A primera vista, el modelo norteamericano está orientado hacia lo económico. Sin embargo, esta orientación produce un efecto jurídico que termina coincidiendo con el estándar europeo y latinoamericano: la prohibición absoluta de utilizar la imagen sin consentimiento claro y previo. La diferencia no radica en la regla, sino en el fundamento: en Europa, la imagen se protege por razones de dignidad, privacidad y datos personales. En Estados Unidos, se protege para evitar explotación económica y apropiación indebida. Pero las consecuencias prácticas son idénticas: la imagen no puede ser usada sin autorización. La autorización debe ser clara y específica. No existe consentimiento tácito para fines comerciales. La indemnización por uso indebido puede ser extremadamente alta. Ni el fotógrafo ni un tercero pueden invocar derechos de autor para justificar la explotación comercial de la imagen ajena. Incluso sin llamarlo 'consentimiento informado', el estándar estadounidense exige un nivel de autorización que, en la práctica, es tan detallado y exigente como el europeo.

3.4. Conclusión del modelo estadounidense: otra ruta hacia el mismo destino

Estados Unidos demuestra que, aun partiendo de fundamentos distintos —propiedad, mercado, beneficio económico—, la protección de la imagen converge inevitablemente hacia el mismo principio universal: la identidad visual pertenece a la persona y ningún tercero puede explotarla sin autorización específica, previa y expresa. Por ello, el sistema estadounidense refuerza, desde la lógica del mercado, la misma conclusión a la que llegan Europa desde la dignidad y Latinoamérica desde el constitucionalismo: la imagen es indisponible sin consentimiento.

4. Latinoamérica: una región que converge hacia un modelo de protección reforzada de la imagen

Si Europa ha construido el sistema más sofisticado de protección de la imagen y Estados Unidos ha desarrollado un enfoque eminentemente pragmático centrado en la explotación económica, Latinoamérica ha logrado —de manera gradual pero constante— consolidar un modelo híbrido que integra elementos de ambos mundos: de Europa adopta la dignidad humana y la autodeterminación informativa; de Estados Unidos, la conciencia de la imagen como activo susceptible de explotación comercial.

Pero lo más notable del continente no es su punto de partida, sino su punto de llegada. Hoy, a pesar de las diferencias históricas, constitucionales y lingüísticas, la región coincide en un mismo eje conceptual: el uso de la imagen está condicionado al consentimiento informado del titular, entendido como un acto previo, expreso, específico, comprensible y siempre revocable. Latinoamérica, como bloque, se encuentra ya plenamente alineada con la tendencia global que privilegia el control personal sobre la identidad visual.

4.1. Argentina: el país pionero en la región

Argentina es, sin duda, el precursor latinoamericano en materia de derecho a la imagen. Mucho antes de que el debate sobre datos personales se consolidara, la Ley 11.723 (art. 31) ya exigía consentimiento previo para utilizar la imagen de una persona. La jurisprudencia argentina fue, además, extraordinariamente progresiva. La Corte Suprema sostuvo, en decisiones que hoy se citan en toda la región, que la imagen es un atributo personalísimo y su utilización exige consentimiento informado del titular.

Esta doctrina anticipó, con décadas de ventaja, los debates actuales sobre dignidad, autonomía y explotación indebida. Argentina entendió tempranamente que la imagen no es un objeto negociable, sino una manifestación de la identidad que pertenece exclusivamente a la persona retratada. En muchos sentidos, Argentina abrió el camino que luego seguirían México, Colombia, Uruguay, Chile y Perú.

4.2. México: la constitucionalización explícita de la imagen como dato personal

México dio un salto decisivo con la reforma constitucional de 2009–2010, que incorporó expresamente la protección de datos personales en los artículos 6 y 16 de la Constitución. A partir de allí, la imagen dejó de ser vista como un mero atributo civil, para convertirse en un dato personal sujeto a estándares reforzados de tratamiento. La Ley Federal de Protección de Datos Personales en Posesión de los Particulares exige que el consentimiento sea: previo, expreso, específico, informado, y siempre revocable (Garrigues, 2025). La Suprema Corte mexicana ha sido especialmente estricta en casos de publicidad no autorizada, reafirmando que la imagen pertenece exclusivamente al titular; el uso sin permiso vulnera derechos fundamentales; los fines comerciales exigen consentimiento explícito; y, la revocatoria es plenamente válida en cualquier momento. Así, México se alinea con el modelo europeo y con la doctrina colombiana derivada de la Ley 1581 de 2012.

4.3. Chile, Perú y Uruguay: el reconocimiento progresivo del consentimiento informado

Aunque cada uno de estos países llegó por su propio camino, hoy comparten tres elementos esenciales:

a) La imagen como derecho personalísimo

La jurisprudencia y la legislación coinciden en que la imagen no puede ser utilizada sin autorización previa del titular, incluso si la captura fue consentida.

b) Revocabilidad del consentimiento

Se reconoce, como en Europa y Colombia, que la persona puede retirar su autorización en cualquier momento, sin necesidad de justificarlo.

c) Intransmisibilidad de la identidad

Ningún contrato puede transferir o enajenar por completo el control sobre la imagen, pues esta pertenece al ámbito de la personalidad.

Uruguay, de hecho, fue uno de los países que más tempranamente introdujo la idea de consentimiento informado para el uso de datos personales, lo cual facilitó la incorporación de la imagen dentro del mismo marco conceptual. Chile, por su parte, ha fortalecido su sistema a través de jurisprudencia que exige autorización expresa para usos publicitarios y comerciales. Perú, con un constitucionalismo fuertemente influenciado por España, ha seguido una línea casi idéntica a la española, protegiendo la imagen como extensión del derecho a la intimidad.

4.4. Síntesis latinoamericana: una región que abraza la dignidad

A pesar de las diferencias normativas, Latinoamérica ha consolidado un patrón uniforme: la imagen requiere consentimiento informado, los derechos de autor no habilitan el uso de la imagen, la autorización es revocable, la identidad visual es un atributo personalísimo, y la explotación comercial sin permiso es ilícita.

Colombia —con la Ley 1581 de 2012, la jurisprudencia SU-139/2021, T-634/13 y la doctrina constitucional sobre autodeterminación informativa— se ubica en el corazón de este movimiento regional. Latinoamérica converge así, de manera natural, con Europa y, por vías distintas, con Estados Unidos, demostrando que la protección de la imagen es un fenómeno jurídico global, no una construcción aislada de ciertos países.

5. Conclusión: el consentimiento informado como estándar universal del derecho a la imagen

El recorrido comparado por Europa, Estados Unidos y Latinoamérica revela una realidad jurídica ineludible: la protección de la imagen se ha convertido en un estándar universal, compartido por sistemas jurídicos muy distintos entre sí, con historias diferentes, con fundamentos diversos y con culturas jurídicas que, durante décadas, parecían inconciliables. Sin embargo, todas han terminado abrazando una misma regla estructural: la imagen pertenece a la persona, y su utilización exige consentimiento previo, expreso, específico, comprensible e informado, siempre revocable.

Esta convergencia no es formal ni meramente conceptual; es el resultado natural de la transformación tecnológica, social y cultural que ha sufrido la humanidad en el tránsito hacia la era digital. Cuando las imágenes dejaron de ser representaciones estáticas y se convirtieron en datos sensibles, replicables, permanentes y de alcance global, los sistemas jurídicos no tuvieron más opción que redefinir los mecanismos de protección de la identidad humana.

Europa lo hizo mediante el paradigma de la dignidad, la autodeterminación informativa y el RGPD, que llevó el consentimiento informado a su forma más elevada y rigurosa. Estados Unidos, desde una tradición completamente distinta, llegó al mismo punto por una vía económica, protegiendo la imagen como capital identitario susceptible de apropiación indebida. Latinoamérica —incluida Colombia— adoptó un camino intermedio, integrando el lenguaje de la dignidad y los datos personales con la conciencia de que la imagen puede ser también un recurso explotado comercialmente sin autorización. A pesar de estas diferencias, la línea común es clara: la imagen no puede ser objeto de disposición sin la voluntad libre e informada del titular.

Los derechos patrimoniales del autor no pueden prevalecer sobre la identidad visual. Las prácticas comerciales no pueden sustituir la voluntad del retratado. Y ningún contrato civil puede suplir —ni anular— los estándares constitucionales y supralegales que protegen la autodeterminación informativa. Esta conclusión es especialmente relevante para el caso colombiano, pues confirma que el modelo nacional —fundado en la Ley 1581 de 2012, la jurisprudencia constitucional y el reconocimiento de la imagen como dato personal sensible— no es una excepción aislada, sino una expresión moderna de una tendencia jurídica global.

El derecho comparado demuestra que, proteger la imagen no es solo proteger la intimidad; es proteger la identidad, la dignidad, la autonomía, la autodeterminación y, en muchos casos, la memoria cultural de comunidades enteras. La imagen es un territorio donde se cruzan derechos fundamentales, intereses económicos, valores democráticos y principios éticos. Por eso, el consentimiento informado se ha convertido en la herramienta que articula esas dimensiones diversas, equilibrando libertad con responsabilidad, creatividad con respeto, mercado con dignidad.

Capítulo 16

La joven de la campaña del aguardiente: el caso Ana Giselle Salazar Quesada vs. Industria Licorera de Caldas

Uso comercial no autorizado de la imagen — Consentimiento informado, explotación publicitaria y afectación de la dignidad.

Figura 1

Valla publicitaria de la Industria Licorera de Caldas (ILC)

Nota. Caracol Radio (2016). La imagen es reproducida exclusivamente para fines académicos, investigativos y de análisis jurídico.

En la valla publicitaria que utilizó la Industria Licorera de Caldas (ILC) en la campaña del aguardiente Cristal, aparece la imagen de la entonces estudiante universitaria Ana Giselle Salazar, sin autorización.

1. Introducción

Entre los casos más influyentes del derecho a la imagen en Colombia se encuentra el de Ana Giselle Salazar Quesada, una joven universitaria cuya fotografía fue utilizada sin su autorización, en una campaña publicitaria del Aguardiente Cristal producida por la Industria Licorera de Caldas (ILC).

La imagen de Ana Giselle apareció repentinamente en vallas, afiches, etiquetas y piezas de promoción, con el mensaje: "¿Qué tenemos en común?", un eslogan dirigido a conectar sexualmente la figura femenina con el consumo del licor. Lo grave es que ella jamás autorizó el uso de su imagen, jamás conoció la campaña y jamás consintió que su rostro fuera asociado con licor o contenido publicitario.

Años más tarde, la justicia colombiana confirmaría que este caso constituye una violación evidente del derecho fundamental a la imagen y un ejemplo paradigmático del uso comercial no consentido de datos personales sensibles.

2. Reconstrucción narrativa del caso

A comienzos de los años 2000, Ana Giselle Salazar era una joven estudiante de Manizales. En un evento social aceptó, como muchas personas, que le tomaran una fotografía informal sin fines comerciales.

Lo que no sabía —y nunca imaginó— era que esa imagen terminaría siendo utilizada por la empresa Industria Licorera de Caldas para ilustrar una campaña comercial del Aguardiente Cristal. La fotografía fue incorporada en afiches en bares, vallas en avenidas principales, material para distribuidores, piezas internas de mercadeo, campañas de impulso.

Su rostro se convirtió, sin su conocimiento, en un símbolo publicitario vinculado al consumo de licor. La joven se enteró cuando amigos y familiares comenzaron a enviarle fotografías de las vallas publicitarias. De inmediato advirtió que nunca había firmado autorización alguna, jamás se le informó la finalidad, y no existió consentimiento para explotación comercial.

La afectación fue emocional, personal y reputacional. Sentía que su identidad se había convertido en mercancía, y que su imagen circulaba de manera degradada y cosificada en piezas que sugerían asociación erótica alrededor del consumo de bebida alcohólica.

3. Problema jurídico central

El caso plantea un interrogante fundamental: ¿Puede una empresa —y menos aún una empresa pública— utilizar la imagen de una persona en una campaña comercial sin consentimiento informado, aun si la persona no es modelo profesional?

La respuesta, según la jurisprudencia colombiana, es categóricamente no.

4. Estándar constitucional del consentimiento informado para uso de imagen

La Corte Constitucional ha dejado claro que la imagen es un dato personal sensible. Por tanto, su tratamiento exige, como mínimo: información previa, comprensión real de la finalidad, voluntariedad, manifestación expresa, revocabilidad, proporcionalidad en el uso.

Como lo reiteró en SU-139 de 2021, la imagen de una persona es un dato personal sensible, cuyo tratamiento exige consentimiento previo, expreso, informado y revocable.

En el caso de Ana Giselle, nunca se explicó la finalidad publicitaria, nunca se solicitó autorización, nunca existió consentimiento, nunca hubo información sobre alcance ni medios de difusión, no hubo política de tratamiento de datos personales, y no se informó el carácter comercial y masivo del uso. Todo ello hace ilegal, inconstitucional e indebido el tratamiento.

5. La explotación comercial no autorizada

Una de las líneas más importantes del Consejo de Estado en este caso fue reconocer que el derecho a la imagen protege a toda persona, incluso si no es modelo profesional.

La ILC argumentó que la joven no tenía 'valor comercial', insinuando que su imagen no generaba perjuicios porque no era figura pública. El Consejo de Estado fue categórico al referir que la condición de modelo profesional no determina la existencia o no del derecho. La simple utilización comercial no autorizada de la imagen genera responsabilidad (Concreta Legal, 2025).

Además, advirtió que la campaña publicitaria tenía connotaciones sugestivas, contextualizando la imagen de la joven en un mensaje asociado al consumo de licor, lo cual profundizaba la afectación moral.

6. La decisión del Consejo de Estado

El 27 de enero de 2016, la Sección Tercera del Consejo de Estado profirió una de las decisiones más claras sobre uso no consentido de imagen:

1. Se declaró la responsabilidad de la ILC por el uso no autorizado de la imagen de Ana Giselle.

2. Se reconocieron perjuicios morales por el impacto emocional y reputacional producido.

3. Se estableció que el uso comercial sin consentimiento es una violación autónoma del derecho a la imagen.

4. Se afirmó que la empresa debía asumir responsabilidad por no verificar autorización previa.

La sentencia es hoy un pilar doctrinal para la protección de la imagen en contextos comerciales.

7. Relevancia doctrinal del caso

Este caso es esencial porque demuestra que el consentimiento no puede ser presumido. El uso comercial exige autorización expresa y previa. La imagen no es un bien apropiable por la empresa. No importa si la persona es o no modelo profesional. La explotación masiva agrava la vulneración. Las empresas públicas también deben cumplir la Ley 1581 de 2012.

Además, establece una regla jurisprudencial clara: el solo uso no autorizado de la imagen con fines comerciales configura daño moral indemnizable.

8. Conclusión

La historia de Ana Giselle Salazar Quesada es un ejemplo paradigmático de cómo una entidad pública puede vulnerar gravemente el derecho a la imagen cuando ignora la exigencia constitucional del consentimiento informado. Su caso dejó claro que: la imagen es personalísima, no puede ser explotada sin autorización, la finalidad comercial exige máxima protección, y la dignidad prevalece sobre cualquier interés económico.

Este caso se convirtió en uno de los precedentes más sólidos para la doctrina colombiana del derecho a la imagen, y es indispensable en cualquier obra seria sobre la materia.

Capítulo 17

La verdad detrás del billete de $10.000: el caso de Adriana Martínez Dogirama, mujer indígena Emberá

Figura 2

Adriana Martínez Dogirama, mujer indígena Emberá

Nota. Tovar-Bonilla (2024). Reproducción utilizada exclusivamente con fines académicos, investigativos y de análisis jurídico.

Uso estatal no consentido de la imagen — Dato sensible, consentimiento informado, niñez e identidad cultural

La portada fue reconstruida a partir del material incluido en el documento "Adriana Martínez Dogirama. La hija negada del Banco de la República", publicado por Gildardo Adolfo Tovar Bonilla (2024), con la fotografía original de Adriana

Martínez Dogirama (1986) y el billete de $10.000, en cuya iconografía se basó su imagen.

Figura 3

Comparativo

Nota. Reproducción utilizada exclusivamente con fines académicos, investigativos y de análisis jurídico.

Comparativo entre la fotografía original de Adriana Martínez Dogirama tomada en 1986 por Mauricio Pardo Rojas, y los detalles morfológicos utilizados en el retrato del billete de $10.000, elaborado por el grabador Trento Cionini.

1. Introducción

Pocos episodios del derecho colombiano ilustran con tanta claridad la tensión entre la protección de la imagen, el *habeas data* y el poder institucional del Estado, como la historia de Adriana Martínez Dogirama, una mujer indígena de la comunidad Emberá, cuyo rostro —capturado cuando era menor de edad— fue utilizado décadas después por el Banco de la República para ilustrar el billete de $10.000 pesos, una de las piezas de mayor circulación nacional.

Lo que para muchos puede parecer un gesto cultural o un homenaje visual a la diversidad del país, se convierte, desde la perspectiva jurídica, en una vulneración profunda y estructural: la imagen de Adriana fue capturada sin explicación, procesada sin información y transformada en símbolo monetario sin consentimiento informado.

Su identidad personal —íntima, sensible y protegida constitucionalmente— terminó circulando en millones de billetes, sin que ella hubiera tenido conocimiento, participación o posibilidad real de decidir.

Este caso permite comprender cómo, incluso el Estado, puede vulnerar derechos fundamentales cuando desconoce los estándares constitucionales de protección de datos personales.

2. Reconstrucción narrativa del caso

A inicios de los años 80, el antropólogo Mauricio Pardo Rojas realizaba un trabajo etnográfico en territorio indígena. En ese contexto capturó diversas fotografías de miembros de la comunidad Emberá. Una de ellas retrataba a una niña indígena, Adriana Martínez Dogirama, entonces menor de edad, en un momento cotidiano de su vida comunitaria.

Durante ese trabajo de campo, Mauricio Pardo Rojas no solo tomó fotografías aisladas, sino que integró varias de ellas en un estudio antropológico sobre prácticas culturales, identidad e imagen en pueblos indígenas. Varias de estas fotografías —incluida la de Adriana— fueron remitidas posteriormente al Museo del Oro, donde fueron utilizadas en una publicación académica con finalidad documental y etnográfica.

Es importante subrayar que esas imágenes tenían un propósito exclusivamente investigativo y cultural, propias del contexto museológico y académico, sin ninguna relación con instituciones estatales externas ni con fines de representación oficial.

Años más tarde, de manera totalmente independiente del estudio y sin aviso a la persona retratada, la imagen de aquella niña emberá reapareció como la ilustración principal del billete de $10.000 pesos, uno de los de mayor circulación en Colombia.

Adriana —ya adulta— solo supo tiempo después que su fotografía de infancia había sido transformada en un símbolo monetario nacional, sin haber sido consultada, informada o autorizante de ese uso institucional.

3. Problema jurídico central

¿Puede el Estado utilizar la imagen de una persona —y en especial de una menor indígena— como símbolo nacional en un billete, sin consentimiento informado ni autorización de sus representantes legales?

La Constitución, la Ley 1581 de 2012 y la jurisprudencia constitucional indican que no es posible.

4. La imagen como dato personal sensible

La imagen humana es un dato personal sensible, según el artículo 5 de la Ley 1581 de 2012. Su tratamiento exige la máxima protección. La Corte Constitucional (SU-139 de 2021) sostuvo que la imagen es un dato personal sensible, cuyo tratamiento exige consentimiento previo, expreso, informado y revocable del titular.

En el caso de Adriana:

- No hubo consentimiento previo.

- No hubo información suficiente.
- No existió finalidad clara.
- No se acreditó política de tratamiento.
- No hubo posibilidad de revocatoria.
- No existió transparencia en el uso.

El tratamiento, por ello, fue ilegal desde el origen.

5. Ausencia total de consentimiento informado (ilegalidad agravada por tratarse de una menor)

La Corte Constitucional es estricta: el consentimiento informado requiere información plena, comprensión verificable y voluntariedad real (T-634 de 2013). Pero, en este caso, la situación es aún más delicada: Adriana era menor de edad cuando fue fotografiada. De acuerdo con la Constitución (art. 44) y la Ley 1098 de 2006:

- Los menores no pueden consentir por sí mismos.
- Solo sus representantes legales pueden autorizar tratamientos.
- El Estado debe garantizar su interés superior.
- La protección de su imagen debe ser reforzada y exhaustiva.

Nada de esto ocurrió. La ausencia de consentimiento es, entonces: absoluta, agravada, y constitucionalmente prohibida.

6. Protección reforzada para población indígena Emberá — y para menores indígenas

Este caso involucra una triple dimensión de protección reforzada:

1. Menor de edad → protección constitucional máxima (art. 44 C.P.).
2. Indígena Emberá → sujeto de especial protección (Auto 004/2009).
3. Mujer indígena menor → categoría de vulnerabilidad constitucional crítica.

La Corte Constitucional ha señalado en T-129 de 2011 y T-260 de 2012 que, la niñez indígena exige una protección doblemente reforzada por su vulnerabilidad estructural y cultural. El uso de la imagen de una niña emberá como icono monetario, sin conocimiento ni participación de la comunidad, constituye una afectación grave a su identidad personal y cultural.

7. Obligaciones del Estado bajo la Ley 1581 de 2012

La función de emisión monetaria no habilita a las instituciones estatales para vulnerar derechos fundamentales. El Banco de la República, como entidad pública, debía:

- verificar la autorización de los representantes legales,
- explicar finalidad y tratamiento,
- garantizar proporcionalidad del uso,
- respetar el interés superior del menor,
- aplicar enfoque diferencial indígena,
- proteger dignidad e identidad.

La Corte ha sido clara al expresar que los fines estatales no justifican la vulneración del *habeas data* (T-634 de 2013).

8. Relevancia doctrinal del caso

El caso de Adriana Martínez Dogirama se convierte en un referente fundamental del derecho colombiano, porque demuestra que la imagen no puede ser apropiada por el Estado sin consentimiento informado. El uso de la imagen de un menor exige autorización de representantes legales. La pertenencia indígena obliga a un estándar más alto de protección. La Ley 1581 de 2012 vincula plenamente al Estado. La afectación es continuada, pues cada billete reproduce la vulneración.

9. Nota de actualidad jurídica

Actualmente, los hechos relacionados con este caso son objeto de estudio en la jurisdicción contencioso-administrativa mediante una acción de reparación directa, cuyo resultado será determinante para la evolución jurisprudencial del derecho a la imagen y de la protección de datos personales en Colombia.

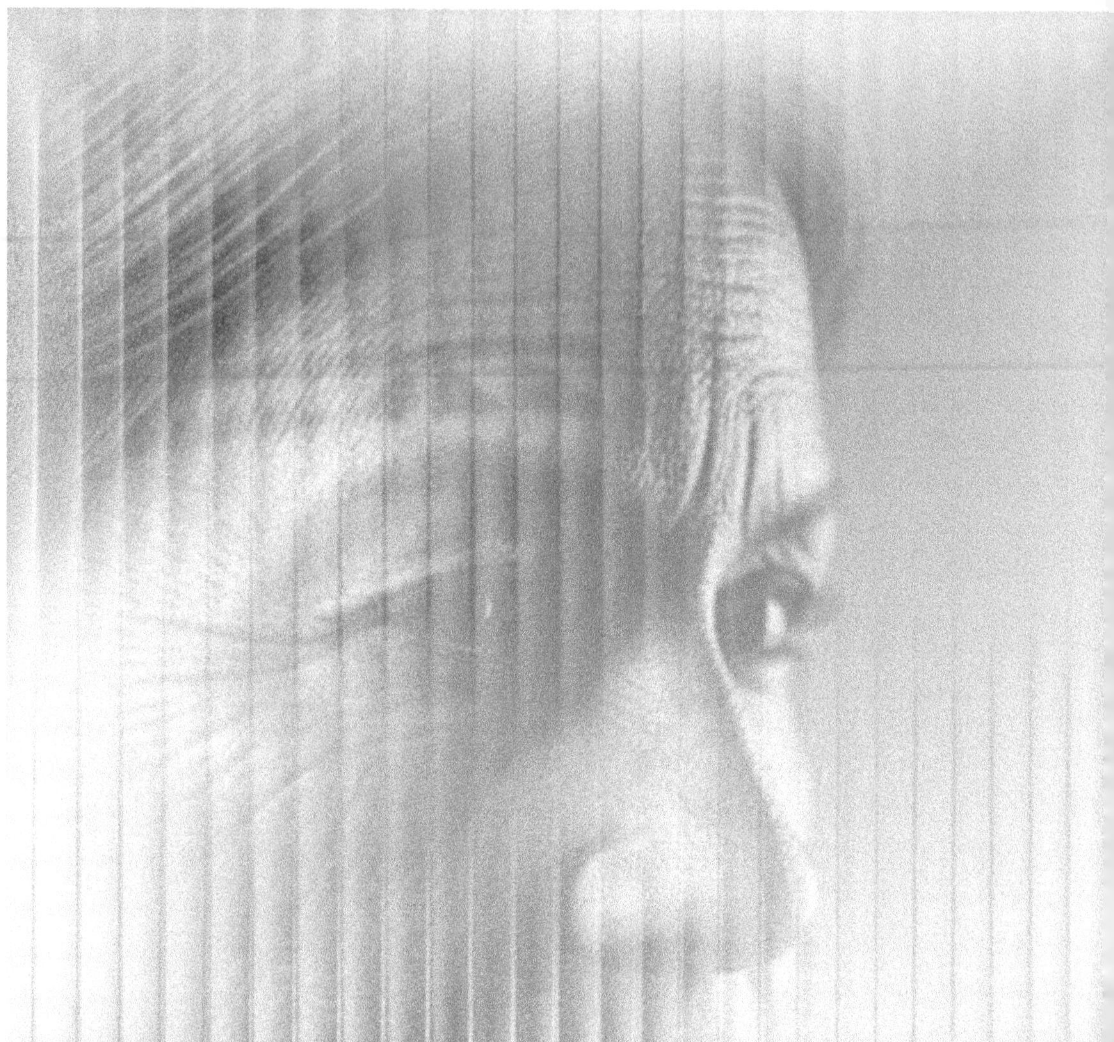

Capítulo 18

La mujer indígena chorotega en el billete de 10 córdobas: apropiación cultural, compensación extrajudicial y el debate sobre la imagen indígena en un símbolo monetario

1. Introducción

En Centroamérica existe un caso que ilustra con especial claridad el problema histórico de la apropiación de la imagen indígena como instrumento simbólico del Estado: la incorporación de la imagen de una mujer indígena chorotega en el billete de diez córdobas de Nicaragua.

La fotografía de esta mujer —tomada originalmente en un contexto cotidiano, cultural y no comercial— fue incorporada al diseño del billete sin su conocimiento ni autorización, convirtiéndose en un elemento de circulación nacional diaria.

A diferencia de los casos colombianos (Rogelio Mejía —Capítulo 20—, Adriana Martínez y Ana Giselle Salazar), este episodio no llegó a los tribunales, pero sí produjo un acuerdo extrajudicial de compensación entre el Banco Central de Nicaragua y los involucrados.

El caso se volvió emblemático, porque muestra cómo la identidad indígena puede ser absorbida por el aparato estatal sin consulta previa, sin consentimiento y sin reconocimiento público.

2. El origen de la fotografía

a) Fotografía cultural, no publicitaria

El origen del caso se remonta a una fotografía tomada en la región del Pacífico nicaragüense (zona de Masaya o Chinandega), donde habita el pueblo indígena Chorotega. La mujer indígena fue fotografiada preparando tortillas en un entorno doméstico, en un acto cultural profundamente cotidiano. La fotografía nació como:

- registro antropológico,
- documento cultural,
- imagen costumbrista,
- sin fines publicitarios ni estatales.

No había intención de la mujer ni del fotógrafo, de que esa imagen se convirtiera en un símbolo económico.

b) Apropiación estatal de la imagen

Años después, durante la renovación de la familia de billetes entre 2007 y 2014, el Banco Central de Nicaragua (BCN) seleccionó la fotografía para incorporarla en el diseño del billete de 10 córdobas. La imagen se estilizó, pero siguió siendo reconocible por su postura corporal, la silueta, la escena y, la actividad tradicional.

La mujer indígena no fue consultada. El fotógrafo tampoco fue informado inicialmente.

c) El billete de diez córdobas: un símbolo nacional con rostro indígena

Difusión masiva e irreversible

El billete fue puesto en circulación nacional; apareció en todas las transacciones económicas, cajeros automáticos, comercios, bancos, salarios, mercados, peajes, transporte. Miles de millones de ejemplares circularon con la imagen de la mujer indígena.

Invisibilización de la fuente

La emisión monetaria no indicó quién era la mujer, quién tomó la fotografía, cuál era el origen cultural, si hubo autorización, si hubo compensación. El Estado 'anonimizó' la identidad indígena, transformándola en iconografía cultural sin rostro ni historia.

El conflicto ético y jurídico

Aunque nunca se judicializó, el caso abrió varios debates profundos:

1. ¿Puede el Estado usar la imagen de una persona real sin autorización?

Desde el punto de vista de derechos humanos, no. La Convención Americana establece la protección de:

- la identidad,
- la dignidad,
- la integridad cultural,
- la privacidad.

El uso estatal requiere consentimiento, especialmente cuando involucra comunidades indígenas.

2. ¿Existió explotación económica?

Sí. La moneda es un instrumento económico y político. El Estado usó la imagen indígena como legitimación simbólica y representación cultural.

3. ¿Hubo desviación de finalidad?

Total. Una imagen cultural privada terminó convertida en símbolo económico masivo.

3. La compensación extrajudicial

Aunque el caso nunca se conoció en los tribunales, sí produjo una consecuencia fundamental: el Banco Central de Nicaragua realizó una compensación extrajudicial para la mujer indígena cuya imagen fue utilizada, y el fotógrafo que tomó la fotografía. Esta compensación no fue pública, no fue ordenada por un juez, se manejó de manera reservada, y formó parte de un acuerdo privado de uso de imagen. El pago extrajudicial es reconocimiento implícito de que la imagen se usó sin autorización previa.

Este es uno de los pocos casos en América Latina donde un banco central reconoce *de facto* un uso inadecuado de imagen indígena en moneda oficial.

4. Afectación cultural

Para la comunidad Chorotega, el uso no consultado, no autorizado, no reconocido, y sin beneficio colectivo, fue visto como una forma de apropiación cultural institucionalizada. La mujer pasó de ser una persona real, a una silueta masificada en una pieza monetaria. El Estado convirtió una representación íntima en símbolo nacional, sin devolverle agencia ni voz a la protagonista.

5. Conclusión

El caso de Nicaragua muestra cómo la identidad indígena puede ser absorbida por el Estado sin consentimiento, convertida en iconografía monetaria y difundida masivamente sin reconocimiento. Aunque no hubo sentencia, la compensación extrajudicial confirma que la imagen se usó sin autorización, hubo reconocimiento implícito de responsabilidad, se produjo explotación simbólica y económica y, que existe una deuda histórica con los pueblos indígenas en materia de imagen.

Este capítulo complementa el análisis latinoamericano y demuestra que la protección de la imagen indígena es un reto internacional, no solo colombiano.

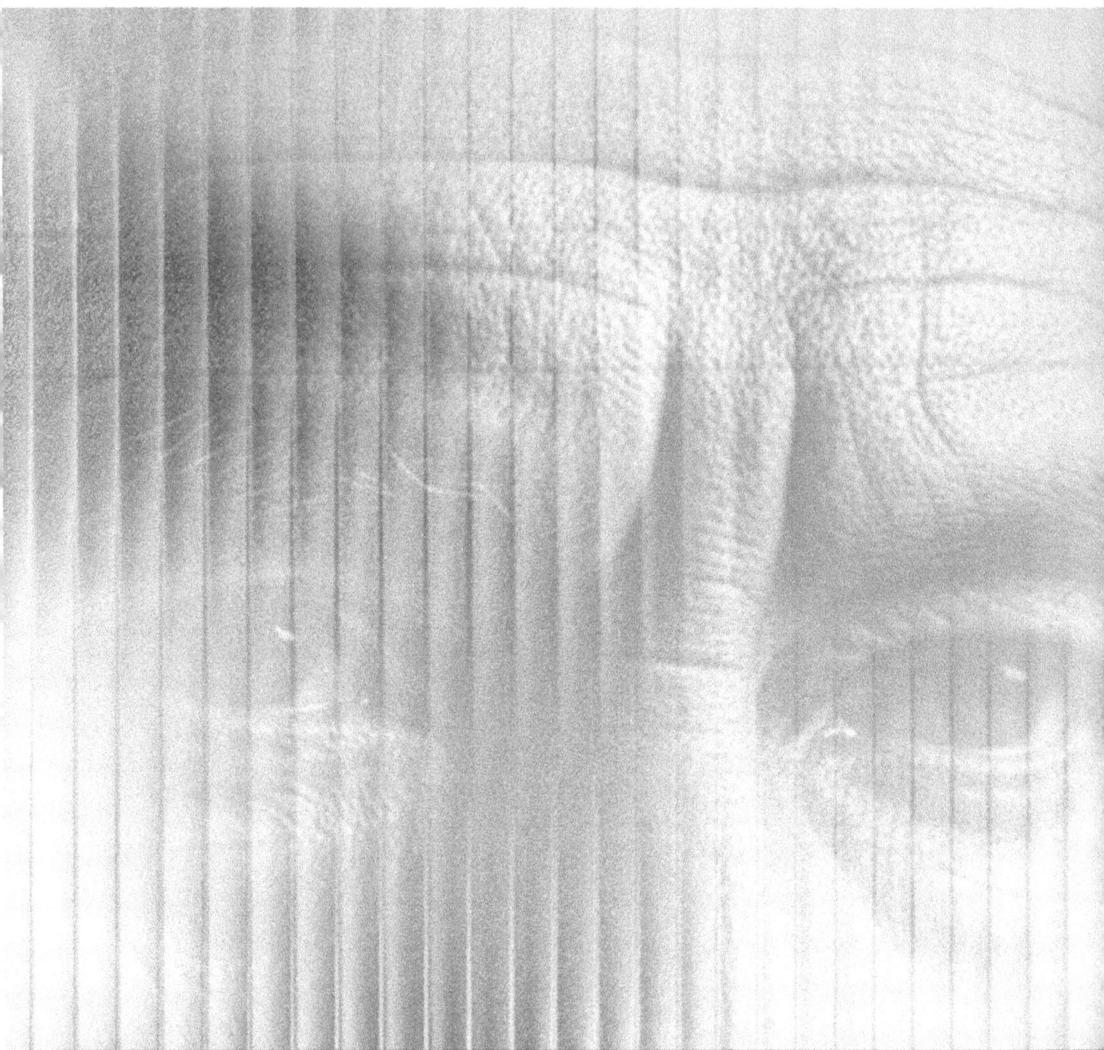

Capítulo 19

El hombre del billete de un lempira: identidad indígena, reconocimiento tardío y reivindicación estatal en Honduras

Figura 4

Fotografía comparativa del hombre indígena Lenca

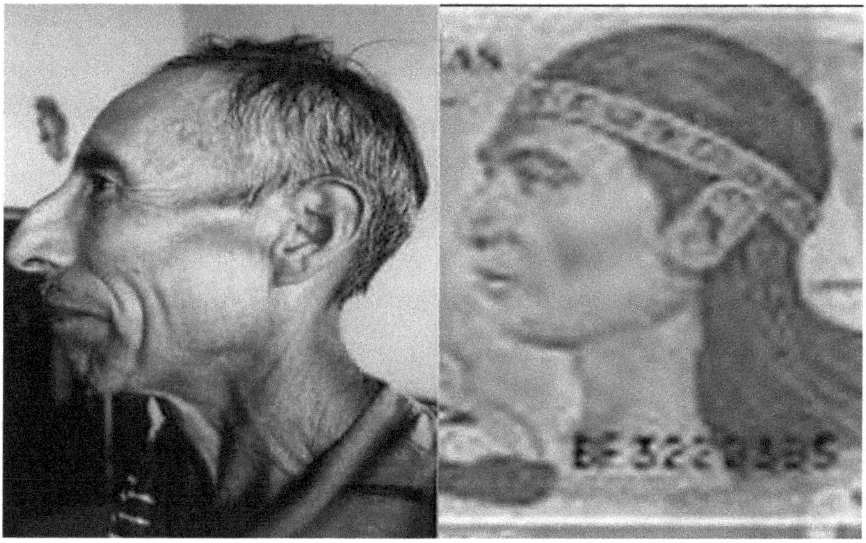

Nota. Creación propia con base en Idiáquez (2023). Reproducción utilizada exclusivamente con fines académicos y de análisis jurídico

Entre el anonimato histórico y la reparación simbólica de la imagen indígena Lenca

La fotografía muestra un comparativo del hombre indígena Lenca cuya imagen inspiró el retrato del billete hondureño de un lempira, junto al diseño impreso por el Banco Central de Honduras. La imagen proviene de registros periodísticos recientes que documentan su identificación y posterior reconocimiento estatal.

1. Introducción

En Honduras, un caso singular ha emergido como símbolo del reconocimiento tardío de los pueblos originarios y de la forma como la identidad indígena ha sido usada —y silenciada— en la iconografía monetaria estatal: la historia del hombre Lenca que aparece en el billete de un lempira.

Durante décadas, su identidad permaneció oculta; su imagen fue utilizada sin compensación, consulta ni visibilidad, y apenas en 2023–2024 el Estado hondureño reconoció su aporte cultural otorgándole una pensión mensual de 15,000 lempiras, según reportó el periódico La Prensa de Honduras.

Este capítulo analiza el origen de esa imagen, su apropiación por parte del Estado y la posterior reivindicación, integrando elementos de derecho a la imagen, derechos de los pueblos indígenas y justicia restaurativa simbólica.

2. El origen de la fotografía y la identidad del hombre del billete

2.1. El pueblo Lenca como símbolo nacional

El billete de un lempira es uno de los más antiguos y circulantes de Honduras. Desde mediados del siglo XX, su diseño incluía la imagen de un hombre Lenca con vestimenta tradicional, captado originalmente en fotografía. Los Lenca son uno de los pueblos indígenas más antiguos de la región mesoamericana, presentes en los departamentos de La Paz, Intibucá, Lempira y parte de Santa Bárbara.

2.2. Una fotografía convertida en icono nacional

La imagen del hombre Lenca usada en el billete provino de una fotografía tomada como parte de un registro etnográfico realizado en la década de 1950 o 1960 sobre comunidades indígenas hondureñas. Sin embargo —al igual que en el caso de Concepción Ramírez en Guatemala—, nunca se pidió autorización, no hubo contrato, no existió compensación, y la identidad del fotografiado quedó invisible para el país. El hombre real se convirtió en una figura simbólica reproducida millones de veces.

3. El uso estatal sin consentimiento

Durante aproximadamente cuatro décadas, el rostro del hombre Lenca circuló en bancos, mercados, comercios, pagos laborales, transacciones cotidianas, instituciones públicas. Fue un símbolo nacional constante, pero la persona detrás de la imagen vivía en condiciones de pobreza, sin reconocimiento, y sin que se hiciera referencia alguna a su nombre o trayectoria.

El billete se convirtió en un ícono, mientras él seguía siendo invisible para el Estado y la memoria colectiva.

4. La investigación que permitió identificarlo

En años recientes, investigadores locales, líderes indígenas y periodistas emprendieron la tarea de identificar al hombre del billete. La Prensa de Honduras documentó testimonios en los que familiares y miembros de la comunidad reconocieron al protagonista como un anciano Lenca oriundo de una región rural del occidente hondureño.

La reconstrucción de su identidad permitió que el país supiera, por primera vez, quién estaba detrás del símbolo monetario más tradicional de Honduras.

5. Reconocimiento y reparación simbólica

En 2023–2024, la presidenta hondureña Xiomara Castro —junto al Instituto Nacional de la Juventud y la Secretaría de Desarrollo Social— decidió otorgarle una pensión vitalicia de 15,000 lempiras mensuales al hombre identificado como modelo histórico del billete de un lempira. Este gesto constituye una reparación simbólica, una compensación tardía, un acto de reivindicación cultural, y un reconocimiento del valor de la identidad indígena en la construcción del patrimonio nacional.

Si bien no implica un resarcimiento económico proporcional al uso masivo de su imagen, sí marca un precedente importante sobre la responsabilidad del Estado frente a las imágenes indígenas utilizadas en iconografía oficial.

6. Análisis jurídico

El caso del hombre del billete de un lempira permite analizar varios puntos centrales del derecho a la imagen y los derechos culturales:

a) Uso estatal sin consentimiento informado. No existe evidencia de que la fotografía fuera autorizada por el titular. Ello revela la práctica histórica de apropiación documental, explotación simbólica, invisibilización del individuo indígena.

b) La dignidad como eje del derecho a la imagen. La imagen de un miembro de un pueblo originario no es un mero 'elemento cultural', sino un atributo personal protegido por el derecho a la identidad, a la honra, a la imagen y, los derechos de los pueblos indígenas reconocidos por el Convenio 169 de la OIT.

c) Reconocimiento tardío como reparación cultural. La pensión otorgada al hombre Lenca no subsana décadas de uso no autorizado, pero sí establece que la imagen indígena utilizada por el Estado debe ser objeto de reconocimiento, dignificación y compensación.

d) Precedente para otros países. El caso hondureño se suma a los de Concepción Ramírez (Guatemala),

Adriana Martínez Dogirama (Colombia), y otros pueblos donde las imágenes fueron usadas sin autorización.

7. Conclusión

El caso del hombre indígena Lenca del billete de un lempira rescata la historia de una persona cuya imagen fue utilizada masivamente sin reconocimiento, y cuya identidad permaneció oculta durante décadas.

Su posterior reivindicación, a través de una pensión estatal, marca un punto de giro en la valoración de la imagen indígena como parte del patrimonio cultural vivo, no como un recurso visual apropiable por el Estado sin responsabilidad. Se trata de un ejemplo poderoso de cómo la justicia simbólica y el reconocimiento tardío pueden convertirse en herramientas esenciales para reconstruir la dignidad histórica de los pueblos originarios.

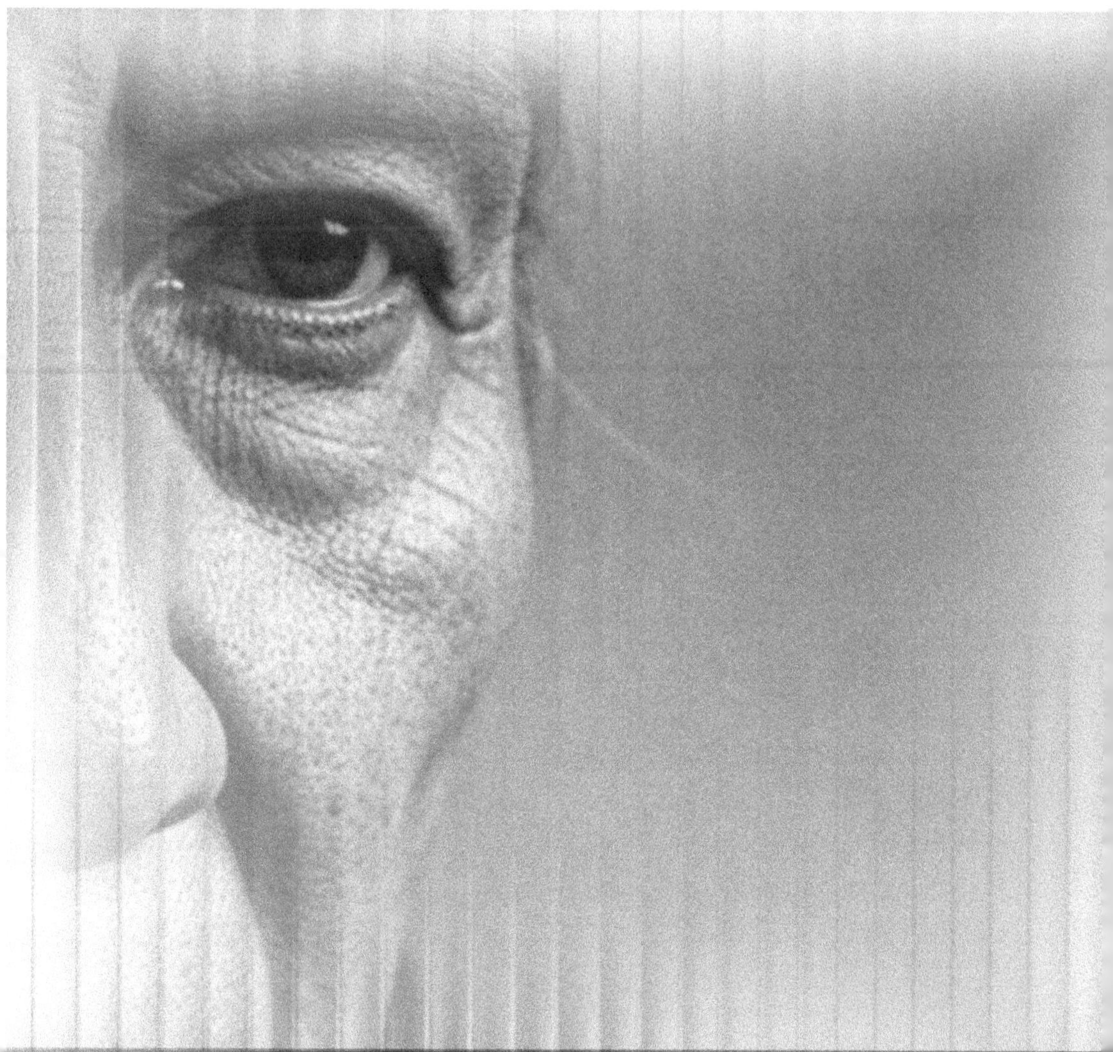

Capítulo 20

Rogelio Mejía Izquierdo: identidad espiritual capturada

Figura 5

La historia de una imagen indígena convertida en instrumento de explotación económica durante nueve años

Nota. Fotografía original de Rogelio Mejía Izquierdo, su versión vectorizada utilizada por Procafecol y la aplicación de dicha imagen en un mural dentro de una tienda Juan Valdez Café.

Figura 6

Empaque comercial de las tazas Juan Valdez Café, mural con la imagen de Rogelio Mejía Izquierdo en tienda física y tazas mágicas utilizadas para su explotación comercial

Consentimiento informado, alteración cultural y responsabilidad empresarial en el uso comercial de la imagen indígena

1. Introducción

Hay casos que iluminan los puntos más sensibles del derecho colombiano: el cruce entre dignidad humana, cultura ancestral e intereses comerciales. El caso de Rogelio Mejía Izquierdo, líder espiritual del pueblo Arhuaco de la Sierra Nevada de Santa Marta, es uno de ellos.

Su imagen —serena, ancestral y profundamente unida a su territorio— fue utilizada durante nueve años y cinco meses por la marca Juan Valdez, difundida en 445 tiendas nacionales e internacionales, así como en afiches, tazas promocionales, catálogos, empaques, redes sociales, señalética y piezas institucionales.

Su nombre espiritual fue alterado. Su identidad fue transformada en eslogan. Su cultura fue convertida en estética publicitaria. Y todo esto ocurrió sin su consentimiento informado. Más que un caso jurídico, es una historia sobre los límites que la dignidad cultural le impone al márquetin.

2. El origen: cuando una fotografía hecha para promocionar el café de un productor se convierte en un instrumento publicitario

2.1. Un encuentro sencillo, nacido del café. El encuentro entre Rogelio y el productor audiovisual no tuvo naturaleza publicitaria. Un consultor de la Federación Nacional de Cafeteros y a su vez contratado por Procafecol S.A., a través de la agencia doble vía media, llegó a la Sierra Nevada para conocer el café que Rogelio cultivaba artesanalmente, y explorar la posibilidad de comprárselo directamente, dentro de una relación comercial honesta entre productor indígena y comprador externo.

En ese contexto transparente —una conversación sobre cultivo, territorio y tradición cafetera— se tomó la fotografía original. Su propósito era simple: promocionar el café que

Rogelio cultivaba, mostrar su origen, apoyar la posible compra directa, y acompañar el relato de un producto auténtico del territorio. Nada más. Era una fotografía funcional al café, no a una campaña publicitaria.

2.2. La firma sin comprensión y sin finalidad conocida

Una vez obtenida la fotografía, se le presentó un documento en castellano llamado 'Full Release'. Nunca se le explicó su contenido. Nunca se le leyó. Nunca se le dio contexto. Quien tenía el documento en sus manos era el consultor y fotógrafo; él lo administraba y él lo leía.

Rogelio firmó sin comprender su alcance, sin información previa y sin acompañamiento lingüístico o cultural. No hubo consentimiento. Solo hubo una firma.

3. De productor indígena a icono comercial: la explotación masiva

3.1. Integración al universo visual de la marca

La fotografía intervenida se convirtió en parte del universo gráfico de Juan Valdez: murales, y 'tazas mágicas'.

3.2. Nueve años y cinco meses de presencia

El uso fue sostenido, sistemático y global. La imagen estuvo presente en 445 tiendas nacionales e internacionales durante más de nueve años, sin interrupción. Cada pieza, cada tienda, cada producto representó un nuevo acto de explotación cultural y personal. El daño no fue episódico; fue continuado, profundo y acumulativo.

3.3. La ausencia total de consentimiento informado

Según la Ley 1581 de 2012 y el Decreto 1377 de 2013, el consentimiento informado debe ser: previo, expreso, libre, informado, claro, específico, comprensible, verificable, revocable.

Nada de esto existió. Rogelio nunca fue informado de la finalidad publicitaria, la intervención gráfica, la alteración de su nombre espiritual, la magnitud de la difusión, el uso internacional, la explotación económica, la inclusión en 445 tiendas, su conversión en símbolo de marca. Firmó sin saber. No autorizó nada.

Figura 7

Autorización

AUTORIZACIÓN DE EXPOSICIÓN DE IMAGEN
FULL RELEASE

Yo, [ROGELIO MEJIA] mayor de edad, identificado(a) con cédula de ciudadanía No. [15139822], de [VALLEDUPAR], actuando en nombre y representación propia, de forma voluntaria, expresa e irrevocable, por medio del presente documento manifiesto que, **AUTORIZO** a **PROCAFECOL S.A** sociedad comercial legalmente constituida y debidamente registrada ante la Cámara de Comercio de Bogotá, con NIT 8301123171, para el registro y uso de mi imagen audiovisual y fotográfica, cualquiera que sea el medio, a partir de las tomas que las mismas realicen, de forma directa o a través de terceros como contratistas o empresas vinculadas. Para los efectos de este escrito, se precisa que:

Primero.- Se entiende por imagen, a la representación de la persona, mención del nombre completo o parcial, seudónimo, voz, firma, iniciales, figura y cualquier símbolo que se relacione con la corporeidad y/o existencia física del individuo objeto del registro audiovisual y/o fotográfico.
Segundo.- Con la presente autorización, se presume el total consentimiento del otorgante y se habilita a **PROCAFECOL S.A**, o a quienes estos dispongan para captar la imagen (total o parcial) de la persona objeto de registro, ya sea en obras fotográficas, audiovisuales o a través de cualquier otro medio idóneo para su almacenamiento y uso posterior, en Colombia y el extranjero.
Tercero.- En consideración a lo dispuesto en los numerales anteriores, por este documento se acredita que, los registros, tomas, grabaciones y/o piezas audiovisuales o fotográficas hechas por **PROCAFECOL S.A**, con mi imagen se sujetaron a la autorización que por este documento confiero para dichos propósitos, de tal forma que en ningún momento desconocieron, afectaron o vulneraron mis derechos, dignidad, intimidad, honra y buen nombre.
Cuarto.- Certifico que por este escrito, transfiero a **PROCAFECOL S.A**, los derechos patrimoniales correspondientes a las obras audiovisuales o fotográficas que sobre mi imagen se realicen o resulten de las tomas hechas por las sociedades en referencia, sus dependientes, funcionarios, delegados o contratistas; siendo aquellas las titulares exclusivas de la explotación de las piezas en cuestión.
Quinto.- Otorgo autorización a **PROCAFECOL S.A** y todas las personas designadas por estas, para que en cualquier tiempo, por cualquier medio conocido o por conocerse, en cualquier lugar, de cualquier forma y para la promoción en general de cualquier otro producto o servicio, se utilicen las obras fotográficas, audiovisuales o de otro tipo, donde aparezca mi imagen, creadas como consecuencia y bajo el amparo del presente documento.
Sexto.- Faculto a **PROCAFECOL S.A** y a quienes aquellas designen, para que transformen, modifiquen, adapten, compendien y en general usen como consideren conveniente las obras donde aparezca mi imagen y que hayan sido creadas como consecuencia del presente documento, siempre y cuando, dichas modificaciones no afecten mi reputación o buen nombre.
Séptimo.- Con el objeto de difundir los datos personales, domicilios, imágenes y voces del ganador con fines publicitarios, este otorga la autorización por medio de la firma de este documento, a **PROCAFECOL S.A** y todas las personas designadas por estas, para usar su imagen, nombre y/o voz, sin derecho a compensación alguna, durante la vigencia de la promoción y de forma vitalicia

Se firma en la ciudad de Bogotá, en el mes de _______ 2014.

Firma: [illegible]
C.C.: [illegible]

Nota. Copia del documento denominado 'Autorización de Exposición de Imagen – Full Release', firmado en 2014 y utilizado por Procafecol S.A. como soporte de la explotación de la imagen del señor Rogelio Mejía Izquierdo.

4. Los 14 defectos estructurales del Full release

1) Falta de determinación de la finalidad específica. El documento no informa cuál es el propósito concreto del uso de la imagen (publicitario, institucional, comercial, cultural), violando el art. 9 de la Ley 1581 de 2012 y el art. 4 del Decreto 1377 de 2013.

2) Ausencia de vigencia temporal o límite de uso. Incluye una autorización "vitalicia", contraria a la temporalidad razonable del tratamiento (art. 4 lit. e, Decreto 1377 de 2013).

3) Falta de delimitación territorial. Autoriza el uso "en cualquier lugar", sin límites ni control, violando el principio de circulación restringida (art. 4 lit. f, Decreto 1377 de 2013).

4) No identificación de los medios o soportes de difusión. La cláusula "por cualquier medio conocido o por conocerse" convierte la autorización en un consentimiento en blanco, contrario a los arts. 8 y 9 de la Ley 1581 de 2012.

5) Inexistencia de identificación del responsable del tratamiento. No identifica a Procafecol como responsable del tratamiento (omisión del art. 12 lit. a, Decreto 1377 de 2013).

6) Omisión de mecanismos de ejercicio de derechos ARCO. No informa cómo ejercer los derechos de acceso, rectificación, cancelación u oposición, incumpliendo los arts. 8 y 9 de la Ley 1581 de 2012 y el art. 12 lit. e, Decreto 1377 de 2013.

7) Falta de entrega de copia al titular. Rogelio nunca recibió copia del documento, violando el art. 12 lit. d, Decreto 1377 de 2013.

8) Ausencia de contraprestación económica y trato desigual. Se autoriza el uso "sin derecho a compensación alguna", lo que genera desproporción, aprovechamiento y ausencia de causa lícita, especialmente grave, tratándose de identidad indígena.

9) Ausencia de cláusula de revocabilidad. No permite retirar el consentimiento, contrariando los arts. 8 g) y 9 de la Ley 1581 de 2012; además, combina cláusula vitalicia con ausencia de revocatoria, volviendo el consentimiento inmodificable.

10) Engaño mediante la figura del supuesto "ganador". El documento se refiere al firmante como "ganador", induciendo a creer que existió un concurso o beneficio inexistente. El representante de Procafecol admitió que no existía ningún concurso.

11) Inexistencia de política de tratamiento de datos personales. El documento no menciona ni remite a política de tratamiento (violación del art. 12 lit. c, Decreto 1377 de 2013).

12) No autorización del uso del nombre indígena ni de la leyenda. El documento no autoriza usar el nombre espiritual "Zarunküngumü" ni leyendas asociadas, pese a que Procafecol utilizó ambos masivamente en murales y tazas.

13) Falsedad sobre el lugar de suscripción del documento. El documento afirma que se firmó en Bogotá, pero en realidad se firmó en Valledupar. Es un error

esencial que afecta la autenticidad y la veracidad del consentimiento.

14) Defecto estructural transversal: ausencia de consentimiento informado. De la sumatoria de los puntos anteriores se demuestra que el documento carece de información, especificidad, transparencia, proporcionalidad, y posibilidad de revocatoria.

Es jurídicamente ineficaz bajo la Ley 1581 de 2012 y el Decreto 1377 de 2013, no por vicio civil, sino por inexistencia de consentimiento informado.

5. El valor espiritual de la imagen indígena

Para el pueblo Arhuaco, la imagen es una extensión del espíritu y del equilibrio ancestral. No pertenece al ámbito de lo decorativo. El nombre espiritual es un signo sagrado que expresa misión y origen. Alterarlo es un acto de ruptura profunda. La sustitución de su nombre por uno inventado es una agresión cultural seria.

6. Márquetin étnico: la estética de lo sagrado convertida en estrategia comercial

La pieza final utilizada por la marca no representaba la cosmovisión Arhuaca, sino una recreación comercial diseñada para transmitir autenticidad, espiritualidad, tradición, cercanía al origen. Era una espiritualidad estilizada, no real; una estética indígena inventada para vender un producto. Es la conversión de lo sagrado en mercancía gráfica.

7. Dos entidades, un mismo circuito de explotación

La captura de la imagen ocurrió mientras el fotógrafo prestaba servicios relacionados con la Federación Nacional de Cafeteros y a la vez a Procafecol S.A., esta última encargada del uso y administración económica de la marca Juan Valdez. La explotación comercial posterior fue realizada por Procafecol S.A. Una obtuvo la imagen. La otra la explotó. Ambas se beneficiaron del mismo ciclo de apropiación. Doctrinalmente, esto configura responsabilidad solidaria.

8. La dimensión humana del daño

Años después, Rogelio descubrió su imagen intervenida en las tiendas Juan Valdez. Lo que para él había sido un acto noble —promocionar su café— había sido transformado en una herramienta de márquetin global. Su identidad circuló más que su historia. Su espiritualidad fue utilizada sin su alma. Su cultura fue convertida en estética de venta.

9. Relevancia doctrinal del caso

Este caso demuestra que la imagen indígena es un dato personal sensible reforzado; que el consentimiento debe tener enfoque intercultural; que la alteración del nombre espiritual es una intervención ilícita; que el daño continuado existe cuando la explotación dura años; que el mercadeo étnico requiere límites constitucionales estrictos; que la dignidad cultural prevalece sobre el interés comercial y, que la responsabilidad solidaria opera en ciclos conjuntos de explotación.

10. Conclusión

Lo que comenzó como un registro de buena fe para promocionar el café que Rogelio cultivaba, terminó convertido en una pieza publicitaria global sin su voluntad. Su nombre espiritual fue falsificado. Su imagen se volvió eslogan. Su cultura fue estetizada. Su identidad espiritual fue convertida en instrumento de explotación económica durante nueve años, con presencia en 445 tiendas nacionales e internacionales y en múltiples productos y plataformas de la marca.

Cabe señalar que, al momento de la elaboración de este libro, los hechos aquí analizados se encuentran en debate judicial ante la jurisdicción civil, mediante una acción de responsabilidad civil extracontractual. El proceso continúa en curso, y su desenlace formará parte del desarrollo jurisprudencial futuro sobre el uso indebido de la imagen indígena en Colombia.

La dignidad no es un recurso gráfico. La imagen indígena no es un insumo de marca. La espiritualidad no es un producto comercial. El caso de Rogelio Mejía Izquierdo queda consagrado como uno de los más importantes en la historia del derecho a la imagen en Colombia.

Capítulo 21

Doña Chonita: el rostro que circuló sin consentimiento

Figura 8

Imagen de Concepción Ramírez Mendoza reproducida masivamente en la moneda de 25 centavos

La imagen de Concepción Ramírez Mendoza fue reproducida masivamente en la moneda de 25 centavos, pese a no haber mediado un consentimiento previo, específico e informado.

Figura 9

Retratos asociados a la imagen original de Doña Chonita

Existen varios retratos asociados a la imagen original de doña Chonita, cuya reproducción histórica careció de autorización válida conforme con los estándares modernos de consentimiento informado.

1. Introducción

En el centro de la moneda guatemalteca de 25 centavos —el popular "choca" o "len"— se encuentra el rostro de una niña indígena tz'utujil. Su mirada serena, su peinado tradicional y la textura de su perfil se convirtieron en uno de los símbolos más difundidos del país. Esa niña se llamaba Concepción Ramírez Mendoza, conocida en su comunidad como doña Chonita.

Su imagen, impresa en millones de monedas durante más de seis décadas, se transformó en ícono nacional sin que ella lo supiera, sin que lo aceptara y, sobre todo, sin que existiera consentimiento informado.

Este capítulo analiza su historia, pero también, la dimensión jurídica profunda de ese uso no autorizado: el derecho a la imagen, la protección de datos personales, la dignidad cultural y la ausencia total de información previa, específica y verificable.

2. La vida de Concepción Ramírez Mendoza

En 1959, cuando tenía quince años, Concepción vivía en Santiago Atitlán, un pueblo profundamente marcado por la tradición tz'utujil. Hija de una familia humilde, creció entre tejidos, ceremonias ancestrales, mercados artesanales y la vida comunal alrededor del lago Atitlán.

Una mañana, un fotógrafo llegó al pueblo en busca de un rostro indígena que 'representara a Guatemala'. La escogieron a ella; le pidieron que posara: de perfil, con el cabello recogido, sosteniendo la dignidad de su pueblo en su semblante. Esa fotografía marcaría su vida, pero no de la forma que imaginó.

3. La fotografía que se convirtió en símbolo nacional

Años después, el Banco de Guatemala decidió acuñar una nueva moneda de 25 centavos. Tomaron aquella fotografía y la transformaron en relieve metálico. No se le informó a Concepción. No se le pidió autorización. No se le explicó la finalidad, ni la escala, ni la temporalidad. Simplemente, su rostro pasó a circular en todo el territorio nacional, en mercados, bancos, comercios, en manos de millones de personas.

Mientras la moneda adquiría valor simbólico y patrimonial, la mujer detrás del ícono seguía viviendo en condiciones de pobreza, ignorando durante años que su imagen había sido transformada en patrimonio nacional.

4. El problema jurídico: la inexistencia de consentimiento informado

El uso de la imagen de un individuo, mucho más tratándose de un miembro de un pueblo indígena, está sujeto a estándares estrictos de consentimiento. Aun cuando Guatemala no poseía en 1959 una legislación equivalente a las normas modernas de *habeas data,* los principios universales de protección del derecho a la imagen ya eran claros: información, consentimiento previo, límites de uso, proporcionalidad, transparencia. Nada de eso ocurrió.

1) Falta total de información sobre la finalidad

A Concepción jamás se le dijo que su fotografía sería usada en una moneda. Mucho menos, se le explicó que sería en millones de piezas de circulación nacional.

2) Ausencia de temporalidad

El uso fue, en la práctica, perpetuo. Su imagen circuló por más de 60 años, contraviniendo el principio moderno de temporalidad: toda autorización debe ser limitada en el tiempo.

3) Uso territorial ilimitado

El rostro de doña Chonita pasó a ser un símbolo universal de la identidad guatemalteca. No existió un límite ni control territorial, ni la posibilidad de restringir su exposición pública masiva.

4) Falta de identificación del responsable

Nunca conoció quién tomó la decisión, bajo qué autoridad, ni a qué institución debía dirigirse para ejercer reclamos o derechos.

5) Imposibilidad de ejercer derechos de acceso, corrección u oposición

No existió copia del acto, ni contrato, ni política de tratamiento de datos. No hubo vía para negarse, corregir, reclamar o retirar su imagen.

6) Ausencia absoluta de contraprestación económica

Su imagen se convirtió en un símbolo patrio. Ella no recibió compensación alguna ni reconocimiento económico, pese al uso continuado y masivo.

7) Aprovechamiento simbólico de la identidad indígena

El Estado utilizó el rostro de una niña tz'utujil para representar la 'identidad nacional', mientras esa misma mujer permaneció invisibilizada, sin participación en la decisión, ni reconocimiento de su cultura, ni resarcimiento.

5. Impacto humano y cultural en la vida de doña Chonita

Muchos años después, ya adulta, doña Chonita se enteró de que en el país entero circulaban monedas con su rostro. No hubo homenaje ni disculpa institucional, ni reparación oficial. Su comunidad reconocía en ella una mezcla de orgullo y dolor: orgullo, porque su imagen fue símbolo nacional; dolor, porque ese símbolo fue construido sin su permiso, sin su voz y sin su dignidad como titular de su propia identidad.

La paradoja: mientras su perfil metálico transitaba en millones de manos, ella vivía en condiciones económicas modestas, completamente ajena al valor cultural de su propia imagen.

6. Reflexión jurídica y ética

Hoy, a la luz de los principios modernos de protección de datos personales y derechos culturales, su caso es emblemático. El derecho a la imagen exige: consentimiento libre, previo, específico, informado, revocable, proporcional, con límites concretos.

La historia de doña Chonita no cumplió ninguno de esos requisitos. Su imagen fue apropiada, reinterpretada y reproducida sin información ni autorización, configurando uno de los casos más significativos de explotación simbólica de una identidad indígena en América Latina.

7. Conclusión

La moneda de 25 centavos de Guatemala se convirtió en un ícono nacional. Pero detrás de ese símbolo está la historia de una niña cuya imagen fue utilizada sin información, sin consentimiento, sin control y sin participación. Esta historia no pretende borrar el valor cultural de la moneda, sino evidenciar la urgencia de reconocer la dignidad humana detrás de cada rostro utilizado como emblema, recordando que ninguna representación cultural justifica la supresión de los derechos individuales. El legado de doña Chonita es doble: símbolo de identidad para una nación, y recordatorio universal del valor jurídico y humano del consentimiento informado.

Referencias bibliográficas

Barreiro, G. (1981). *Diligencia y negligencia en el cumplimiento. Estudio sobre la prestación del trabajo debida por el trabajador.* Centro de Estudios Constitucionales.

Caracol Radio. (2016, 5 de mayo). ILC deberá pagar demanda por uso indebido de imagen en publicidad. https://caracol.com.co/emisora/2016/05/05/manizales/1462451586_110804.html

Centro de Entrenamiento Jurídico. (2025). Valor probatorio de las capturas de pantalla y la presunción de veracidad. https://www.cej.com.co/valor-probatorio-de-las-capturas-de-pantalla-y-la-presuncion-de-veracidad/

Concreta Legal. (2025). Uso no autorizado de la imagen: ¿Cuándo existe responsabilidad legal? https://concretalegal.com/blog/uso-no-autorizado-de-la-imagen/

Constitución Política de Colombia [Const.]. (1991). http://www.alcaldiabogota.gov.co/sisjur/normas/Norma1.jsp?i=4125

Convenio 169 de la OIT. (1989). C-169 convenio sobre pueblos indígenas y tribales. https://www.ilo.org/sites/default/files/wcmsp5/groups/public/@ed_norm/@normes/documents/publication/wcms_100910.pdf

Decreto 1377 de 2013. (2013, 27 de junio). Presidencia de la República de Colombia. https://www.funcionpublica.gov.co/eva/gestornormativo/norma.php?i=53646

De Zubiría, N. (2019). ¿Qué es la reparación integral? ¿Cuáles son sus componentes y cómo están contemplados en la ley y en la jurisprudencia? https://cej.org.co/wp-content/uploads/2019/12/La-reparacio%CC%81n-integral-y-sus-componentes.pdf

Gajardo, J. (2014). Comentario de la STEDH Aksu v. Turquía de 15 de marzo de 2012. Ampliación del concepto de víctima e interpretación contextualizada de los derechos humanos. *Revista Jurídica de la Universidad Autónoma de Madrid,* (30). https://vlex.es/vid/comentario-stedh-aksu-v-562153430

Garrigues. (2025). México: la nueva Ley Federal de Protección de Datos Personales en posesión de los particulares introduce conceptos como el aviso de privacidad y elimina el INAI. https://www.garrigues.com/es_ES/noticia/mexico-nueva-ley-federal-proteccion-datos-personales-posesion-particulares-introduce

Gómez-Agudelo, D. S. (2020). Implicaciones jurídicas de la evidencia digital en el proceso judicial colombiano. *Ratio Juris, 15*(30), 220-240. https://doi.org/10.24142/raju.v15n30a11

Hart v. Elec. Arts, Inc., 717 F.3d 141 (3rd Cir. 2013). (2013, 21 de mayo). Ryan HART, individually and on behalf of all others similarly situated. https://case-law.vlex.com/vid/hart-v-elec-arts-886057044

Herrera, L. E. (2021). *La carga de la prueba y el deber-obligación de aportar pruebas en Colombia: un acercamiento teórico-jurisprudencial* [Tesis de especialización, Universidad de Antioquia]. https://bibliotecadigital.udea.edu.co/server/api/core/bitstreams/7ab4a738-da8c-41ba-9d12-2a98b413706f/content

Idiáquez, F. (2023, 3 de marzo). Entregarán pensión vitalicia al hondureño que posa como el Cacique Lempira en el billete de un lempira. https://www.radiohouse.hn/2023/03/03/entregaran-pension-vitalicia-al-hondureno-que-posa-como-el-cacique-lempira-en-el-billete-de-un-lempira/?utm_source=chatgpt.com

Ley 23 de 1982. (1982, 28 de enero). Congreso de la República de Colombia. https://www.funcionpublica.gov.co/eva/gestornormativo/norma.php?i=3431

Ley Orgánica 1/1982. (1982, 5 de junio). Gobierno de España. https://boe.es/buscar/act.php?id=BOE-A-1982-11196

Ley 21 de 1991. (1991, 4 de marzo). Congreso de la República de Colombia. https://www.funcionpublica.gov.co/eva/gestornormativo/norma.php?i=37032

Ley 446 de 1998. (1998, 7 de julio). Congreso de la República de Colombia. https://www.funcionpublica.gov.co/eva/gestornormativo/norma.php?i=3992

Ley 1273 de 2009. (2009, 5 de enero). Congreso de la República de Colombia. https://www.funcionpublica.gov.co/eva/gestornormativo/norma.php?i=34492

Ley 1437 de 2011. (2011, 18 de enero). https://www.suin-juriscol.gov.co/viewDocument.asp?ruta=Leyes/1680117

Ley 1564 de 2012. (2012, 12 de julio). Congreso de la República de Colombia. https://www.suin-juriscol.gov.co/viewDocument.asp?ruta=Leyes/1683572

Ley 1581 de 2012. (2012, 17 de octubre). Congreso de la República de Colombia. https://www.funcionpublica.gov.co/eva/gestornormativo/norma.php?i=49981

Marín, J. (2025). ¿Qué es el daño emergente y el lucro cesante? https://lacco.co/2025/06/16/dano-emergente-lucro-cesante/

Mosquera, F. A. (2015). *La teoría de la carga dinámica de la prueba y el principio de presunción de inocencia (artículo 7 de la ley 906 de 2004), según la interpretación realizada por la Sala de Casación Penal de la Corte Suprema de Justicia y la Corte Constitucional – Estudio aplicado a partir de la vigencia de la Ley 906 de 2004* [Tesis de maestría, Universidad de

Medellín]. zp03xv0q-dinámica-principio-presunción-inocencia

RCN Radio. (2026). Licorera de Caldas asume responsabilidad por utilizar sin consentimiento, imagen de una universitaria. https://noticias.rcnradio.com/colombia/eje-cafetero/licorera-caldas-asume-responsabilidad-utilizar-sin-consentimiento-imagen-una-universitaria

Santos-Vijande, J. M. (2004). La captación y difusión no consentidas de la imagen de personas públicas en momentos de su vida privada. Comentario a la STEDH (Sección 3ª) de 24 de junio de 2004 (Asunto Von Hannover - Princesa Carolina de Mónaco - contra Alemania). https://produccioncientifica.ucm.es/documentos/619ca552a08dbd1b8f9ff6ae

Sentencia T-413 de 1992. (1992, 5 de junio). Corte Constitucional, República de Colombia. (Ciro Angarita Barón, M.P.). https://www.corteconstitucional.gov.co/relatoria/1992/t-413-92.htm

Sentencia T-414 de 1992. (1992, 16 de junio). Corte Constitucional, República de Colombia. (Ciro Angarita Barón, M.P.). https://lavozdelderecho.com/files/Sentencia_No_T-414_1992.pdf

Sentencia T-380 de 1993. (1993, 14 de octubre). Corte Constitucional, República de Colombia. (Eduardo Cifuentes Muñoz, M.P.). https://www.corteconstitucional.gov.co/relatoria/1993/t-380-93.htm

Sentencia SU-056 de 1995. (1995, 16 de febrero). Corte Constitucional, República de Colombia. (Antonio Barrera Carbonel, M.P.). https://vlex.com.co/vid/43558703

Sentencia SU-082 de 1995. (1995, 1 de marzo). Corte Constitucional, República de Colombia. (Jorge Arango

Mejía, M.P.). https://www.corteconstitucional.gov.co/relatoria/1995/su082-95.htm

Sentencia T-090 de 1996. (1996, 6 de marzo). Corte Constitucional, República de Colombia. (Eduardo Cifuentes Muñoz, M.P.). https://www.corteconstitucional.gov.co/relatoria/1996/t-090-96.htm

Sentencia T-523 de 1997. (1997, 15 de octubre). Corte Constitucional, República de Colombia. (Carlos Gaviria Díaz, M.P.). https://www.corteconstitucional.gov.co/relatoria/1997/t-523-97.htm

Sentencia SU-510 de 1998. (1998, 18 de septiembre). Corte Constitucional, República de Colombia (Eduardo Cifuentes Muñoz, M.P.). https://www.corteconstitucional.gov.co/relatoria/1998/su510-98.htm

Sentencia T-652 de 1998. (1998, 10 de noviembre). Corte Constitucional, República de Colombia (Carlos Gaviria Díaz, M.P.). https://www.corteconstitucional.gov.co/relatoria/1998/t-652-98.htm

Sentencia 81 de 2001. (2001, 26 de marzo). Tribunal Constitucional de España. https://hj.tribunalconstitucional.es/es-ES/Resolucion/Show/4377

Sentencia STC 156 de 01. (2001, 2 de julio). Tribunal Constitucional de España. https://hj.tribunalconstitucional.es/es-ES/Resolucion/Show/4452

Sentencia T-881 de 2002. (2002, 17 de octubre). Corte Constitucional, República de Colombia. (Eduardo Montealegre Lynett, M.P.). https://vlex.com.co/vid/43619110

Sentencia T-550 de 2003. (2003, 9 de julio). Corte Constitucional, República de Colombia. (Álvaro Tafur Galvis, M.P.). https://juristeca.com/co/corte-constitucional-de-colombia/sentencias-y-autos/2003/7/sentencia-t-550-03

Sentencia T-778 de 2005. (2005, 27 de julio). Corte Suprema de Justicia. República de Colombia (Manuel José Cepeda Espinoza, M.P.). https://www.corteconstitucional.gov.co/relatoria/2005/t-778-05.htm

Sentencia C-1235 de 2005. (2005, 29 de noviembre). Corte Constitucional, República de Colombia. (Rodrigo Escobar Gil, M.P.). https://www.corteconstitucional.gov.co/relatoria/2005/c-1235-05.htm

Sentencia C-336 de 2007. (2007, 9 de mayo). Corte Constitucional, República de Colombia. (Jaime Córdoba Triviño, M.P.). https://www.funcionpublica.gov.co/eva/gestornormativo/norma.php?i=25922

Sentencia T-514 de 2009. (2009, 7 de julio). Corte Constitucional, República de Colombia. (Luis Ernesto Vargas Silva, M.P.). https://www.corteconstitucional.gov.co/relatoria/2009/t-514-09.htm

Sentencia T-769 de 2009. (2009, 29 de octubre). Corte Constitucional, República de Colombia. (Nilson Pinilla Pinilla, M.P.). https://www.corteconstitucional.gov.co/relatoria/2009/t-769-09.htm

Sentencia T-129 de 2011. (2011, 3 de marzo). Corte Constitucional, República de Colombia. (Jorge Iván Palacio Palacio, M.P.). https://www.corteconstitucional.gov.co/relatoria/2011/t-129-11.htm

Sentencia C-250 de 2011. (2011, 6 de abril). Corte Constitucional, República de Colombia. (Mauricio

González Cuervo, M.P.). https://www.bogotajuridica.gov.co/sisjur/normas/Norma1.jsp?i=145638

Sentencia C-748 de 2011. (2011, 6 de octubre). Corte Constitucional, República de Colombia. (Jorge Ignacio Pretelt Chaljub, M.P.). https://www.corteconstitucional.gov.co/relatoria/2011/c-748-11.htm

Sentencia T-212 de 2012. (2012, 15 de marzo). Corte Constitucional, República de Colombia. (María Victoria Calle Correa, M.P.). https://www.corteconstitucional.gov.co/relatoria/2012/t-212-12.htm

Sentencia T-260 de 2012. (2012, 29 de marzo). Corte Constitucional, República de Colombia (Humberto Antonio Sierra Porto, M.P.). https://www.corteconstitucional.gov.co/relatoria/2012/t-260-12.htm

Sentencia SU-458 de 2012. (2012, 21 de junio). Corte Constitucional, República de Colombia (Adriana María Guillén Arango, M.P.). https://www.funcionpublica.gov.co/eva/gestornormativo/norma.php?i=49067

Sentencia C-742 de 2012. (2012, 26 de septiembre). Corte Constitucional, República de Colombia. (María Victoria Calle Correa, M.P.). https://www.suin-juriscol.gov.co/clp/contenidos.dll/CorteConstitucional/30032963

Sentencia T-977 de 2012. (2012, 22 de noviembre). Corte Constitucional, República de Colombia (Alexei Julio Estrada, M.P.). https://www.corteconstitucional.gov.co/relatoria/2012/t-977-12.htm

Sentencia T-1027 de 2012. (2012, 28 de noviembre). Corte Constitucional, República de Colombia (Gabriel Eduardo Mendoza Martelo, M.P.). https://www.corteconstitucional.gov.co/relatoria/2012/t-1027-12.htm

Sentencia T-009 de 2013. (2013, 21 de enero). Corte Constitucional, República de Colombia. (Jorge Ignacio Pretelt Chaljub, M.P.). https://www.corteconstitucional.gov.co/relatoria/2013/t-009-13.htm

Sentencia SC-1095 de 2013. (2013). Corte Suprema de Justicia. https://www.bibliotecadigitaldebogota.gov.co/resources/3732385/

Sentencia T-634 de 2013. (2013, 13 de septiembre). Corte Constitucional, República de Colombia. (María Victoria Calle Correa, M.P.). https://www.corteconstitucional.gov.co/relatoria/2013/t-634-13.htm

Sentencia T-020 de 2014. (2014, 27 de enero). Corte Constitucional, República de Colombia. (Luis Guillermo Guerrero Pérez, M.P.). https://www.corteconstitucional.gov.co/relatoria/2014/t-020-14.htm

Sentencia T-576 de 2014. (2014, 4 de agosto). Corte Constitucional, República de Colombia. (Luis Ernesto Vargas Silva, M.P.). https://www.corteconstitucional.gov.co/relatoria/2014/t-576-14.htm

Sentencia T-033 de 2015. (2015, 26 de enero). Corte Constitucional, República de Colombia. (María Victoria Calle Correa, M.P.). https://www.corteconstitucional.gov.co/relatoria/2015/t-033-15.htm

Sentencia T-277 de 2015. (2015, 12 de mayo). Corte Constitucional, República de Colombia. (María Victoria Calle Correa, M.P.). https://www.corteconstitucional.gov.co/relatoria/2015/t-277-15.htm

Sentencia T-478 de 2015. (2015, 3 de agosto). Corte Constitucional, República de Colombia. (Gloria Stella Ortiz Delgado, M.P.). https://www.corteconstitucional.gov.co/relatoria/2015/t-478-15.htm

Sentencia T-004 de 2016. (2016, 19 de enero). Corte Constitucional, República de Colombia. (Jorge Iván Palacio Palacio, M.P.). https://www.ambitojuridico.com/sites/default/files/BancoMedios/Archivos/sent-t-004-16.pdf

Sentencia T-005 de 2016. (2016, 19 de enero). Corte Constitucional, República de Colombia. (Jorge Iván Palacio Palacio, M.P.). https://www.corteconstitucional.gov.co/relatoria/2016/t-005-16.htm

Sentencia T-500 de 2016. (2016, 14 de septiembre). Tribunal Superior del Distrito de Bogotá, Sala Civil. (Gloria Stella Ortiz Delgado, M.P.). https://www.ambitojuridico.com/sites/default/files/BancoMedios/Archivos/t-500-16.pdf

SC16690-2016. (2016, 17 de noviembre). Corte Suprema de Justicia. República de Colombia. (Álvaro Fernando García Restrepo, M.P.). https://www.dmsjuridica.com/JURISPRUDENCIA/SALA_CIVIL/docs/2016/SC16690-2016%20(2000-00196-01).html

Sentencia T-030 de 2017. (2017, 24 de enero). Corte Constitucional, República de Colombia. (Gloria Stella Ortiz Delgado, M.P.). https://www.corteconstitucional.gov.co/relatoria/2017/t-030-17.htm

Sentencia T-080 de 2017. (2017, 7 de febrero). Corte Constitucional, República de Colombia. (Jorge Iván Palacio Palacio, M.P.). https://www.alcaldiabogota.gov.co/sisjur/normas/Norma1.jsp?i=72806&dt=S

Sentencia T-300 de 2017. (2017, 8 de mayo). Corte Constitucional, República de Colombia. (Aquiles Arrieta Gómez, M.P.). https://www.corteconstitucional.gov.co/relatoria/2017/t-300-17.htm

Sentencia C-344 de 2017. (2017, 24 de mayo). Corte Constitucional, República de Colombia. (Alejandro Linares

Cantillo, M.P.). https://www.corteconstitucional.gov.co/relatoria/2017/c-344-17.htm

Sentencia SC-7110 de 2017. (2017, 24 de mayo). Corte Suprema de Justicia. República de Colombia. (Luis Armando Tolosa Villabona, M.P.). https://cortesuprema.gov.co/corte/wp-content/uploads/2021/03/SC7110-2017-2006-00234-01_1-.pdf

Sentencia T-158 de 2018. (2018, 24 de abril). Corte Constitucional, República de Colombia. (Gloria Stella Ortiz Delgado, M.P.). https://www.corteconstitucional.gov.co/relatoria/2018/t-158-18.htm

SC2107-2018. (2018, 12 de junio). Corte Suprema de Justicia. República de Colombia. (Luis Armando Tolosa Villabona, M.P.).https://www.studocu.com/co/document/universidad-antonio-narino/obligaciones-y-responsabilidad/sc2107-2018-analisis-de-sentencia/91743593

Sentencia T-317 de 2018. (2018, 3 de agosto). Corte Constitucional, República de Colombia. (Carlos Bernal Pulido, M.P.). https://www.ambitojuridico.com/sites/default/files/BancoMedios/Archivos/sent-t-317-18.pdf

Sentencia T-407a de 2018 (2018, 27 de septiembre). Corte Constitucional, República de Colombia. (Diana Fajardo Rivera, M.P.). https://www.corteconstitucional.gov.co/relatoria/2018/t-407a-18.htm

Sentencia SU-123 de 2018. (2018, 15 de noviembre). Corte Constitucional, República de Colombia. (Alberto Rojas Ríos y Rodrigo Uprimny Yepes, M.P.). https://www.corteconstitucional.gov.co/relatoria/2018/su123-18.htm

Sentencia T-141 de 2019. (2019, 29 de marzo). Corte Constitucional, República de Colombia. (Carlos Bernal Pulido, M.P.). https://www.ambitojuridico.com/sites/default/files/BancoMedios/Archivos/sent-t-141-19.pdf

Sentencia SU-420 de 2019. (2019, 12 de septiembre). Corte Constitucional, República de Colombia. (José Fernando Reyes Cuartas, M.P.). https://www.corteconstitucional.gov.co/relatoria/2019/su420-19.htm

Sentencia T-043 de 2020. (2020, 10 de febrero). Corte Constitucional, República de Colombia. (José Fernando Reyes Cuartas, M.P.). https://www.corteconstitucional.gov.co/relatoria/2020/t-043-20.htm

Sentencia SU-139 de 2021. (2021, 14 de mayo). Corte Constitucional, República de Colombia. (Jorge Enrique Ibáñez Najar, M.P.). https://www.corteconstitucional.gov.co/relatoria/2021/su139-21.htm

Sentencia T-140 de 2021. (2021, 14 de mayo). Corte Constitucional, República de Colombia. (Cristina Pardo Schlesinger, M.P.). https://www.corteconstitucional.gov.co/relatoria/2021/t-140-21.htm

Sentencia SC-3604 de 2021. (2021, 25 de agosto). Corte Constitucional, República de Colombia. (Luis Alonso Rico Puerta, M.P.). https://normograma.supersalud.gov.co/compilacion/docs/CSJ_SCC_SC3604-2021_%5b2016-00063-01%5d_2021.htm

Sentencia T-307 de 2021. (2021, 9 de septiembre). Corte Constitucional, República de Colombia. (Cristina Pardo Schlesinger, M.P.). https://www.funcionpublica.gov.co/eva/gestornormativo/norma.php?i=189874

Sentencia SC-4204 de 2021. (2021, 27 de septiembre). Corte Suprema de Justicia, República de Colombia. (Álvaro Fernando García Restrepo, M.P.). https://cortesuprema.gov.co/corte/wp-content/uploads/2021/09/SC4204-2021-2004-00273-02_.pdf

Sentencia T-061 de 2022. (2022, 23 de febrero). Corte Constitucional, República de Colombia. (Alberto Rojas Ríos, M.P.). https://www.corteconstitucional.gov.co/relatoria/2022/t-061-22.htm

Sentencia T-063 de 2022. (2022, 23 de febrero). Corte Constitucional, República de Colombia. (Alberto Rojas Ríos, M.P.). https://www.corteconstitucional.gov.co/relatoria/2022/t-063-22.htm

Sentencia T-339 de 2022. (2022, 28 de septiembre). Corte Constitucional, República de Colombia. (Jorge Enrique Ibáñez Najar, M.P.). https://www.corteconstitucional.gov.co/relatoria/2022/t-339-22.htm

Sentencia T-289 de 2023. (2023, 2 de agosto). Corte Constitucional, República de Colombia. (Jorge Enrique Ibáñez Najar, M.P.). https://www.alcaldiabogota.gov.co/sisjur/normas/Norma1.jsp?i=153364&dt=S

Sentencia T-561 de 2023. (2023, 15 de diciembre). Corte Constitucional, República de Colombia. (Miguel Efraín Polo Rosero, M.P.). https://www.corteconstitucional.gov.co/relatoria/2023/t-561-23.htm

Sentencia SC-593 de 2025. (2025, 13 de marzo). Corte Suprema de Justicia, República de Colombia. (Octavio Augusto Tejeiro Duque, M.P.). https://camacol.co/sites/default/files/descargables/SENTENCIA_ABRIL_25Joint_Venture_CsJ_2025_sector_hotelero_1744735895.pdf

Superintendencia de Industria y Comercio. (2025). La superintendencia de Industria y Comercio ordena a un conjunto residencial habilitar mecanismos de ingreso que no impliquen el tratamiento de datos biométricos y suprimir los datos biométricos de residentes que así lo solicitan. https://sedeelectronica.sic.gov.co/comunicado/

la-superintendencia-de-industria-y-comercio-ordena-un-conjunto-residencial-habilitar-mecanismos-de-ingreso-que-no-impliquen-el-tratamiento

STS 14/02/1997. (1997, 14 de febrero). Tribunal Supremo de España. (Jorge Rodríguez-Zapata Pérez, M.P.). https://vlex.es/vid/54075962

Tovar-Bonilla, G. A. (2024). *Adriana Martínez Dogirama – La hija negada del Banco de la República – A la sombra del billete de $10.000.* Gildardo Adolfo Tovar Bonilla.

Vargas, H. L. (s.f.). La omisión del consentimiento informado como daño moral o vulneración a los derechos constitucionalmente protegidos. https://repository.unab.edu.co/bitstream/handle/20.500.12749/27636/Art%C3%ADculo%20final%20%281%29.pdf?sequence=4

Warren, S. D. & Brandeis, L. D. (1890). The Right to Privacy. *Harvard Law Review, 4*(5), 193-220. https://doi.org/10.2307/1321160